高职高专课程改革成果教材

汽车电路分析

第 2 版

主　编　娄　云
副主编　徐春华
参　编　王俊昌　时怀田

机械工业出版社

本书共六章，内容包括：汽车电路基础元件、汽车电路基本知识、汽车电路的识读、简单汽车电路读图、典型汽车主要电气系统电路分析、汽车电路故障诊断与检修。

本书可作为高职高专院校汽车运用与维修、汽车检测与维修、汽车服务工程等汽车类专业教材，也可作为相关岗位培训或自学用书。

本书配有电子课件，凡使用本书作为教材的教师可登录机械工业出版社教育服务网（www.cmpedu.com）注册后免费下载。咨询电话：010-88379375。

图书在版编目（CIP）数据

汽车电路分析/娄云主编. —2 版. —北京：机械工业出版社，2018.1
（2022.1 重印）

高职高专课程改革成果教材

ISBN 978-7-111-58548-0

Ⅰ.①汽⋯　Ⅱ.①娄⋯　Ⅲ.①汽车-电路分析-高等职业教育-教材
Ⅳ.①U463.6

中国版本图书馆 CIP 数据核字（2017）第 288277 号

机械工业出版社（北京市百万庄大街 22 号　邮政编码 100037）
策划编辑：蓝伙金　张双国　责任编辑：张双国
责任校对：肖　琳　　　　封面设计：鞠　杨
责任印制：张　博
涿州市般润文化传播有限公司印刷
2022 年 1 月第 2 版第 6 次印刷
184mm×260mm · 18 印张 · 1 插页 · 432 千字
11501—12500 册
标准书号：ISBN 978-7-111-58548-0
定价：49.80 元

电话服务　　　　　　　　　网络服务
客服电话：010-88361066　　机　工　官　网：www.cmpbook.com
　　　　　010-88379833　　机　工　官　博：weibo.com/cmp1952
　　　　　010-68326294　　金　书　网：www.golden-book.com
封底无防伪标均为盗版　　机工教育服务网：www.cmpedu.com

高职高专课程改革成果教材
汽车运用与维修专业编审委员会

出 版 说 明

　　教育部《关于全面提高高等职业教育教学质量的若干意见》指出，高职教育改革教学方法和手段，融"教、学、做"于一体，强化学生能力培养的教学模式，代表了高职教学改革的发展方向。教材作为教学过程的主要载体，加强教材建设是深化教学改革的有效途径，推进人才培养模式是改革的重要条件，也是保障教学基本质量、培养高端技能型人才和技术应用型人才的重要基础。

　　由全国 15 所重点职业技术院校合作编写，机械工业出版社组织出版的高职高专课程改革成果教材汽车运用与维修专业系列第 1 版自 2005 年面世以来，由于内容新颖、质量好，而深受广大院校老师的欢迎，均已多次重印，单本最高发行量超过 68000 册，部分教材被评为普通高等教育"十一五"国家级规划教材、"十二五"职业教育国家规划教材。

　　由于汽车工业的迅速发展，新技术、新知识、新材料不断涌现，教学手段不断改进，教材在内容选材、编写模式、立体化配套等方面都需要更新和补充，作为教育部职业教材出版基地，我们必须与时俱进，加强精品化建设，不断提高教材质量，不断满足汽车后市场服务人才的需要，基于此，我们组织修订了本套教材，以期满足新时期教学要求。

机械工业出版社

前言

1. 第1版教材的使用与建设情况

《汽车电路分析》一书自出版以来，由于采用了新颖的编写模式，理论知识的深度、知识与技能的融合方式适应职业教育突出技能培养的要求，电路分析涉及车型都是市场占有率高的常见车型，并配备了较为全面的教学素材而受到广大使用者的关注，受到使用者一致好评。

2. 本版教材主要修订内容

1）重新调整了第一章至第三章的章节结构和内容，第二章增加了汽车电路常用文字符号、汽车仪表盘常用显示图形符号等内容；第三章增加了汽车电气系统的接线规律。第1版第三章的第三节简单汽车电路读图，在第2版中单独编排成为第四章，并增加了安徽安凯HFF6802K36型系列商用大客车电路图的分析。

2）第1版的第四章在第2版中编排为第五章，内容做了大幅度的修改、补充和完善，是全书的重点内容，涵盖了市面上主流车型各个电气系统的电路分析。

3）第1版的第五章在第2版中编排为第六章，内容也做了大幅度的修改、补充和完善。

4）本课程不适合情境式教学模式和项目式教学方法，采用传统教材编排方法。

3. 本版教材特点

1）根据职业教育规律和高端技能型人才成长规律，充分考虑高职教育和应用型本科教育的共同特点，吸纳部分应用型本科高校教学经验丰富的教师参与编写，体现了教育部对本科教育转型职业教育的思想，也提高了教材的编写质量。

2）教材内容选取与汽车消费市场接轨，选用市面主流车型，兼顾保有量不大但技术先进的车型。

3）制作了相关的视频、电子课件、习题库、考核用评分标准、考核试卷库等立体化教学资源。

4. 课程建议学时分配

本课程建议 48~64 学时，具体学时分配见下表。

"汽车电路分析"课程学习情境划分及学时分配

序　号	内　容	学　时
1	汽车电路基础元件	4~6
2	汽车电路基本知识	4~6
3	汽车电路的识读	4~6
4	简单汽车电路读图	8~10
5	典型汽车主要电气系统电路分析	24~30
6	汽车电路故障诊断与检修	4~6
合　计		48~64

注：上表中的学时包含实训学时，建议理论学时 48 学时，实训课时 14 学时。

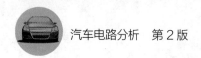

本书由娄云任主编，徐春华任副主编。参加本书编写的人员有：娄云（河南工学院，编写了第五章）；徐春华（郑州工业应用技术学院，编写了第一、二章）；王俊昌（安阳工学院，编写了第三、四章）、时怀田（河南工学院，编写了第六章）。

在本书的编写过程中得到了许多专家和同行的大力支持，并参阅了大量文献资料，在此表示衷心感谢！

由于作者水平有限，书中难免有不当之处，恳请广大读者批评指正。

编　者

目录 >>

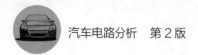

汽车电路分析 第2版

汽车电路基础元件

学习目标：

　　通过本章的学习，应能掌握汽车电路基础元件中不同车系导线的颜色和代号；插接器的类型和插拔方法；熔断器的类型、颜色和额定电流、测量方法；继电器的类型和工作原理；了解 CAN—BUS；中央控制盒和电控单元的特点。

第一节　导线

　　汽车用导线有低压导线和高压导线两种：低压导线可分为普通低压导线、屏蔽线、起动电缆和蓄电池搭铁电缆 4 种；高压导线可分为铜芯线和阻尼线两种。

一、低压导线

1. 普通低压导线

　　普通低压导线一般为铜质多丝软线，根据外皮绝缘包层的材料不同可分为 QVR 型（聚氯乙烯绝缘包层）和 QFR 型（聚氯乙烯-丁腈复合绝缘包层）两种。

　　导线的截面面积主要根据用电设备的工作电流进行选择。但是对于功率很小的电器，仅从工作电流的大小来选择导线，其截面面积将太小，机械强度差，易于折断，因此汽车电气系统中所用的导线截面面积不得小于 0.5mm^2。我国汽车用低压导线的结构与规格见表 1-1。日本汽车用低压导线的结构与规格见表 1-2。我国汽车 12V 电气系统主要电路导线截面面积的推荐值见表 1-3。

表 1-1　我国汽车用低压导线的结构与规格

标称截面面积 /mm²	线 芯 结 构		绝缘层标称厚度/mm	导线最大外径/mm	允许载流量/A
	根　数	单根直径/mm			
0.5			0.6	2.2	
0.6			0.6	2.3	
0.8	7	0.39	0.6	2.5	
1.0	7	0.43	0.6	2.6	11
1.5	17	0.52	0.6	2.9	14

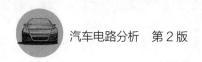

（续）

标称截面面积 /mm²	线 芯 结 构		绝缘层标称厚度/mm	导线最大外径/mm	允许载流量/A
	根 数	单根直径/mm			
2.5	19	0.41	0.8	3.8	20
4	19	0.52	0.8	4.4	25
6	19	0.64	0.9	5.2	35
8	19	0.74	0.9	5.7	
10	49	0.52	1.0	6.9	50
16	49	0.64	1.0	8.0	
25	98	0.58	1.2	10.3	
35	133	0.58	1.2	11.3	
50	133	0.68	1.4	13.3	

注：允许载流量与导线的长度、散热条件和通电时间有关。

表1-2　日本汽车用低压导线的结构与规格

截面面积/mm²	股数/(线径/mm)	电阻值 20 ℃/(Ω/m)	许用电流/A
0.5	7/0.32	0.03250	11.3
0.85	11/0.32	0.02050	14.8
1.25	16/0.32	0.01410	18.3
2	26/0.32	0.00867	25.4
3	41/0.32	0.00550	34.2
5	65/0.32	0.00347	45.9
8	50/0.45	0.00228	58.8
15	84/0.45	0.00136	82.8
20	41/0.80	0.00087	110.9

注：允许通过电流的数值随导线的长度、散热条件和通电时间不同而不同。

表1-3　我国汽车12V电气系统主要电路导线截面面积的推荐值

电路名称	尾灯、指示灯、仪表灯、牌照灯、刮水器电动机及电子钟	转向灯、制动灯、停车灯及分电器	前照灯的近光及电喇叭（3A以下）	前照灯的近光及电喇叭（3A以上）	其他 5A 以上的电路	电热塞	电源线	起动电路
标称截面面积/mm²	0.5	0.8	1.0	1.5	1.5~4	4~6	4~25	16~95

　　美国线规（AWG）系统规定了统一的导线号码。线规号码越大，导线越细。例如14号线比10号线细。导线通过的电流越大，线规号码就越小。12V电气系统一次电路的电流范围见表1-4。美国汽车12V电气系统主要电路线规推荐值见表1-5。米制导线截面尺寸与美制线规对照见表1-6。

表 1-4　12V 电气系统一次电路的电流范围

电气设备	电流/A	电气设备	电流/A	电气设备	电流/A
点火装置	1.5~5	仪表灯	1.5~3	电动门锁	3~5
加热器除霜器	6~10	顶灯	1	电动座椅	25~50
空调器	13~20	后扬声器	1	电动车窗	2~20
电动天线	6~10	行李箱灯	0.5	前照灯变光器	2.2
电动刮水器	3~6	牌照灯	0.5	起动机	75~300
电子钟和灯光	0.3	停车灯(2)	3.5~4	起动电磁开关	10~12
收音机	2~4	尾灯(2)	0.5	后除霜器	20~25
电喇叭	18~20	倒车灯(2)	3.5~4	前照灯远光	13~15
点烟器	10~12	示宽灯(2)	1.3	前照灯近光	8~9
仪表	0.7~1	驻车灯(2)	1.3		

表 1-5　美国汽车 12V 电气系统主要电路线规推荐值

电路名称	收音机和扬声器导线	小灯泡和短引线	尾灯、汽油表、转向信号灯及刮水器	电喇叭、收音机电源线、前照灯、点烟器及制动灯	前照灯开关到熔丝盒导线、后窗除霜器、电动摇窗机及电动门锁	发电机到蓄电池导线
美国线规(AWG)号码	20~22	18	16	14	12	10

表 1-6　米制导线截面尺寸与美制线规对照

米制截面尺寸/mm²	0.22	0.35	0.5	0.8	1.0	2.0	3.0	5.0	8.0	13.0	19.0	32.0
美制线规(AWG)号码	24	22	20	18	16	14	12	10	8	6	4	2

导线越长，所选择的线规号码应该越小，见表 1-7。例如照明系统一般使用 14 号线，但当导线长度超过 25ft（1ft=0.3048m）时，就应该使用 12 号线；如果长度超过 50ft，应该使用 10 号线，以避免导线通电时电压降过大。

表 1-7　线规选用

电流/A	导线长度/ft														
	3	5	7	10	15	20	25	30	40	50	60	70	80	90	100
1	20	20	20	20	20	20	20	20	20	20	20	20	20	20	20
1.5	20	20	20	20	20	20	20	20	20	20	20	20	18	18	18
2	20	20	20	20	20	20	20	20	20	18	18	16	16	16	
3	20	20	20	20	20	20	20	18	18	16	16	14	14	14	
4	20	20	20	20	20	20	18	16	16	14	14	14	14	12	
5	20	20	20	20	20	18	18	16	14	14	14	12	12	12	

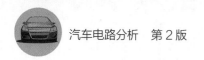

（续）

电流 /A	导线长度/ft													
	3	5	7	10	15	20	25	30	40	50	60	70	80	90	100
6	20	20	20	20	20	18	18	16	14	14	14	12	12	12	10
7	20	20	20	20	20	18	16	16	14	14	12	12	12	10	10
8	20	20	20	20	18	16	16	14	14	12	12	12	10	10	10
10	20	20	20	20	18	16	14	14	12	12	12	10	10	10	8
12	20	20	20	18	16	14	14	14	12	10	10	10	8	8	8
15	20	20	20	18	16	14	12	12	10	10	10	8	8	8	8
20	20	20	18	16	14	12	12	10	10	8	8	8	6	6	6
24	20	18	16	14	14	12	10	10	8	8	8	6	6	6	4
30	18	16	16	14	12	10	10	10	8	8	6	6	6	4	4
36	16	14	14	14	12	10	10	8	8	6	6	4	4	4	4
50	14	14	14	12	10	8	8	8	6	4	4	4	2	2	2
100	14	12	10	8	8	6	6	4	4	2	2	1	0	0	2/0
150	12	10	8	6	6	4	4	2	2	1	0	2/0	2/0	3/0	3/0
200	10	8	8	6	4	2	2	2	1	0	2/0	3/0	4/0	4/0	4/0

　　注：表中 2/0 表示 00；3/0 表示 000；4/0 表示 0000。

　　在计算导线长度时，如果有搭铁回路，应将其长度一并计算在内。如果导线承受机械外力，为增加其强度，线规应比表中的号码加大一号。表列线规号码可保证最大电压降不超过10%，如果要求不超过5%，则应将导线长度按实际长度增加一倍所对应的线规选用。

　　随着汽车电器的增多，导线数量不断增加，为了便于维修，低压导线常以不同的颜色加以区分。其中，截面面积在 $4mm^2$ 以上的采用单色，而 $4mm^2$ 以下的均采用双色。搭铁线均用黑色导线。

　　世界各国汽车厂商在电路图上一般都用多个字母来表示汽车导线外皮的颜色。日本和中国的汽车导线的颜色常用单个字母来表示，个别容易混淆的用2个字母表示。用2个字母表示时，第一个字母大写，第二个字母小写。美国常用2~3个字母表示一种颜色，双色导线则用更多的字母来表示。德国汽车导线的颜色代号，不同的厂商不尽一致。斯坎尼亚则用数字代号来表示汽车导线的颜色特征。汽车用低压导线的颜色与代号见表1-8。我国汽车电气系统各系统的主色见表1-9。日本汽车电路各系统导线颜色见表1-10。

　　在汽车电气设备电路图中，导线上一般都标注有用来表示导线的截面面积和颜色特征的代号。为了容易区分，常优先采用黑、白、红、黄、蓝、灰、棕及紫等颜色；其次是粉红、橙及棕褐；再次为深蓝、深绿及浅绿。双色导线的2种颜色对比要强烈，如黑白、白红等，并且主色所占比例大一些，辅助色所占比例小一些；辅助色和主色条纹沿圆周表面所占的比例为1∶3~1∶5。双色线的颜色标注主色在前，辅助色在后。我国汽车用导线颜色的优先选用顺序见表1-11。

表 1-8　汽车用低压导线的颜色与代号

| | 国　家 | | | | | | | | | | | | 部分车类 | | | | | |
	中	英	美	日	波罗乃兹	德	奥地利	法	波兰	俄罗斯	罗马尼亚	斯坎尼亚	奥托山大客	奥迪4缸5缸6缸	本田现代	帕萨特	奔驰	宝马
黑	B	Black	BLK	B	NERO	SW	B	BL	N	ч	N	1	b	sw	BLK	BK	BK	SW
白	W	White	WHT	W	BLANCO	WS	C	W	B	б,Б	A	5	w	ws	WHT	WT	WT	WS
红	R	Red	RED	R	ROSSO	RT	A	R	R	лк	R	2	r	ro	RED	RD	RD	RT
绿	G	Green	GRN	G	VERDE	GN	F	GN	V	э	V	3	g	gn	GRN	GN	GN	GN
深绿		Dark Green	DK GRN												DKGN			
淡绿		Light Green	LT GRN	Lg											LT GRN	LTGN		
黄	Y	Yellow	YEL	Y	GIALLO		D	Y	G	ж	G	4	y	ge	YEL	YL	YL	GE
蓝	Bl	Blue	BLU	L	BLU	BL	I	BU	A	r	B	8	b	bl	BLU	BU	BU	BL
淡蓝		Light Blue	LT BLU	Sb	AZZURRO		K		L				a		LT BLU	LTBU		
深蓝		Dark Blue	DK BLU												DKBU			
粉红	P	Pink	PNK	P	ROSA		N		S	p			p		PNK	PK	PK	RS
紫	V	Violet	PPL	PU	VIOLA	VI	G	VI	Z		Vi	9	v	li	PUR	PL（YI）	VI	VI
橙	O	Orange	ORN	Or	ARANGIO				C	o			o		ORN	OG		OR
灰	Gr	Grey	GRY	Gr	GRIGIO			G	H	c	C	7	gr	gr	GRY	GY	GY	GR
棕	Br	Brown	BRN	Br	MARRONE	BK	L		M	КОРКи			br	br	BRN	BN	BR	BR
棕褐		Tan	TAN						Br							TN		
无色		Clear	CLR													CR		

表 1-9　我国汽车电气系统各系统的主色

序　号	系　统　名　称	主　色	颜　色　代　号
1	电源系统	红	R
2	点火系统和起动系统	白	W
3	雾灯	蓝	Bl
4	灯光系统和信号系统	绿	G
5	防空灯及车身内部照明系统	黄	Y
6	仪表、报警系统及电喇叭系统	棕	Br
7	收音机、电子钟、点烟器等辅助系统	紫	V
8	各种辅助电动机及电气操纵系统	灰	Gr
9	搭铁线	黑	B

表 1-10 日本汽车电路各系统导线颜色

色 别 电路名称	基 准 色	辅助基准色	辅助色（条纹色）
起动点火电路	B	Y	W、Y、R、L
充电电路	W		B、R、L
照明电路	R		B、W、G、L、E
信号电路	G	Lg、Br	B、W、R、L、Y
测量仪表电路	Y		B、W、R、G、L
其他电路	L	R、Y、B	B、W、R、G、Y
接地电路	B		

注：B—黑色；W—白色；R—红色；G—绿色；Y—黄色；L—蓝色；Br—棕色；Lg—淡绿色。

表 1-11 我国汽车用导线颜色的优先选用顺序

选用顺序	1	2	3	4	5	6
电线 颜色	B	BW	BY	BR		
	W	WR	WB	WB	WY	WG
	R	RW	RB	RY	RG	RBl
	G	GW	GR	GY	GB	GBl
	Y	YR	YB	YG	YB	YW
	Br	BrW	BrR	BrY	BrB	
	Bl	BlW	BlR	BlY	BlB	BlO
	Gr	GR	GrY	GrBl	GrB	GrO

2. 屏蔽线

屏蔽线也称同轴射频电缆，在外层绝缘层中带有金属纺织网管或很多股导线装在一层编织金属网内，再在网管外套装一层护套，称为屏蔽网，其作用是将导线与外界的磁场隔离，避免导线受外界磁场影响而产生干扰，尤其在防止汽油发动机高压点火干扰方面非常有效。屏蔽线常用于低压微弱信号电路，如天线连接线及各种传感器和电控单元之间的通信，在爆燃信号电路、曲轴位置信号电路、氧传感器信号电路等处使用普遍。

3. 起动电缆

起动电缆用来连接蓄电池与起动机开关的主接线柱，截面面积有 $25mm^2$、$35mm^2$、$50mm^2$、$70mm^2$ 等多种规格，允许电流达 1000A。为了保证起动机正常工作，并发出足够的功率，要求在电缆中每 100A 的电流，电压降不得超过 0.1~0.15V。

4. 蓄电池搭铁电缆

蓄电池搭铁电缆是由铜丝编织而成的扁形软铜线，国产汽车常用的搭铁线长度有 300mm、450mm、600mm 和 760mm4 种。

二、高压导线

高压导线是用来传送高电压的导线。由于工作电压很高（一般在 15kV 以上），电流强度较小，因此高压导线的绝缘包层很厚，耐压性能好，但线芯截面面积很小。

国产汽车用高压点火线有铜芯线和阻尼线两种，其型号和规格见表1-12。

表 1-12　高压点火线的型号和规格

型　号	名　　称	线芯结构		标称外径/mm
		根　数	单线直径/mm	
QGV	铜芯聚氯乙烯绝缘高压点火线			
QGXV	铜芯橡胶绝缘聚氯乙烯护套高压点火线	7	0.39	
QGX	铜芯橡胶绝缘氯丁橡胶护套高压点火线			7.0±0.3
QGZ	全塑料高压阻尼点火线	1	2.3	
QGZV	电抗性高压阻尼点火线	1	—	

注：QGZ全塑料高压阻尼点火线线芯是聚氯乙烯塑料加炭黑及其他辅料混炼塑料经注塑成型。

为了衰减火花塞产生的电磁波干扰，目前广泛使用高压阻尼点火线。高压阻尼点火线的制造方法和结构亦有多种，常用的有金属阻丝式和塑料芯导线式。

金属阻丝式有金属阻丝线芯式和金属阻丝线绕电阻式两种。金属阻丝线芯式是由金属电阻丝疏绕在绝缘线束上，外包绝缘体制成阻尼线；金属阻丝线绕电阻式是由电阻丝绕在耐高温的绝缘体上制成电阻，再与不同形式的绝缘套构成相应的阻尼线。

塑料芯导线式是用塑料和橡胶制成直径为2mm的电阻线芯，在其外面紧紧地编织着玻璃纤维，外面再包有高压PVC聚氯乙烯塑料或橡胶等绝缘体，电阻值一般为$6\sim25\mathrm{k\Omega/m}$。这种结构形式，制造过程易于自动化，成本低且可制成高阻值线芯。

三、汽车线束

汽车上的全车线路（除高压线以外），为了不零乱，安装方便和保护导线的绝缘层，在过去一般用机织线或塑料粘带包裹，现在是用粘性塑料胶带包裹，称为线束。一辆汽车可以有多个线束。图1-1所示为红旗CA7200E型乘用车发动机线束图。

汽车线束在汽车电器中占有重要位置，尤其是近年来，随着汽车电器与电子设备的增多，线束总成的结构与电路也越来越复杂，因此对线束的结构、功能、适用性及可靠性都提出了更高的要求。

现代汽车的线束总成由导线、端子、插接器及护套等组成。

端子一般由黄铜、纯铜及铅等材料制成，它与导线的连接均采用冷铆压合的方法。

线路间的连接采用插接器，现代汽车线束总成中有很多个插接器。为了保证插接器的可靠连接，其上都有一次锁紧、二次锁紧装置，极孔内都有对端子的限位和止退装置。为了避免装配和安装中出现差错，插接器可制成不同的规格型号、不同的形体和颜色，这样不仅拆装方便而且不会出现差错。

安装汽车线束，一般都事先将仪表板和车灯总开关及点火开关等连接好，然后安装到汽车上。

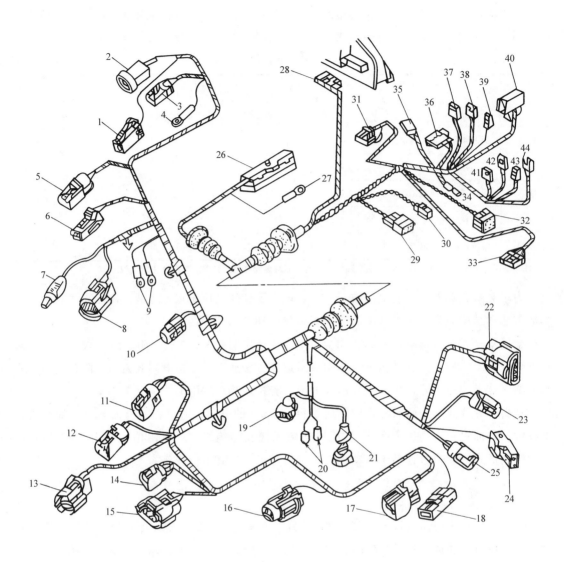

图 1-1　红旗 CA7200E 型乘用车发动机线束图

1—机油压力传感器单孔插头　2—爆燃传感器单孔插头　3—发电机两孔插头　4—发电机搭铁孔式插头

5—动力转向开关 2 孔插头　6—EPS 电磁阀 2 孔插头　7—冷却液温度表感应塞 2 孔插头

8—冷却液温度传感器 2 孔插头　9—发动机搭铁线接头　10—喷嘴线束 4 孔插头　11—喷嘴线束 4 孔插头

12—氧传感器 3 孔插头　13—可变进气电磁阀 2 孔插头　14—怠速控制阀 6 孔插头

15—节气门传感器 3 孔插头　16—空调压缩机单孔插头　17—曲轴位置传感器 4 孔插头　18—分电器单孔插头

19—空档开关 2 孔插头　20—倒车灯开关单孔插头　21—车速传感器 3 孔插头　22—空气流量传感器 5 孔插头

23—点火线圈 2 孔插头　24—点火线圈单孔插头　25—点火放大器 3 孔插头　26—ECU 插头

27—计算机接地线接头　28—组合仪表 26 孔插头　29—发动机室左线束 10 孔插头　30—车身线束 5 孔插头

31—EPS 控制器 8 孔插头　32—主继电器 9 孔插头　33—故障测试仪 14 孔插头　34—车身搭铁孔式接头

35—电动门锁举窗线束 6 孔插头　36—空调线束 6 孔插头　37、38—熔丝座 Si. 22 2 孔插头

39—中央配电盒 Si. 21 单孔插头　40—中央配电盒 8 孔插头　41—闪烁码激活熔丝 2 孔插头

42—熔丝座 Si. 25 2 孔插头　43—中央配电盒单孔插头　44—熔丝座 Si. 24 2 孔插头

随着汽车功能的增加，电子控制技术的普遍应用，电器件越来越多，导线也会越来越多，线束变得越粗越重。因此新型汽车引入了 CAN 总线配置，采用多路传输系统。与传统线束比较，多路传输装置大大减少了导线及连插件数目，使布线更为简易。

四、CAN—BUS

数据总线上传递的信息可以被多个系统共享，从而最大限度地提高系统整体的效率，充分利用有限的资源。例如，常见的计算机键盘有 104 个键，可以发出 100 多条不同的指令，但键盘与主机之间的数据连接线只有 7 条，键盘正是依靠这 7 条导线上不同的电平组合（编码信号）来传递信息的。这种控制方式应用在汽车电气系统上，大大简化了汽车电路。可以通过不同的编码信号来表示不同的开关动作，信号解码后，根据指令接通或断开对应的负载（如前照灯、刮水器、后视镜调节等）。这样就将一线一用的专线制改为一线多用制，大大减少了汽车上导线的数目，缩小了线束的直径。数据总线还使计算机技术融入整个汽车系统之中，加速汽车智能化的发展。

第二节　导线接头与连接器　◀◀◀

线缆通过导线接头与部件相连，线缆之间用连接器相连在一起。

一、导线接头

汽车上经常使用快速接头或卢卡（Lucar）型接头（即插塞接头），眼孔式和叉形接头也偶尔使用，如图 1-2 所示。

安装导线接头时应使用合适的夹钳，使接头和铜芯连接良好，并夹固在护套上，以防松动脱落。

二、连接器

连接器是汽车电路中简单但不可缺少的元件。目前大量使用的称为插接式连接器（又称插接器），其使用方便，连接可靠，尤其适用于大量线束的连接。插接器的种类很多，可供几条到数十条导线使用，有长方体、多边体等不同形状，图 1-3 所示为几种插接器的形式。插接器由插座和插头、导线接头和塑料外壳组成。壳上有几个或多个孔位，用以放置导线接头，在导线接头上带有倒刺，当嵌入塑料壳后自动锁止，在塑料壳上也有锁止结构，当插头和插座接合后自动锁止，防止脱开，如图 1-4 所示。

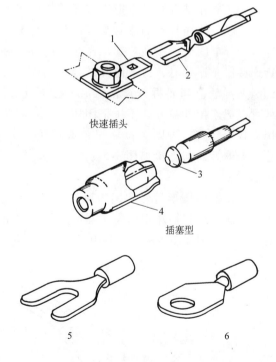

快速插头

插塞型

图 1-2　导线接头

1—固定在设备上的插入式接头　2—压接导线的凹入式接头
3—线缆焊接在接头上　4—橡胶绝缘套
5—叉形插接片　6—孔眼式插接片

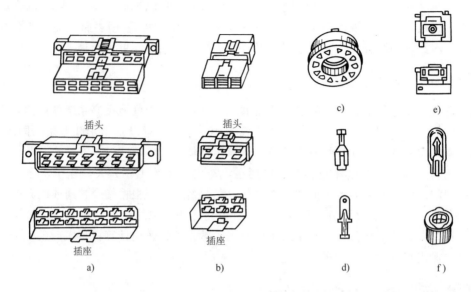

图 1-3　几种插接器的形式

a）14 线插接器　b）6 线插接器　c）12 线圆形插座　d）片状电线插头插座焊片
e）前照灯插座　f）仪表灯插座

连接器在结合时，应把连接器的导向槽重叠在一起，使插头和插座对准，然后平行插入即可十分牢固地连接在一起。连接器的导向槽指连接器在连接时，为了使其结合正确而设置的凸凹导轨。当要拆开连接器时，压下闭锁，就可以把连接器拉开。不压下闭锁时，不可以用力猛拉导线，否则会拉坏闭锁或连接导线。连接器的拆卸与连接如图 1-5、图 1-6 和图 1-7 所示。

连接器的图形符号和实物对照如图 1-8 所示。一般用途和特殊用途连接器的图形符号和实物对照分别如图 1-9 和图 1-10 所示。

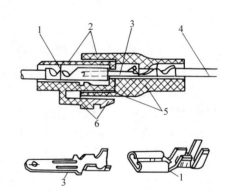

图 1-4　插接器结构

1—插座　2—护套　3—插头
4—导线　5—倒刺　6—锁止机构

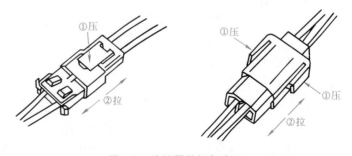

图 1-5　连接器的拆卸方法

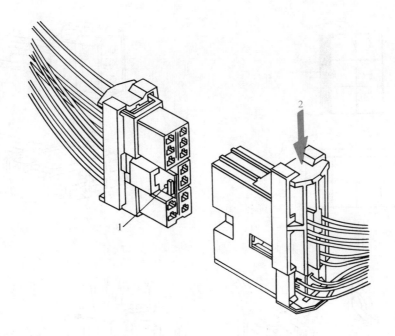

图 1-6　线缆连接器的拆卸方法

1—锁紧连接器的锁栓　2—拔下定位杆把线缆固紧

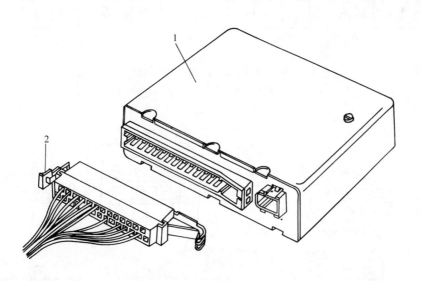

图 1-7　连接器与控制单元的连接与拆卸

1—电控单元　2—插销把连接器锁紧在控制元件上

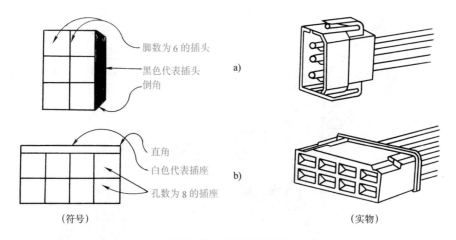

图 1-8 连接器的图形符号和实物对照

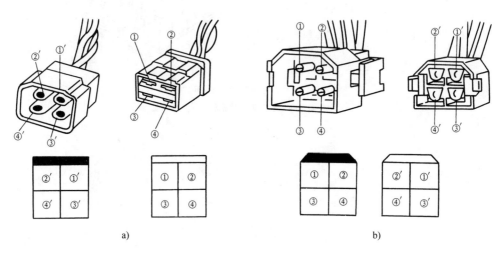

图 1-9 一般用途连接器的图形符号和实物对照

a）平端4脚连接器 b）针状4脚连接器

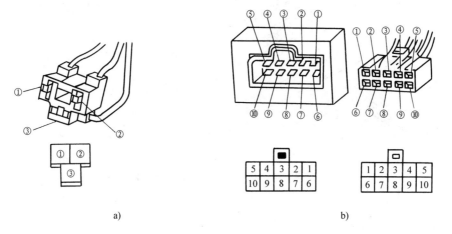

图 1-10 特殊用途连接器的图形符号和实物对照

三、印制电路板

印制电路板（PCB）可以替代各元件间的导线，避免导线之间发生短路，缩小了电路装置的体积，提高了可靠性。

印制电路板特别适合于仪表板和电子控制装置的部件。刮水器印制电路板如图 1-11 所示。

印制电路板以绝缘材料制成底板，底板上压贴上一层薄铜皮，在铜皮上印上电路，然后把不需要的部分腐蚀掉，留下需要的部分作为导线，再根据电路焊上各种零件。印制电路板的铜皮非常纤薄，不能承受大的负载电流。

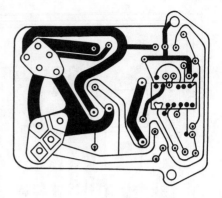

图 1-11　刮水器印制电路板

第三节　熔断器盒和熔断器

一、熔断器（熔丝）盒（板）

熔断器盒实质上是一个具有过载保护装置的配电板，在它的内部装有许多熔断器，在电路短路时能保护各用电设备免遭损坏。在有些熔断器盒上还装有继电器等，如电喇叭继电器、点火开关钥匙未取蜂鸣器、危险警告闪光器和转向闪光继电器等。从熔断器盒上引出的每一条电路，在其熔断器或断路器插头上都有标志或号码。由于一个熔断器通常要保护几条电路，因此，应注意查阅相关的维修手册或相关的修理电路图，以弄清各个熔断器的具体负载，以便于在熔丝烧断时查明故障所在。

图 1-12 所示为 2011 款迈腾轿车部分熔断器盒，图 1-12a 是位于发动机舱左侧电控箱上的熔断器盒，图 1-12b 是驾驶人侧仪表板下熔断器盒。由此可以大体了解熔断器的规格和所保护的用电设备。

维修人员应充分了解熔断器所连接的每一条电路，否则就难以正确判断短路等故障，例如，某些车辆的时钟电路和门控灯电路连在一起，如果时钟发生短路，门控灯熔丝就会烧断，如果不知道这两个电路的关系就可能用很多时间去查找门控灯电路。

二、熔断器

为了保护车辆的电路和各种电气设备，需要使用多种保护装置，主要是熔断器、断路器和易熔线。这些连接在电路系统中的保护装置不仅能在电路短路时防止线路烧坏，同时也保护电路中的多种电气部件，如开关、继电器和电动机等。有些较大型的乘用车要用到几十个断路器。

熔断器的主要部件是细锡线，它装在玻璃管、磁料管内或陶瓷板上。每一个熔断器都有其额定最大容许电流值。当通过锡线的电流超过规定值时，锡线就会熔化而使电路断路。当熔断器熔断之后，必须查明原因，排除故障之后才能换上新的熔断器。表 1-13 列出了汽车熔断器的熔断要求。例如当 30A 的熔断器流过 150% 的电流（即 45A）时，必须在 30s 内熔

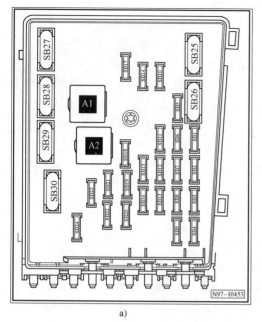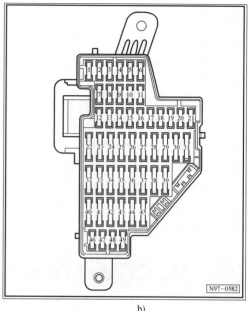

a)   b)

图 1-12   2011 款迈腾轿车部分熔断器盒

a）发动机舱左侧电控箱上的熔断器盒   b）驾驶人侧仪表板下熔断器盒

断，而一根 0.05mm² 的铜导线，只要通过 15A 的电流就会很快熔断，所以 30A 的熔断器在汽车上使用相对较少。

一个熔断器可以只保护一段电路，也可以保护多段电路，多的可达 10 条以上。

表 1-13   汽车熔断器的熔断要求

流过熔断器的电流	110%额定电流	135%额定电流	150%额定电流
熔丝熔断时间	不熔断	60s 内熔断	20A 以内的熔丝,15s 以内熔断 30A 的熔丝,30s 以内熔断

1. 标准熔断器

标准玻璃管熔断器或陶瓷型熔断器是根据其最大容许电流及其尺寸标定的。典型的玻璃管熔断器的直径一般为 6.35mm（1/4in），其长度分别为 3.175cm（1.25in）、2.54cm（1in）、2.225cm（7/8in）、1.905cm（3/4in）和 1.588cm（5/8in）。不同厂家制造的熔断器尺寸和所考虑的时间延迟因素有所不同。根据美国熔断器工程学会（SFE）制定的制造标准制造的熔断器，其长度随额定电流值不同而改变。额定

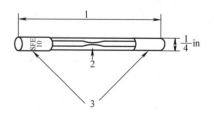

图 1-13   管式熔断器

1—长度 2—锡丝 3—端盖

（1in = 2.54cm）

电流越大，熔断器越长，如图 1-13 所示。而麦克格劳·爱迪生公司巴斯门（Bussmann）厂生产的各型熔断器，不论额定电流值多大，其长度都一样。巴斯（Buss）牌熔断器常用型号有 AGA、AGW、AGC、AGY、AGX。

有的熔断器在设计时就考虑容许过载一定时间再熔断。例如通风机或刮水器电动机的起动电路中的熔断器就有延迟熔断的性能，以保证起动时不致熔断。而有的则在电流超过额定值时立即熔化，使电路断路。每种熔断器要能适应它自身的工作条件（如电流、温度及振动等），因此在更换时必须选用正确的型式（如 SFE、AGA、AGC）和合适的额定电流值。必要时也可以根据电路最大设计电流来选定熔断器的额定电流，其关系是：熔断器额定电流×80％＝电路最大设计电流。例如，某电路最大设计电流为 12A，就应使用额定电流为 15A 的熔断器。

2. 插片式熔断器

插片式熔断器如图 1-14 所示，始用于 1977 年，其塑料外壳的颜色指示最大容许电流值（A），见表 1-14。

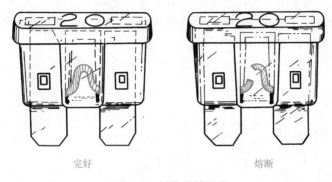

完好　　　　　　　熔断

图 1-14　插片式熔断器

表 1-14　插片式熔断器塑料外壳的颜色所代表的最大容许电流值

颜色	深绿	灰	紫红	紫	粉红	棕黄	金	褐	橘红	红	黑	淡蓝	黄	白	淡绿
额定电流/A	1	2	2.5	3	4	5	6	7.5	9	10	14	15	20	25	30

插片式熔断器有不同的尺寸规格和系列。

熔断器熔丝烧断是由于通过的电流过大，而不是由于电路的电压过高。熔断器可适用于 12～250V 的电路。熔断器都有一定的过载系数，因此较小的电流波动一般不会使熔丝烧断。图 1-15 所示为 2 种熔丝烧断情况：A 是由于短路，B 是由于电流波动过大所造成的。后者通常发生在电路已接通而电器负载（如各种电动机）尚未开始工作的短时间（ms）内，此时电流很大，致使熔丝烧断。目前有的熔断器在设计时已考虑了这种情况。

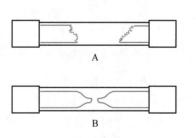

图 1-15　熔断器熔丝烧断情况

熔断器熔丝烧断常见的原因有：

1）电路或负载短路。

2）熔丝自身断裂（不是由于过热烧断）。

3）充电电压过高。

4）熔丝端部锈蚀，影响导电和散热。

5）电路过载（并联负载过多）。

6）熔断器规格（电流容量）不合要求。

当熔断器所保护的电路不能工作时，应注意检查熔断器的状况。如果熔丝已断，则很容易看出来，但有时由于熔丝本身或者和插座接触不良，也会造成电路断路，因此不能仅凭目测就做出判断，而应使用测试灯进行检测。插片式熔断器检测时应先从一侧的测试点测试，然后试另一侧，如图1-16所示，在两侧测试时，测试灯都应亮。

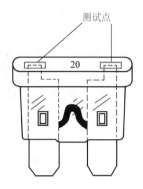

图1-16　插片式
熔断器测试点

三、断路器（断路开关）

断路器多是一种热敏机械装置，它利用两种金属的不同热变形，能使触点开闭（图1-17）。当电路过载时，流过电流大，温度升高，双金属片弯曲，使触点打开，电路断路，以防止导线过热或部件故障而损坏电器设备，甚至失火。

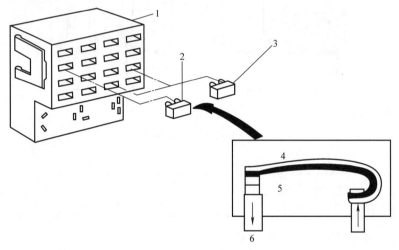

图1-17　插片式断路器

1—熔丝盒和继电器组　2—6A断路器　3—30A断路器　4—双金属片　5—触点　6—电流流动方向

断路器和熔断器不同，后者一旦断路，就必须进行检修或更换；而断路器在电流中断后，因温度降低，触点能重新闭合，使电路恢复通电。断路器通常用于影响行车安全的电路。例如前照灯电路应使用断路器，而不宜使用熔断器。因为前照灯电路中任何一处短路或搭铁，都会形成过大电流。如果使用熔断器，电流中断后不能很快恢复通电，就可能发生事故。而断路器使电路断开后又能迅速恢复通电，因此在意外情况下还能在短时间内部分地保证前照灯的工作。

还有一些电路，如电动座椅、门锁、车窗等，由于其电流波动较大，也应使用断路器才能保证其正常工作。

断路器如果连续不停地断、通，说明电路已短路，应立即进行检修。

四、易熔线

易熔线是另一种形式的线路保护装置，它实际上就是一小段标准的铜绞线，其尺寸通常比所保护线路小 4 号，但在它的表面有比较厚的不易燃烧的绝缘层，所以看起来要比同规格的导线粗。易熔线是容量非常大的熔断器，主要用于保护电源电路和大电流电路。易熔线的规格见表 1-15。

表 1-15 易熔线的规格

色 别	尺寸/mm²	构 成	1m 长的电阻值/Ω	连续通电电流/A	5s 以内熔断时的电流/A
茶	0.3	φ0.32×5 股	0.0475	13	约 150
绿	0.5	φ0.32×7 股	0.0325	20	约 200
红	0.85	φ0.32×11 股	0.0205	25	约 250
黑	1.25	φ0.5×7 股	0.0141	33	约 300

如果电路短路或搭铁，由于易熔线阻值大，大电流会使易熔线中部熔断而使电路断开，从而避免发生失火危险。有的易熔线在它和被保护电路的接头处装有标牌，注明"易熔线"（fusible link）以便于辨识。

易熔线是电路保护的后备保险（双保险）系统。除起动机供电电路外，其余电路的电流都要先经易熔线再通过各自的熔断器。因此有时可能易熔线已断而熔丝没有烧断。

易熔线的绝缘层能承受较高的温度。一般情况下，如果表层已膨胀或鼓泡，说明易熔线已熔断。但有时易熔线已断，而表层仍完好，因此为判明易熔线的状况需要用仪表测试。

易熔线的安装位置应尽可能靠近蓄电池，以便能更有效地保护直接由蓄电池引出的电路。易熔线的安装和更换如图 1-18 所示。如果接头处有 2 股线束，就应安装两根易熔线。

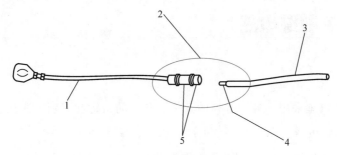

图 1-18 易熔线的安装和更换

1—易熔线　2—连接处　3—导线　4—剥去绝缘层的 1/2　5—连接环，两头都要夹紧

五、熔断器和易熔线的检查维修

1. 熔断器的检查

熔断器熔断后，一般用观察法就可发现，对于较隐蔽的故障，需要进行详细检查。其方法是用万用表测量熔断器是否熔断，也可用测试灯进行检查。检查熔断器的要求如下：

1）熔断器熔断时，必须找到故障原因，彻底排除故障。

2）更换熔断器时，一定要选用与原规格相同的熔断器，特别要注意，不能使用比规定容量大的熔断器。在汽车上增加用电设备时，不能随意改用容量大的熔断器。对于这类情况，最好另外安装熔断器。

3）熔断器支架与熔断器接触不良会产生电压降和发热现象。因此，要特别注意检查熔断器支架有无氧化现象和脏污。有脏污和氧化物时，必须用细砂纸打磨光，使其接触良好。

2. 熔断器熔断后的应急修理方法

1）熔断器熔断后，在没有备用熔断器的情况下，也不能使用香烟盒上的锡箔纸或其他金属箔或丝代替熔断器。如果装上锡箔纸，即使流过锡箔纸的电流达到 50A 以上，锡箔纸除了会发热变红之外不会熔断，这将很可能会引起火灾，因此是十分危险的。

2）在应急时可用细导线代替熔断器，例如把汽车上使用的 $0.5mm^2$ 聚乙烯树脂多股绞合线拆开，使用其中的一股。这种细导线一股相当于 15A 的熔断器。

进行应急处理后，代用的熔丝或细导线必须及时换用符合规定的熔断器。

3. 易熔线检查和维修时的注意事项

1）易熔线在 5s 内熔断时的电流为 150～300A，因此，不论在任何条件下都不允许换用比规定容量大的易熔线。

2）易熔线熔断时，可能是电源电路或大电流电路等主要电路发生短路，因此需要仔细检查，找出短路原因，彻底排除故障。

3）易熔线的四周不能缠绕聚氯乙烯绝缘带，更不能和其他用电设备的导线绞合在一起，也不能和材料是聚乙烯树脂或橡胶的元件接触。

4. 易熔线熔断后的应急修理方法

易熔线熔断后找不到故障原因，又无同规格易熔线可代换时，暂时可以用同容量的熔断器串接在电路上或用粗导线代替，但过后需及时换用符合要求的易熔线。

第四节　开关和继电器　◀◀◀

一、开关

各国家生产的汽车采用了各种各样的开关。开关的结构和识别方法如下所述。

1. 开关的闭合（ON）和断开（OFF）状态

在平常情况下，处于断开状态的开关称为动合开关（N·O 开关）。在平常情况下，处于闭合状态的开关称为动断开关（N·C 开关）。

当动合开关动作时，电路接通；动断开关动作时，电路断开，如图 1-19 所示。

名称	动合 (N·O) 开关	动断 (N·C) 开关
图形符号	可动部分为白色 触点为圆圈	可动部分为黑色 触点为黑色
正常状态	电流不能流过	电流能流过
工作状态	电流能流过	电流不能流过

图 1-19　开关的工作状态

2. 开关工作状态的识别方法

以点火开关为例介绍开关实物和电路图的识别方法，如图 1-20 所示。

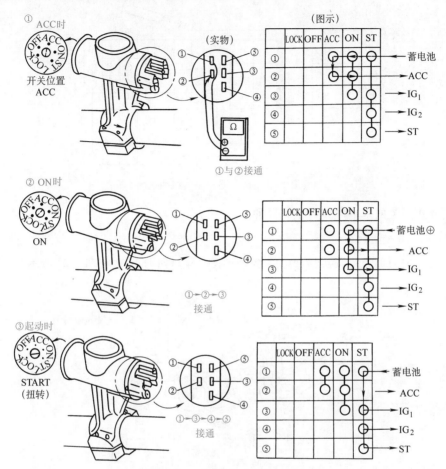

图 1-20　点火开关的结构和接线

电路图中的 ACC 接收录机等附属电路，IG_1 接点火继电器和调节器的正极线柱，IG_2 接点火线圈的正接线柱，ST 接起动继电器。

3. 开关和连接器的连接方法

下面以风扇开关为例介绍开关和连接器的连接方法，如图 1-21 所示。连接器插头的 1 脚、2 脚、3 脚、4 脚、5 脚及 6 脚分别与开关的 1 脚、2 脚、3 脚、4 脚、5 脚及 6 脚用导线连接。表 1-16 给出了风扇处于不同状态时的通断关系。

表 1-16　风扇开关工作状态

开关操作位置	开关内部触点（插头）	电路接线（插座）
OFF	不导通	不导通
L	1—2—3 导通	933—763—567 导通（黑—黑白—青绿导通）
M_L	1—2—4 导通	933—763—566 导通（黑—黑白—青黄导通）
M_H	1—2—5 导通	933—763—565 导通（黑—黑白—青黑导通）
HI	1—2—6 导通	933—763—562 导通（黑—黑白—青白导通）

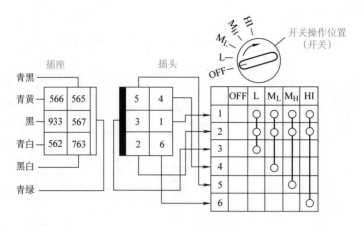

图 1-21 风扇开关原理接线图

不同形式开关的基本原理都是相同的。

4. 开关应用实例介绍

以灯光开关为例介绍其实物和电路连接方法，分别如图 1-22 和图 1-23 所示。

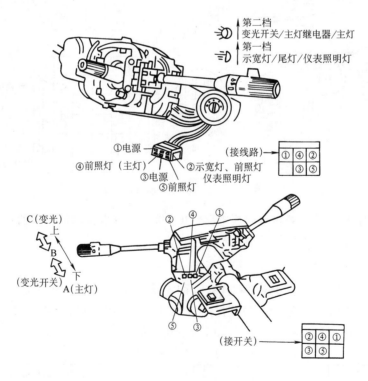

图 1-22 灯光开关的结构

二、继电器

汽车上使用的继电器很多，主要有 3 类：常开（N·O）继电器、常闭（N·C）继电器

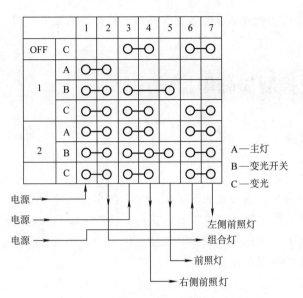

图 1-23　灯光开关的接线方法

和常开常闭混合型继电器。这 3 类继电器的状态，如图 1-24 所示。

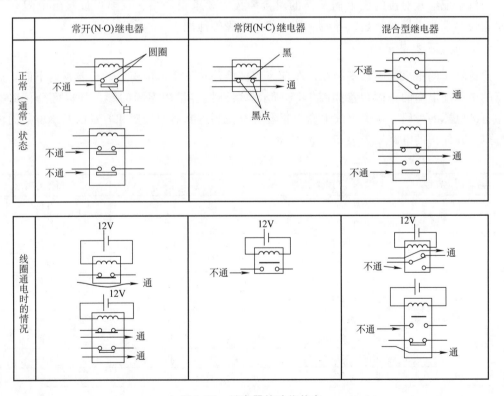

图 1-24　继电器的动作状态

常开继电器平时触点是断开的，继电器动作后触点接通，故继电器动作时接通控制电路。

常闭继电器平时触点是闭合的，继电器动作后触点断开，可切断被控制电路。

混合型继电器，平时常闭触点接通、常开触点断开，如果继电器线圈通电，则变成相反的状态。

第五节 中央控制盒和电控单元

一、中央控制盒

1. 中央控制盒的组成

中央控制盒又称为汽车接线盒或汽车配电盒，汽车电气系统以配电盒为核心进行控制。大部分继电器和熔断器都安装在中央控制盒正面，便于继电器和熔断器产生故障时进行更换和检修。中央控制盒上一般标有线束和导线插接位置的代号及接点的数字号，主线束从汽车配电盒背面插接后通往各用电设备。

汽车配电盒由配电盒盖、座及配电盒主体组成。在配电盒盖上标有各熔断器和继电器的位置及功能说明。配电盒总成一般安装在散热良好、方便插接的地方，大多安装在车辆前风窗玻璃外左下角、发动机舱盖的下面，或安装在车厢内驾驶人腿上方护罩夹层中。

与汽车配电盒对接的线束插接器的对接插拔力要求很严格，且要保证接触电阻几乎为零。它还要求有良好的散热、导电、抗干扰、绝缘等性能。

2. 中央控制盒的识别

捷达轿车的中央配电盒安装在汽车前风窗玻璃外左下角，位于发动机舱盖的下面。捷达轿车的中央配电盒的正面布置如图1-25所示。熔断器容量用不同的颜色加以区分，继电器上印有继电器的号码。从中央配电盒上很容易查找到熔断器的位置和容量以及继电器的位置和号码，其保护的电路见表1-17、表1-18。

表1-17 熔断器的位置、容量及连接的电路

熔断器的位置号	用电器电路	容量/A	熔断器的颜色
1	左近光灯	10	红色
2	右近光灯	10	红色
3	仪表板照明灯、牌照灯	10	红色
4	杂物箱灯	15	蓝色
5	风窗刮水器、洗涤器	15	蓝色
6	空调机、鼓风机	30	黄色
7	右尾灯、右停车灯	10	红色
8	左尾灯、左停车灯	10	红色
9	后窗除霜加热器	20	黄色
10	雾灯、后雾灯	15	蓝色
11	左远光灯	10	红色
12	右远光灯	10	红色
13	电喇叭、散热器风扇	10	红色
14	倒车灯	10	蓝色
15	发电机电子装置	10	红色

（续）

熔断器的位置号	用电器电路	容量/A	熔断器的颜色
16	组合仪表	15	蓝色
17	转向灯、警告灯	10	红色
18	电动燃油泵	20	黄色
19	散热器风扇	30	绿色
20	制动灯	10	红色
21	车内照明、行李箱灯、时钟	15	蓝色
22	收音机、点烟器	10	红色

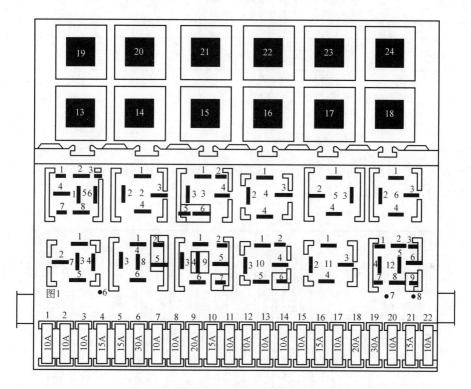

图 1-25　捷达轿车中央控制盒的正面布置

表 1-18　继电器的位置、名称及外壳上的号码

继电器的位置	继电器的名称	印刷在继电器外壳上的号码
1	空调继电器	13
4	卸荷继电器	18
6	闪光器	21
8	间歇清洗/刮水器继电器	19
10	雾灯继电器	53
11	双音电喇叭继电器	53
12	进气歧管预热继电器 燃油泵继电器 预热塞继电器	1 67 60

（续）

继电器的位置	继电器的名称	印刷在继电器外壳上的号码
13	散热器风扇起动断电器	31
	燃油泵控制单元	91
	急速提升控制单元	82
14	起动保护继电器	53
	散热器风扇控制单元	31
	催化反应器报警控制单元	44
	进气歧管预热继电器	1
15	ABS 液压泵继电器	78
16	ABS 继电器	79
18	电动座椅调整机构熔断器 或自由轮锁止机构继电器	83
19	自动变速器继电器	53
20	自由轮锁止机构继电器	83
	自动预热过程控制继电器	47
21	车窗玻璃升降继电器	24
22	ABS 阀、ABS 液压泵继电器	
23	空调、电动座椅调整装置、 双频道收放机继电器	
24	车窗玻璃升降器继电器	

捷达轿车几乎全部主线束均从中央控制盒背面插接后通往各用电器，汽车各线束插头与中央控制盒的连接关系如图 1-26 所示。

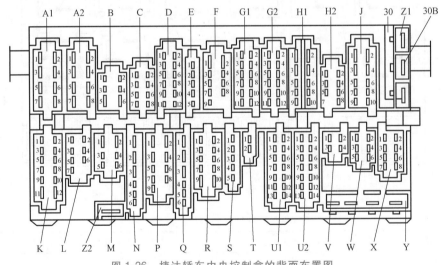

图 1-26　捷达轿车中央控制盒的背面布置图

A1—8 孔插头（黄色），前照灯线束　A2—8 孔插头（黄色），前照灯线束　B—6 孔插头（绿色），用于前照灯清洗系统　C—8 孔插头（黄色），用于任选线束　D—12 孔插头（绿色），用于附加设备　E—5 孔插头（绿色），仪表线束　F—9 孔插头（白色），发动机舱右侧线束　G1—12 孔插头（白色），发动机舱右侧线束　G2—12 孔插头（白色），发动机舱右侧线束　H1—10 孔插头（红色），转向柱开关线束　H2—8 孔插头，（红色），转向柱开关线束　J—10 孔插头（红色），转向柱开关线束　K—12 孔插头（黑色），尾部线束　L—7 孔插头（黑色），尾部线束　M—6 孔插头（黑色），尾部线束　N—6 孔插头（绿色），空调线束　P—9 孔插头（蓝色），后风窗及前雾灯开关线束　Q—孔插头（蓝色），仪表线束 R—10 孔插头（蓝色），灯光开关线束　S—5 孔插头（白色），发动机舱右侧线束　T—2 孔插头（绿色）　U1—14 孔插头（蓝色），仪表板线束　U2—14 孔插头（蓝色），仪表板线束　V—4 孔插头（绿色），多功能指示器线束　W—6 孔插头（绿色），ABS 线束　X—8 孔插头（绿色），报警指示灯（拖挂设备、ABS）线束　Y—单孔插头. 接线柱 30　Z1—单孔插头　Z2—单孔插头，接线柱 31　30—单孔插头，接线柱 30　30B—单孔插头

二、电控单元（ECU）

世界各大汽车公司的发动机集中控制系统电控单元有不同的名字。美国通用公司称其为ECM，福特公司称其为EEC；日本丰田公司称其为TCCS，日产公司称其为ECCS，五十铃公司称其为MCU等。他们对于电控单元的称谓不同，但其都是由输入回路、A-D转换器、计算机和输出回路4部分组成的，其外观如图1-7所示，内部结构如图1-27所示。

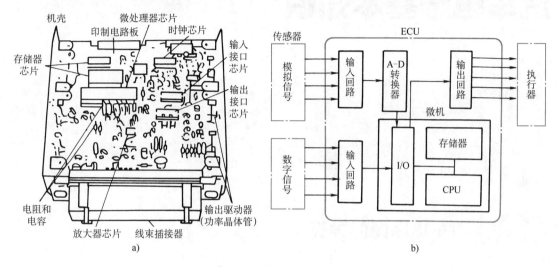

图 1-27　电控单元（ECU）的内部结构
a）ECU部件　b）ECU框图

习题与思考题

1. 汽车用导线有哪些种类？
2. 高压导线有何特点？
3. 怎样插拔插接器？
4. 熔断器有哪些类型？插片式熔断器的颜色和额定电流之间有怎样的对应关系？
5. 易熔线检查和维修时的注意事项有哪些？
6. 继电器有哪些基本类型？
7. 世界各大汽车公司对发动机集中控制系统电控单元的称谓分别是什么？

第二章 >>

汽车电路基本知识

学习目标：

　　通过本章的学习，应能掌握汽车电路原理图和线束图的特点，国内、外汽车电路图常用图形符号，汽车电路的特征和汽车全车电气系统原理框图；了解汽车电路图的种类和表达方法。

第一节　汽车电路图的种类 <<<<

　　汽车电路图的表达方法有线路图、电路原理图、电路接线图、线束图、元件位置图等多种。

一、线路图

　　线路图是传统的汽车电路表达方法，它是把汽车电器在汽车上的实际位置用线从电源到开关至搭铁一一连接起来所构成的线路图。图 2-1（见书后插页）所示为松花江中意微型客车线路图。这种画法的优点是电器设备的外形、安装位置都与实际情况一致，可以循线跟踪查线，导线中间的分支、接点容易找到，便于制作线束，故仍有不少厂家沿用。其缺点是线路图中线束密集、纵横交错，读图、查找及分析故障不便。

二、电路原理图

　　电路原理图用简明的图形符号按电路原理将每个系统由上到下合理地连接起来，再将每个系统合理排列而成。图 2-2 所示为风神蓝鸟乘用车发动机集中控制系统（ECCS）电路原理图。

　　这种画法对线路图做了高度的简化，图面清晰，电路简单明了，通俗易懂，电路连接控制关系清楚，因此对迅速分析、排除电气设备的故障十分有利。

三、电路接线图

　　电路接线图是为了表达电器件的每一个接线柱、继电器的每一个插脚及中央控制盒的每一个端子等和线束的每一个插接器插脚之间的连接关系而绘制的，它主要用来指导电器件和线束的装配。电路接线图是一种介于电路原理图和线束图之间的表达方式，它既表达电路连接关系，又表达电路工作原理。图 2-3 所示为桑塔纳 2000GSi 乘用车的电路接线图。

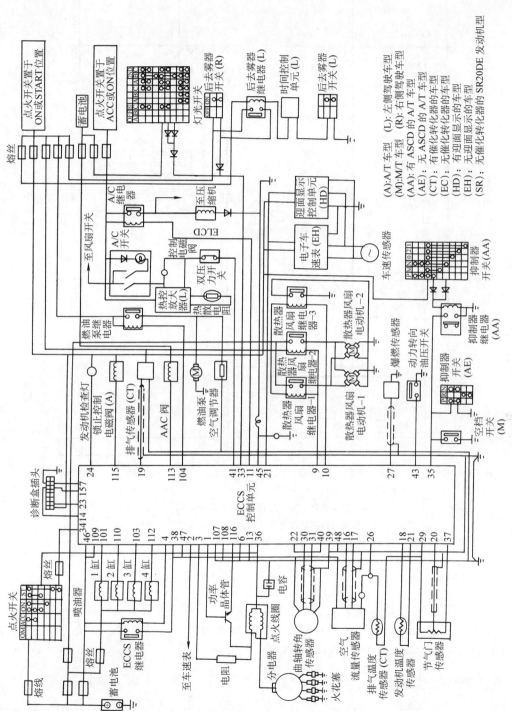

图 2-2　风神蓝鸟乘用车发动机集中控制系统（ECCS）电路原理图

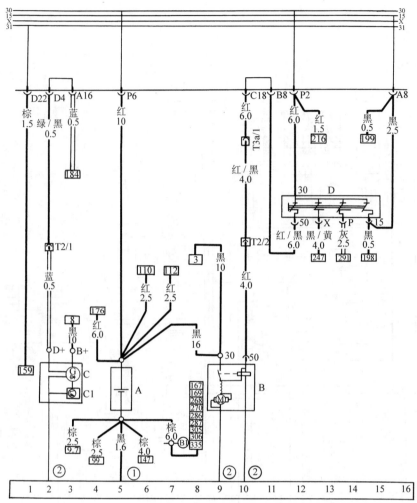

图 2-3　桑塔纳 2000GSi 乘用车的电路接线图（发电机、蓄电池、起动机及点火开关电路）

A—蓄电池　B—起动机　C—交流发电机　C1—调压器　D—点火开关

T2—发动机线束与发电机线束插头连接（2 针，在发动机室中间支架上）

T3a—发动机线束与前照灯线束插头连接（3 针，在中央线路板后面）

①—搭铁点（在蓄电池支架上）　②—自身搭铁　B1—搭铁连接线（在前照灯线束内）

四、线束图

线束图是将有关电器的导线汇合在一起组成线束，以便于在汽车上安装的表达方式。一套完整的线束图一般包括发动机线束图、仪表板线束图、车身线束图、空调线束图等。图 2-4 所示为风神蓝鸟乘用车主线束布置图。

五、元件位置图

现代乘用车结构紧凑，不同车型电器件的结构布局有很大差别。一些电器件比较隐蔽，为了维修和排除故障查找方便，绘制出电器件的位置图。图 2-5 所示为丰田凯美瑞乘用车发动机电控系统元件位置图。

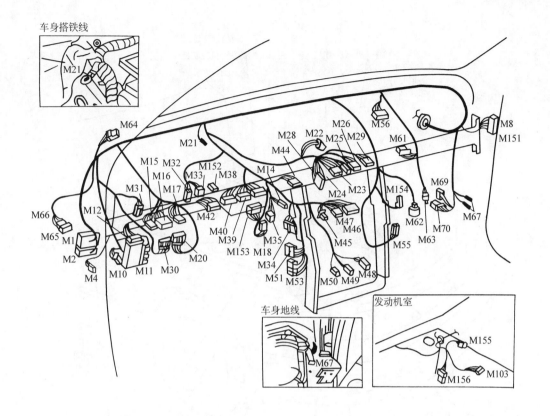

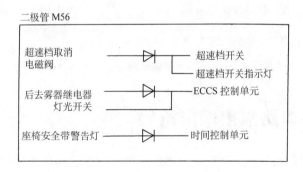

图 2-4 风神蓝鸟乘用车主线束布置图

M1—（E52） M2—（B 1） M4—断电器 M5—（D52） M8、M151—D71 M10—至熔断器盒 M11—熔

断器盒 M12—诊断盒插头 M14—后车窗去雾器开关 M15—ASCD 开关 M16—车门镜开关

M17—照明控制开关 M18—组合闪光单元 M20—ASCD 控制单元 M21、M67—车身搭铁线 M22—时钟

M23、M24—按键控制单元 M25—空调开关 M26—空气混合加热器 M28—风扇开关 M29—危险

开关 M30—换档锁止控制单元 M31—ASCD 离合器开关 M32—ASCD 制动器开关 M33—制动

灯开关 M34—方式门电动机 M35—空气混合门电动机 M38、M39、M40、M42—组合仪表

M44—新鲜空气通风电动机 M45、M46、M47—录音机 M48—烟灰缸照明灯 M49—点烟器

M50—点烟器照明灯 M51—F16 M53—F18 M55—新鲜空气通风电动机 M56—二极管

M61—进气门电动机 M62—杂物箱灯 M63—杂物箱灯开关 M64—R1 M65—D1

M66—D2 M69—吹风机电动机 M70—风扇电阻 M103—刮水器电动机

M152—报警器 M153—时间控制单元 M154—热控制放大器 M155—动力转向

油压开关 M156—侧转向信号灯

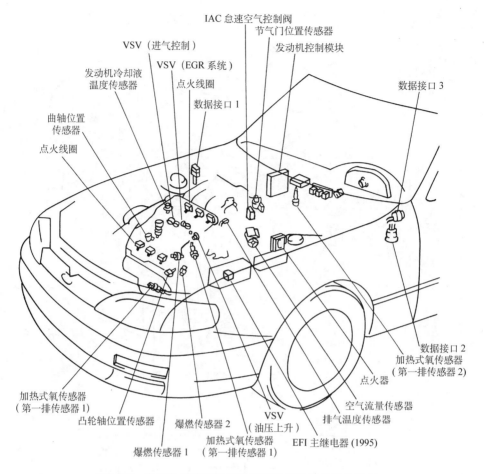

图 2-5 丰田凯美瑞乘用车发动机电控系统元件位置图

第二节 汽车电路常用图形符号

汽车电路图是利用图形符号和文字符号表示汽车电路构成、连接关系和工作原理，而不考虑其实际安装位置的一种简图。为了使电路图具有通用性，便于进行技术交流，构成电路图的图形符号和文字符号有统一的国家标准进行规范。要看懂电路图，必须了解图形符号和文字符号的含义、标注原则和使用方法。

图形符号是用于电气图或其他文件中的表示项目或概念的一种图形、标记或字符，是电气技术领域中最基本的工程语言。

一、国内汽车电路常用图形符号

国内汽车电路常用图形符号见表 2-1。图形符号分为基本符号、一般符号和明细符号3种。

1. 基本符号

基本符号不能单独使用，不表示独立的电气元件，只说明电路的某些特征。例如：

"⎓"表示直流，"~"表示交流，"+"表示电源的正极，"−"表示电源的负极，"N"表示中性线。

2. 一般符号

一般符号是用以表示一类产品和此类产品特征的一种简单符号。如：⊛表示指示仪表的一般符号，▣表示传感器的一般符号。一般符号广义上代表各类元器件，另外，也可以表示没有附加信息或功能的具体元件，例如：一般电阻、电容等。

3. 明细符号

明细符号表示某一种具体的电气元件。它是由基本符号、一般符号、物理量符号、文字符号等组合派生出来的。例如：⊛是指示仪表的一般符号，当要表示电流、电压的种类和特点时，将"＊"处换成"A""V"，就成为明细符号；Ⓐ表示电流表，Ⓥ表示电压表。

表 2-1　国内汽车电路常用图形符号

1. 限定符号

名　称	图形符号	名　称	图形符号
直流	⎓	磁场	F
交流	~	搭铁	⊥
交直流	⎓~		
正极	+	交流发电机输出接线性	B
负极	−	磁场二极管输出端	D+
中性点	N		

2. 导线、端子和导线的连接

名　称	图形符号	名　称	图形符号
接点	●	插头和插座	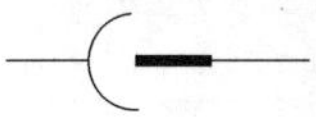
端子	○		
可拆卸的端子	⌀	多极插头和插座(示出的为三极)	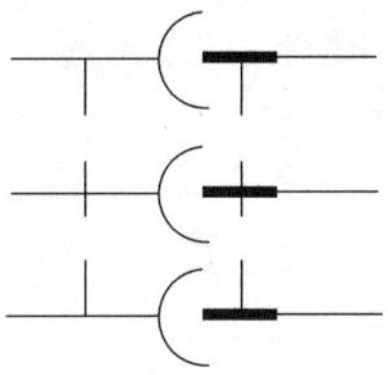
导线的连接	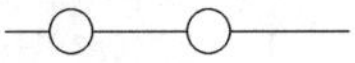 ─○──○─		
导线的分支连接	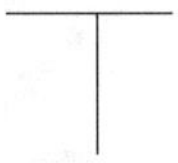		
导线的交叉连接		接通的连接片	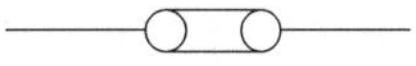
导线的跨越		断开的连接片	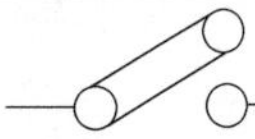
		边界线	
插座的一个极	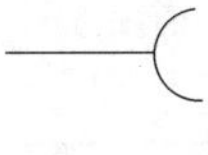	屏蔽(护罩)	
插头的一个极		屏蔽导线	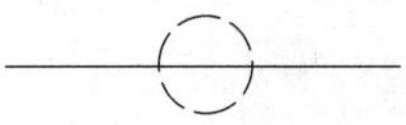

（续）

3. 触点与开关

名　称	图形符号	名　称	图形符号
动合（常开）触点		一般机械操作	
动断（常闭）触点		钥匙操作	
先断后合的触点		热执行器操作	
中间断开的双向触点		温度控制	$t°$
双动合触点		压力控制	p
		制动压力控制	BP
双动断触点		液位控制	
单动断双动合触点		凸轮控制	
		联动开关	
双动断单动合触点		手动开关的一般符号	
一般情况下手动控制		定位（非自动复位）开关	
拉拔操作		按钮	
旋转操作		能定位的按钮	
推动操作		拉拔开关	

（续）

名　　称	图形符号	名　　称	图形符号
旋转、旋钮开关	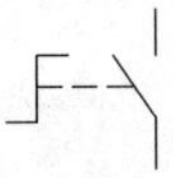	旋转多档开关位置	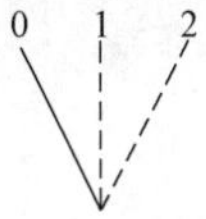 0　1　2
液位控制开关	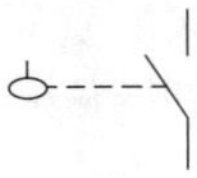	推拉多档开关位置	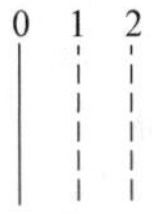 0　1　2
机油滤清器报警开关	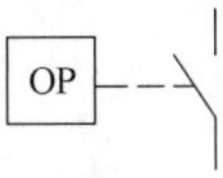 OP	钥匙开关（全部定位）	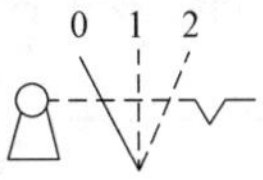 0　1　2
热敏开关动合触点	 $t°$	多档开关、点火、起动开关，瞬时位置为2能自动返回到1（即2档不能定位）	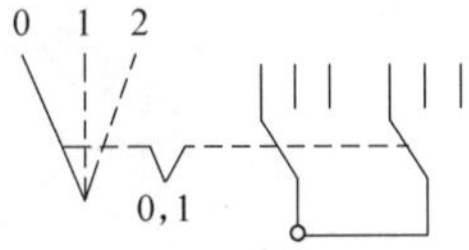 0　1　2 0,1
热敏开关动断触点	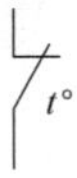 $t°$		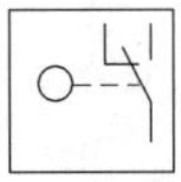
热敏自动开关动断触点	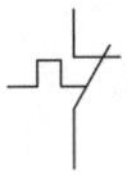	节流阀开关	
热继电器动断触点	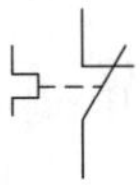		

4. 电器元件

名　　称	图形符号	名　　称	图形符号
电阻器	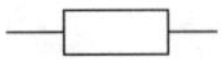	分路器	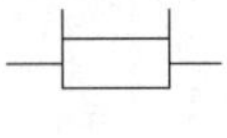
可变电阻器	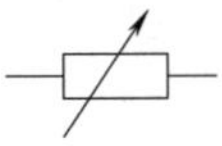	滑动触点电位器	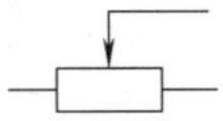
压敏电阻器	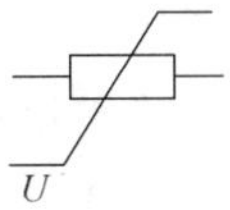 U	仪表照明调光电阻	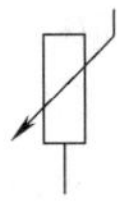
热敏电阻器	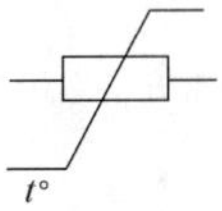 $t°$	光敏电阻	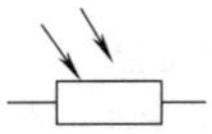
滑线式变阻器	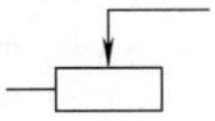	加热元件、电热塞	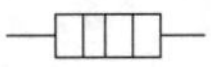
		电容器	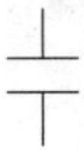

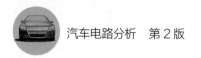

（续）

名　称	图形符号	名　称	图形符号
可变电容器		电感器、线圈、绕组、扼流圈	
极性电容器		带磁心的电感器	
穿心电容器		熔断器	
半导体二极管一般符号		易熔线	
单向击穿二极管，电压调整二极管（稳压管）		电路断电器	
发光二极管		永久磁铁	
双向二极管（变阻二极管）		操作器件一般符号	
三极晶体闸流管		一个绕组电磁铁	
光敏二极管		两个绕组电磁铁	
PNP 型晶体管		不同方向绕组电磁铁	
集电极接管壳晶体管（NPN 型）		触点常开的继电器	
具有两个电极的压电晶体		触点常闭的继电器	

（续）

5. 仪表

名　称	图形符号	名　称	图形符号
指示仪表	$*$	转速表	n
电压表	V	温度表	$t°$
电流表	A	燃油表	Q
电压电流表	A/V	车速里程表	v
欧姆表	Ω	电钟	
功率表	W	数字式电钟	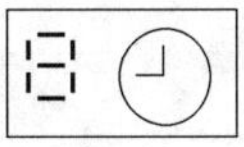
油压表	OP		

6. 传感器

名　称	图形符号	名　称	图形符号
传感器的一般符号	$*$	冷却液温度传感器	$t°_\mathrm{w}$
温度表传感器	$t°$	燃油表传感器	Q
空气温度传感器	$t°_\mathrm{a}$	油压表传感器	OP

（续）

名　　称	图形符号	名　　称	图形符号
空气质量传感器	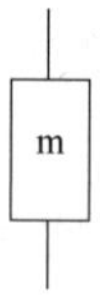 m	转速传感器	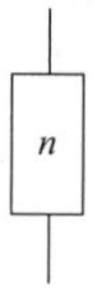 *n*
空气流量传感器	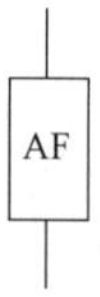 AF	速度传感器	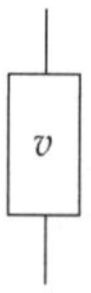 *v*
氧传感器	 λ	空气压力传感器	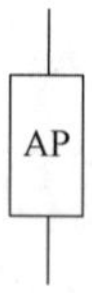 AP
爆燃传感器	 K	制动压力传感器	 BP

7. 电气设备

名　　称	图形符号	名　　称	图形符号
照明灯、信号灯、仪表灯、指示灯	 ⊗	电喇叭	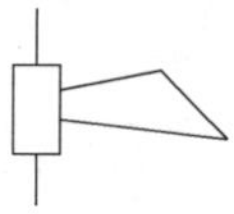
双丝灯	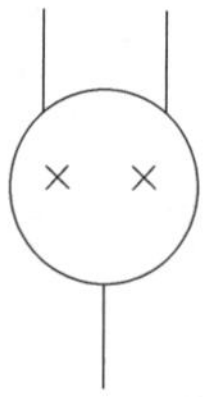	扬声器	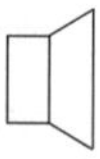
		蜂鸣器	
荧光灯		报警器、电警笛	
组合灯	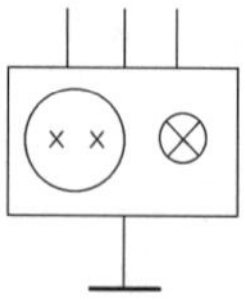	元件、装置、功能元件	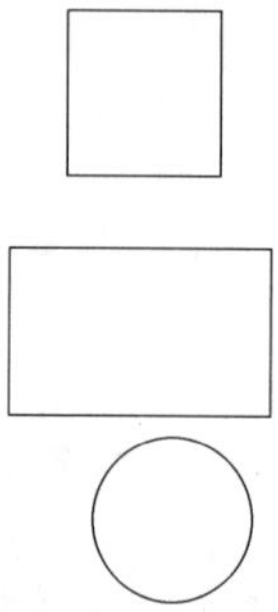
预热指示器	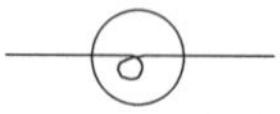		

（续）

名　称	图形符号	名　称	图形符号
信号发生器	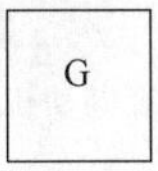 G	振荡器	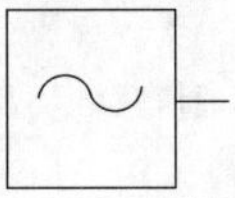
脉冲发生器	 G	变速器、转换器	
闪光器	 G	光电发生器	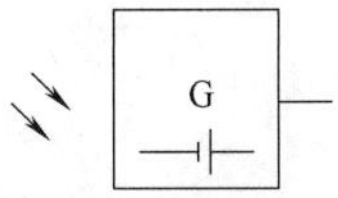 G
霍尔信号发生器	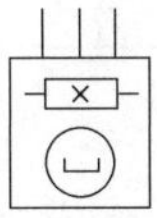	空气调节器	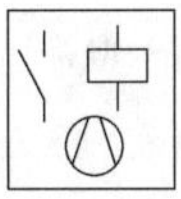
磁感应信号发生器	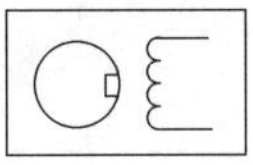	滤波器	
温度补偿器	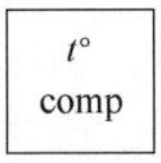 t° comp	稳压器	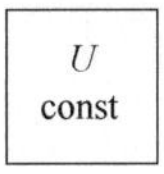 U const
电磁阀一般符号	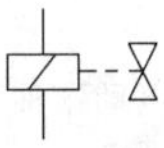	点烟器	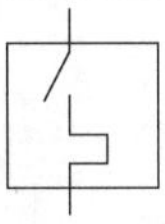
常开电磁阀	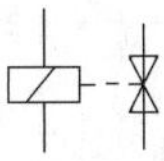	热继电器	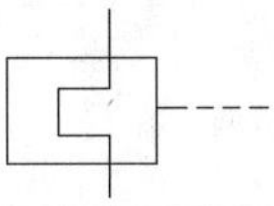
常闭电磁阀	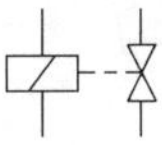	间歇刮水继电器	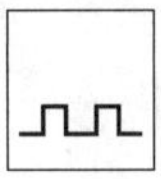
电磁离合器	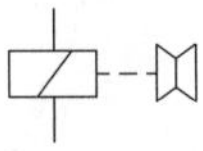	防盗报警系统	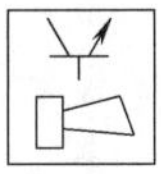
用电动机操纵的怠速调整装置	 M	天线一般符号	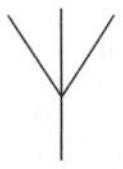
过电压保护装置	 U >	发射机	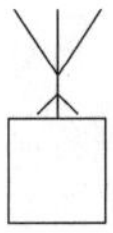
过电流保护装置	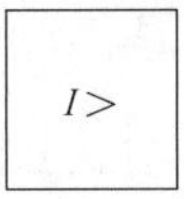 I >	收音机	
加热器（除霜器）	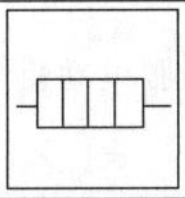		

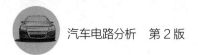

（续）

名　称	图形符号	名　称	图形符号
内部通信联络及音乐系统		串励直流电动机	
收放机		并励直流电动机	
无线电话		永磁直流电动机	
传声器一般符号		起动机（带电磁开关）	
点火线圈		燃油泵电动机、洗涤电动机	
分电器		晶体管电动燃油泵	
火花塞		加热定时器	
电压调节器	U	点火电子组件	I　C
转速调节器	n	风扇电动机	
温度调节器	t°	刮水电动机	
串励绕组			
并励或他励绕组			
集电环或换向器上的电刷		天线电动机	
直流电动机	M	直流伺服电动机	SM

（续）

名　　称	图形符号	名　　称	图形符号
直流发电机		定子绕组为三角形联结的交流发电机	
星形联结的三相绕组		外接电压调节器与交流发电机	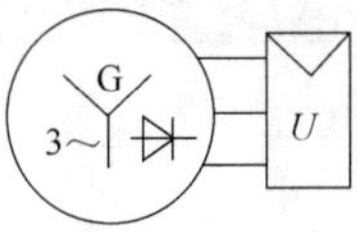
三角形联结的三相绕组		整体式交流发电机	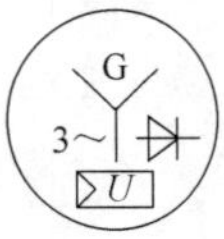
定子绕组为星形联结的交流发电机		蓄电池	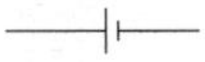
		蓄电池组	

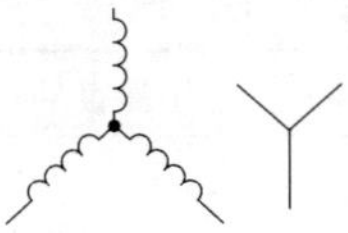

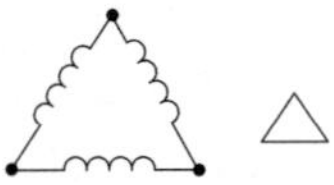

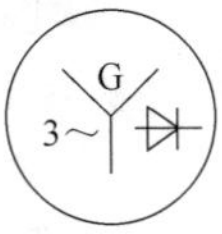

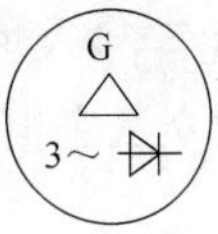

8. 增补符号

名　　称	图形符号	名　　称	图形符号
蓄电池传感器	B	汽车底盘与吊机间电路集电环与电刷	
制动灯传感器	BR	自记车速里程表	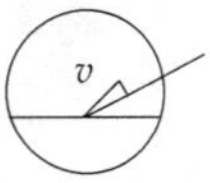
尾灯传感器	T	带电钟自记车速里程表	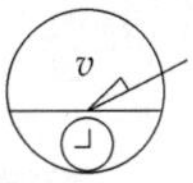
制动器摩擦片传感器	F	带电钟的车速里程表	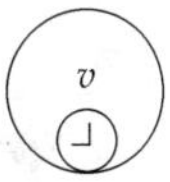
燃油滤清器积水传感器	W	门窗电动机	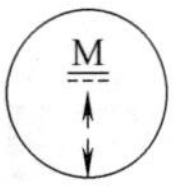
三丝灯泡		座椅安全带装置	

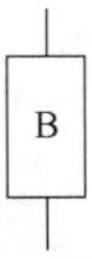

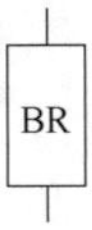

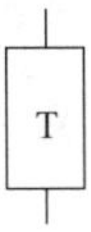

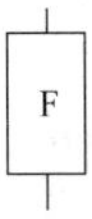

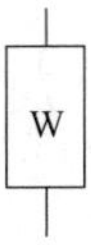

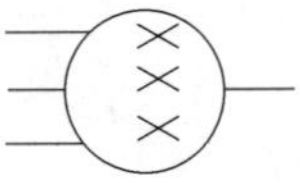

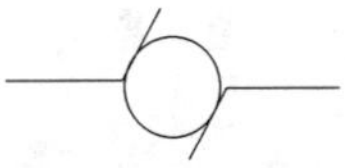

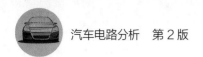

二、国外汽车电路常用图形符号

1. 大众汽车电路图符号

大众汽车电路图符号见表 2-2。

表 2-2　大众汽车电路图符号

图形符号	名　　称	图形符号	名　　称
	熔丝		可变电阻
	蓄电池		手动开关
	起动机		温控开关
			按键开关
	交流发电机		机械开关
			压力开关
	点火线圈		多档手动开关
	火花塞和火花塞插头		继电器
	电热丝		灯泡
	电阻		

（续）

图形符号	名　称	图形符号	名　称
	双丝灯泡		线束内导线连接
	发光二极管		氧传感器
	内部照明灯		电动机
	显示仪表		双速电动机
	电子控制器		感应式传感器
	电磁阀		爆燃传感器
	电磁离合器		数字钟
	接线插座		电喇叭
	插头连接		扬声器
	元件上多针插头连接		自动天线
	元件内部导线接点		收放机
	可拆式导线接点		
	不可拆式导线接点		

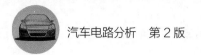

（续）

图形符号	名　称	图形符号	名　称
	点烟器	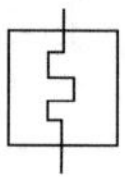	后窗除霜器

2. 奥迪汽车电路图符号

奥迪汽车电路图符号见表2-3。

表 2-3　奥迪汽车电路图符号

图形符号	名　称	图形符号	名　称
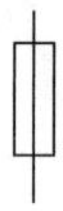	熔丝	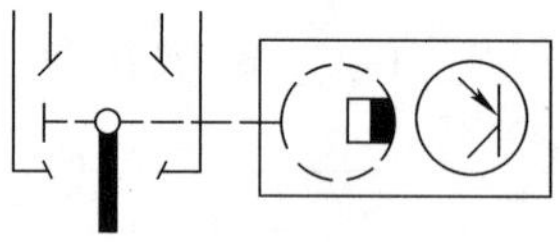	电子式分电器
	蓄电池		火花塞
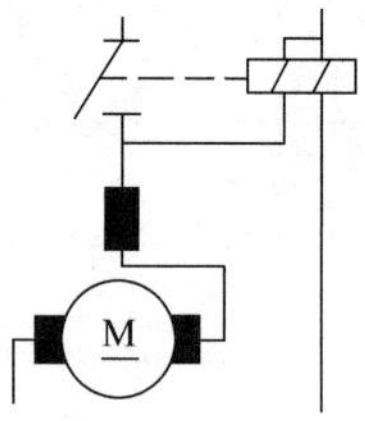	起动机	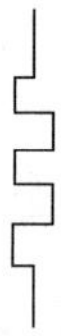	预热塞加热丝
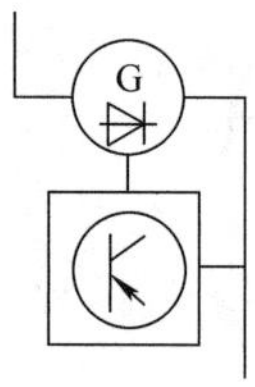	交流发电机	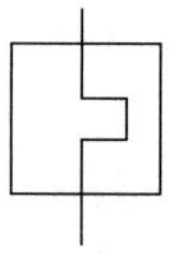	自动阻风门
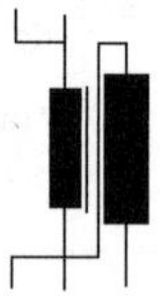	点火线圈	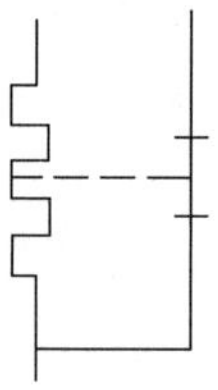	热正时开关
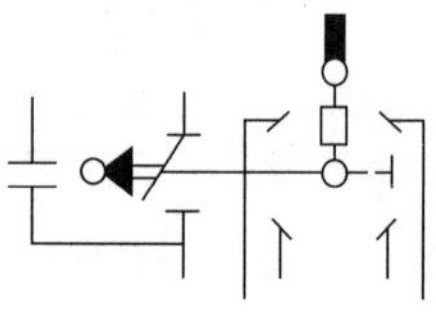	机械式分电器	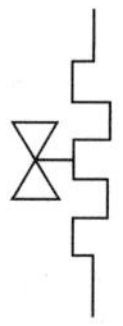	温度调节器 辅助空气阀

（续）

图形符号	名 称	图形符号	名 称
	电磁阀		燃油表传感器
	电动机		油温及冷却液温度传感器
	双速刮水器电动机		继电器
	手动开关		电子控制继电器
	温度开关		电阻器
	按钮（手动）		二极管
	开关（机械操纵）		稳压二极管
	开关（压力控制）		发光二极管
	多掷开关（手动）		指针式仪表
			电子控制
			模拟钟

（续）

图形符号	名　称	图形符号	名　称
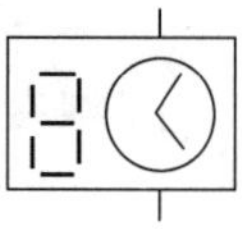	数字钟	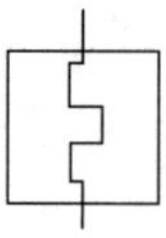	后窗加热器
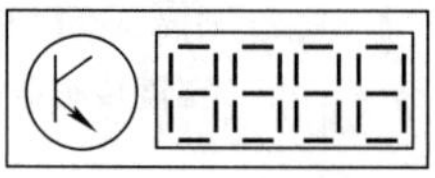	多功能指示器	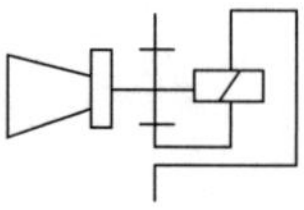	电喇叭
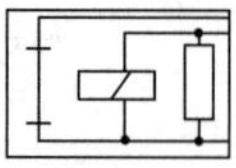	蜂鸣器		推启式接头
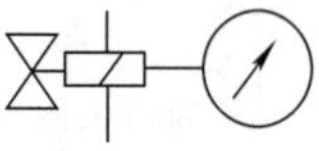	油耗指示灯		推启式接头（多引脚）
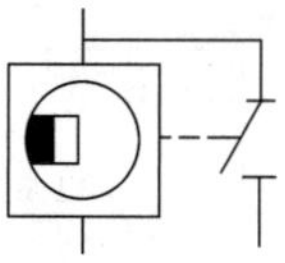	速度传感器	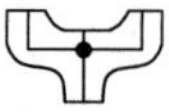	线连接
	灯泡	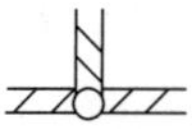	可拆式线连接
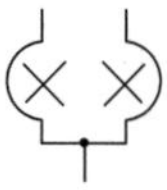	灯泡（双丝）	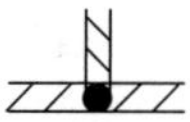	固定式线连接
	车内灯		元件内部线连接
	点烟器		电阻丝

3. 通用汽车电路图符号

通用汽车电路图符号见表2-4。

表 2-4　通用汽车电路图符号

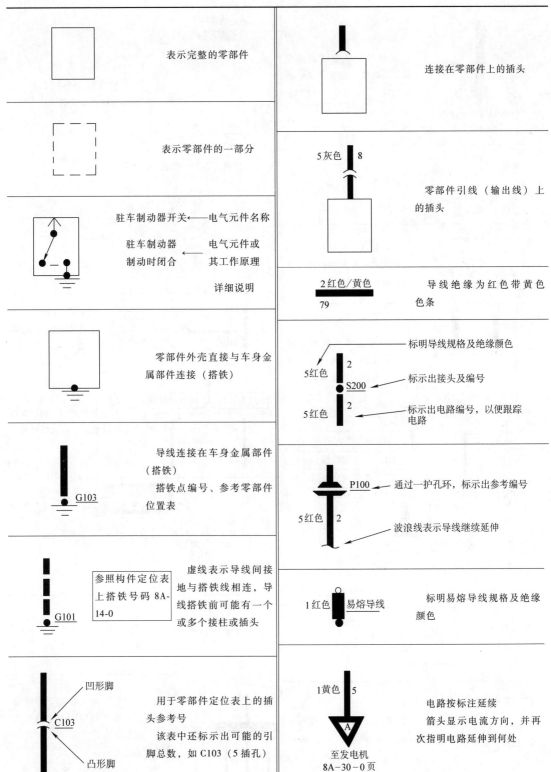

表示完整的零部件	连接在零部件上的插头
表示零部件的一部分	零部件引线（输出线）上的插头　5灰色 8
驻车制动器开关←电气元件名称 驻车制动器 制动时闭合←电气元件或其工作原理 详细说明	导线绝缘为红色带黄色色条　2红色/黄色 79
零部件外壳直接与车身金属部件连接（搭铁）	标明导线规格及绝缘颜色 5红色 2 S200 标示出接头及编号 5红色 2 标示出电路编号，以便跟踪电路
导线连接在车身金属部件（搭铁） 搭铁点编号、参考零部件位置表　G103	P100 通过一护孔环，标示出参考编号 5红色 2 波浪线表示导线继续延伸
虚线表示导线间接地与搭铁线相连，导线搭铁前可能有一个或多个接柱或插头 参照构件定位表上搭铁号码 8A-14-0　G101	标明易熔导线规格及绝缘颜色 1红色 易熔导线
用于零部件定位表上的插头参考号 该表中还标示出可能的引脚总数，如 C103（5 插孔） 凹形脚 C103 凸形脚	电路按标注延续 箭头显示电流方向，并再次指明电路延伸到何处 1黄色 5 A 至发电机 8A-30-0 页

（续）

1 深绿　19

至组合仪表板
8A－81－3 页

接到另一条电路上的导线，该导线还会在那条电路中出现

易熔导线

易熔线接到螺纹接柱上，螺纹接柱另有说明

断路器

指明在装置中电路仍延续，即还有其他灯泡

"制动"
指示器
（红色）

显示文字
"BRAKE（制动）"
的指示器

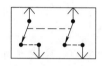

开关触点一起移动，中间的虚线表示开关触点间的机械连接

3 黑色　150

G200

见地线配置图
8A－14－0 页

指示电路未全标示出，但在所指示的页中是完全的

5 淡蓝色

5 黄色　C216

237

同一连接器上的两个接头。虚线显示两者间的机械组合（在同一连接器上）

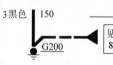

1 橙色　40

无测量仪表　　有测量仪表

C309　　　　C309

1 橙色　40　　1 橙色　40

表达并标注了供选择的或不同型式的可选择导线

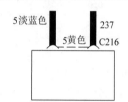

ECM 插头识别
C1．黑色　.32 线
C2．黑色　.24 线

发动机控制模块（ECM）

A9　C1

5VOLTS

D4　　D

标示出静电放电（ESD）敏感装置

位于"ACCY"或"RUN"时通电

指明当点火开关位于"ACCY"及"RUN"位置时与电源接通

无线电熔丝
10A

熔丝盒

熔丝盒插头插孔

加热元件　　　　　热敏触点

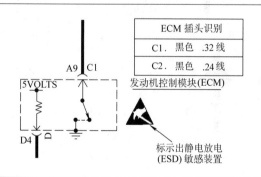

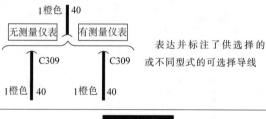

二极管

只允许电流沿一个方向通过

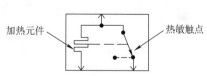

动断触点

动合触点

除非另有说明，线圈无电流时继电器呈非激励状态

C210

B　M　D

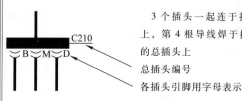

3 个插头一起连于接线盒上，第 4 根导线焊于接线盒的总插头上

总插头编号

各插头引脚用字母表示

4. 福特汽车电路图符号

福特汽车电路图符号见表2-5。

表 2-5　福特汽车电路图符号

	虚线框所表示的组件指此页只表达组件的一部分。完整组件在其他地方表达	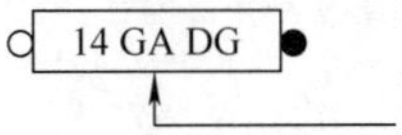 14 GA DG	易熔线 导线尺寸及颜色
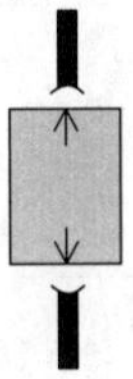	带连接器的组件	 30A	最粗的熔丝或熔丝管 额定电流值
		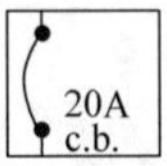 20A c.b.	线路断电器 额定电流值
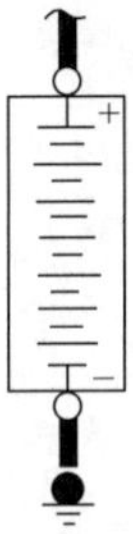	蓄电池	 S100	绞接点或折叠式接点
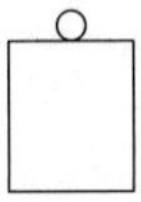	组件上的螺纹接头	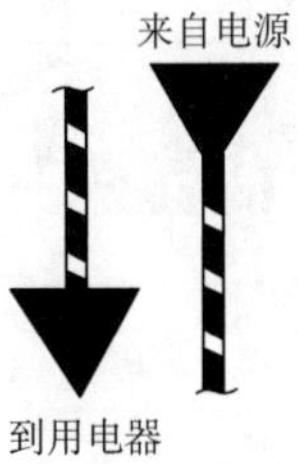 来自电源 到用电器	在两页之间中断的导线的标记 "C" 箭头显示电流从电源流向搭铁
Solid State	封闭的电子构件，在方框内标注的任何系统并不表示其线路，只说明其功能		
	搭铁点	 倒车灯	标注该导线的完整线路在其他图页
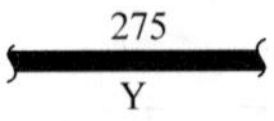 275 Y	单股导线	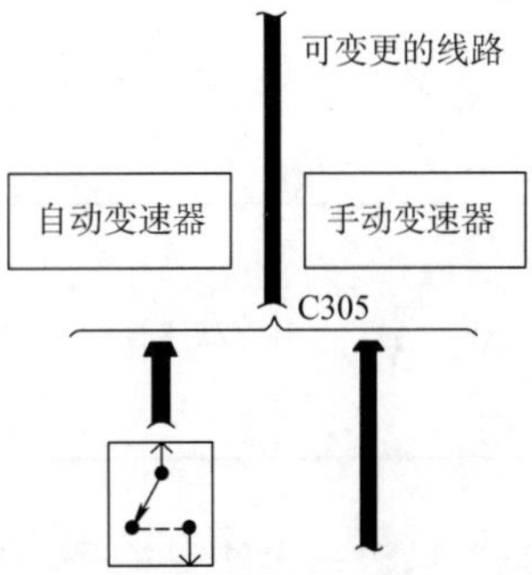	可变更的线路
 881 R/W 554 Y/BK	带条纹导线	自动变速器　手动变速器 C305	
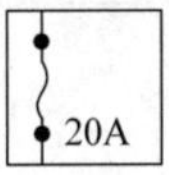 20A	熔丝 电流额定值		

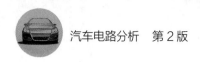

（续）

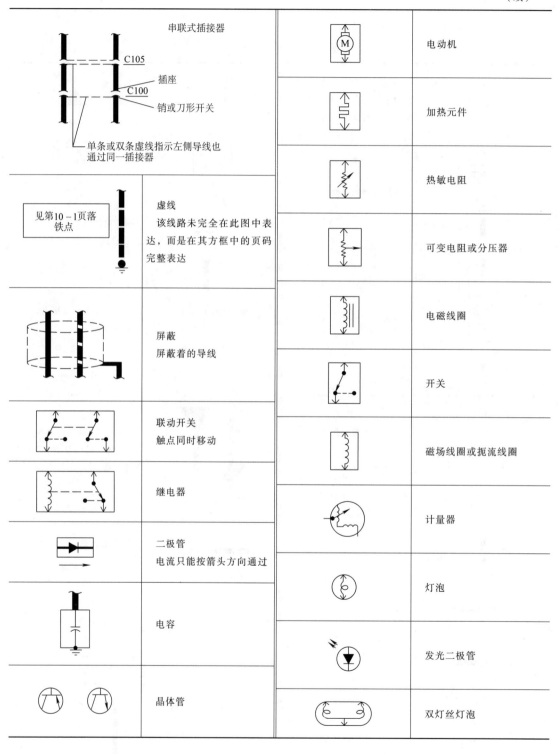

图形	名称
串联式插接器 C105 插座 C100 销或刀形开关 单条或双条虚线指示左侧导线也通过同一插接器	电动机
见第10−1页落铁点 虚线 该线路未完全在此图中表达，而是在其方框中的页码完整表达	加热元件
	热敏电阻
屏蔽 屏蔽着的导线	可变电阻或分压器
	电磁线圈
联动开关 触点同时移动	开关
继电器	磁场线圈或扼流线圈
二极管 电流只能按箭头方向通过	计量器
	灯泡
电容	发光二极管
晶体管	双灯丝灯泡

5. 克莱斯勒汽车电路图符号

克莱斯勒汽车电路图符号见表 2-6。

表 2-6 克莱斯勒汽车电路图符号

符号	名称	符号	名称
	正极	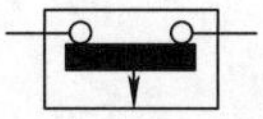	压力开关
	负极	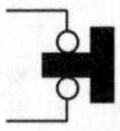	螺线圈开关
	搭铁	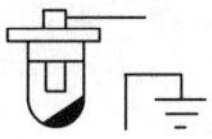	水银开关
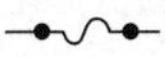	熔丝		二极管或整流管
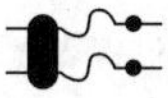	带汇流条的组合熔丝		单向稳压二极管
	线路断电器		电动机
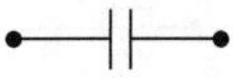	电容器		转子与电刷
	欧姆（电阻）	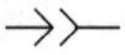	连接器
	电阻		插头
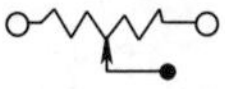	可调电阻		插座
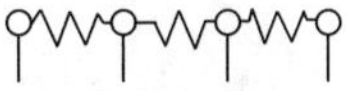	串联电阻		标志导线接往何处
	线圈		标志导线进入两条线路中的一条
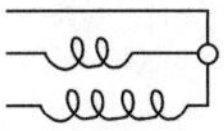	升压线圈	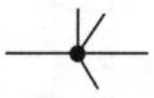	铰接头
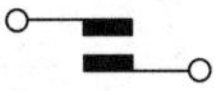	动合触点	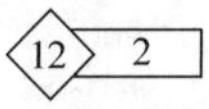	铰接头标注
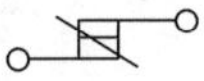	动断触点		加热元件
	动断开关	 TIMER	计时器
	动合开关	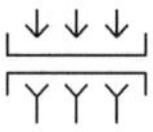	多路连接器
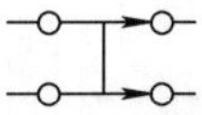	动断联动开关	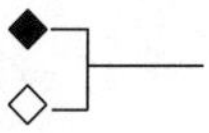	任选的 配线带有/配线不带
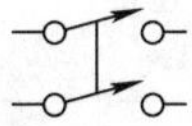	动合联动开关		"Y"形绕组（三相绕组）
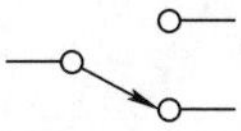	双刀单掷开关	 88:88	数字显示装置

（续）

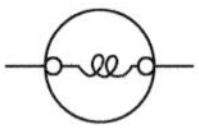	单灯丝电灯	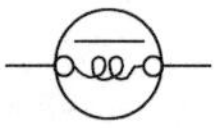	燃油喷射器
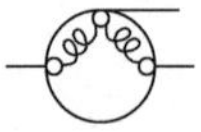	双灯丝电灯	 #36	表示导线通过隔板断开
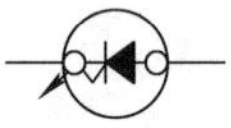	发光二极管	 #19 STRG COWMN	表示导线通过方向柱连接器
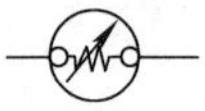	热敏电阻	 INST PANEL #14	表示导线通过仪表盘连接器
	计量器	 ENG #7	表示导线经绝缘孔圈通往发动机
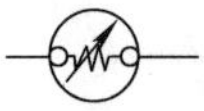	传感器	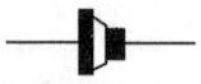	表示导线通过绝缘孔圈
		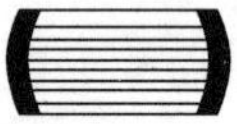	加热栅格元件

6. 宝马汽车电路图符号

宝马汽车电路图符号见表 2-7。

表 2-7　宝马汽车电路图符号

	半导体	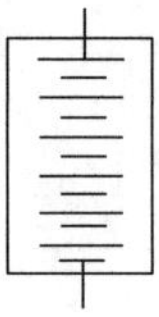	蓄电池
	电动机	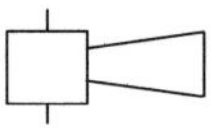	
	鼓风机用电动机		电喇叭
	带吸拉线圈的起动电动机		
	交流发电机		整体元件
	灯、前照灯		元件的一部分
	双丝灯		元件内部的连接
	发光二极管		绞接点

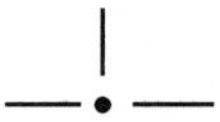

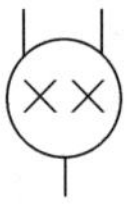

（续）

 装有手动变速器的车型 / 装有自动变速器的车型 2.5 BK YL / 2.S BK	括号表示了车上可供选择项目在线路上的区分			开关（机械式）	
熔丝			●	固定连接	
电阻			○	可拆离连接	
电容			搭铁		
二极管			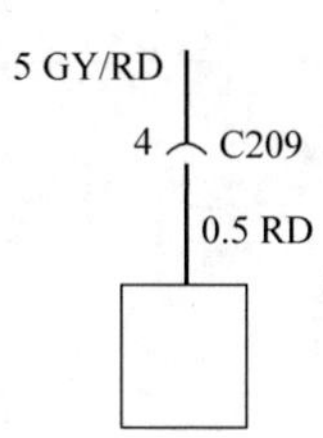 5 GY/RD 4 C209 0.5 RD	接在元件引出线上的连接器	
线圈			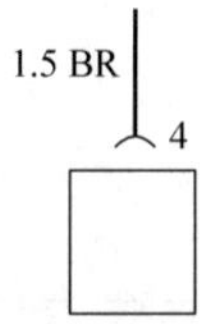 1.5 BR 4	附在元件上的连接器	
开关					
虚线指示两开关之间的机械联动			导线延续		

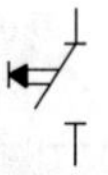

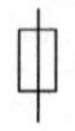

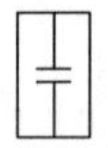

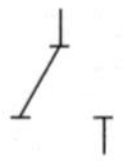

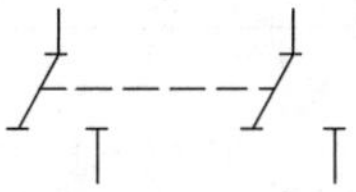

7. 奔驰汽车电路图符号

奔驰汽车电路图符号见表2-8。

表2-8　奔驰汽车电路图符号

	手动开关	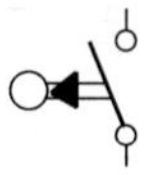	压簧自动开关
	手动按键开关	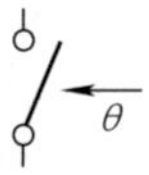	温度开关
	动合触点	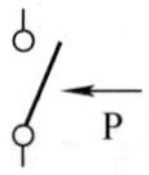	压力开关
	动断触点	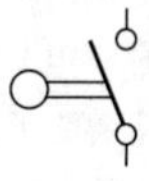	自动开关

（续）

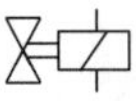 电磁阀	电磁阀		电子元件
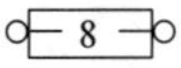	熔丝	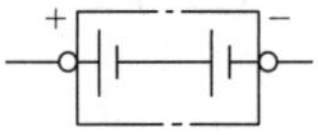	蓄电池
	指示仪表	 M	直流电动机
	电磁线圈		螺钉连接
	磁极		焊接连接
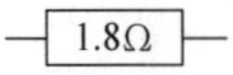 1.8Ω	电阻		平插头
	电位计		圆插头
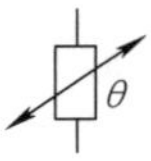 θ	可调电阻	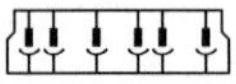	接线板
	二极管		

8. 丰田汽车电路图符号

丰田汽车电路图符号见表 2-9。

表 2-9 丰田汽车电路图符号

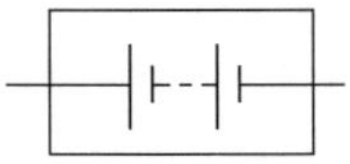	蓄电池		二极管
	电容器		稳压二极管 允许单向电流通过，但在反向电流达到一个特定电压值时，它允许反向电流通过。它相当于一个简单的稳压器
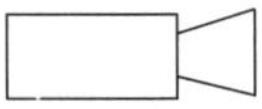	点烟器		
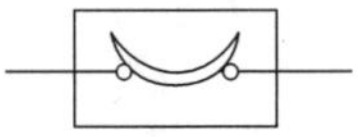	线路断电器 相当于一个重复使用的熔丝。如果通过电流过大，会变热并断开，某些断电器在冷却后自动接通，其余要手工接通	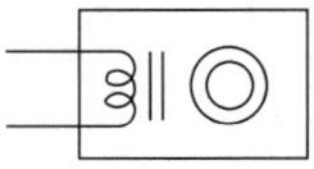	分电器、点火线圈一体化装置（IIA） 它能将点火线圈的高压电流引到各个火花塞上

（续）

符号	名称	符号	名称
	熔丝 （中等电流熔丝）	M	电动机
（强电流熔线及易熔线）	易熔线 装在强电流线路中的粗直径导线。由于超载而熔断，从而保护线路。其数字指示导线横截面的面积		继电器 1. 动断式 2. 动合式
	搭铁 线路接到机体的接点，从而为电器线路提供回路		继电器（双掷） 使电流从两个触点中的任一个通过
	前照灯 单灯丝		电阻
	双灯丝		电阻（多抽头） 提供 2 个或 2 个以上的不同的不可调电阻值的电阻
	电喇叭		可调电阻 带可变电阻的可控电阻器，也称为分压器或变阻器
	点火线圈		传感器（热敏电阻） 随温度的变化而改变电阻值的电阻
	灯		传感器（速度模拟） 用磁场脉冲打开并关闭某个开关，从而产生信号使其他零部件激活
	发光二极管		短销 用以提供带有接线盒的电路连接
	计量器（模拟式）		
FUEL	计量器（数字式） 电流激励了一个或多个发光二极管，电感电容二极管或荧光显示以提供相关图案或数字显示		电磁线圈 电流通过能形成磁场的线圈。它可使活动铁心等移动

（续）

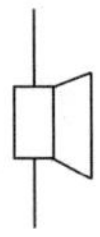	扬声器	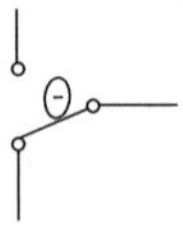	开关（刮水器停驻） 当刮水器开关关闭时，自动使刮水器返回停止位置
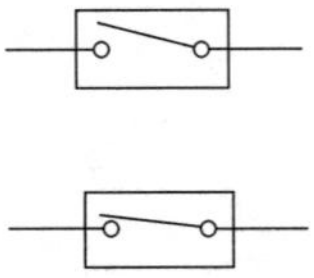	开关（机械式） 1. 常开 2. 常闭	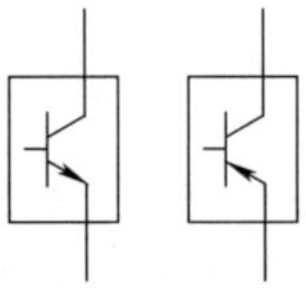	晶体管
	开关（双投）		导线 1. 不连接	导线总是画成直线，两线相交处无黑点即为两线不连接
	开关（点火）		2. 绞接	相交处有黑点或○形记号是绞接点

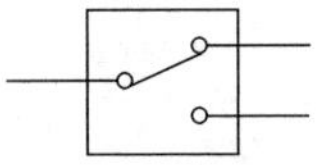

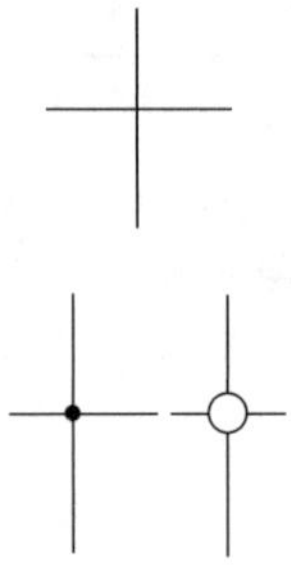

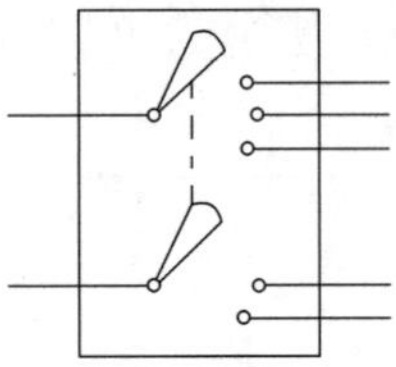

9. 本田汽车电路图符号

本田汽车电路图符号见表2-10。

表2-10　本田汽车电路图符号

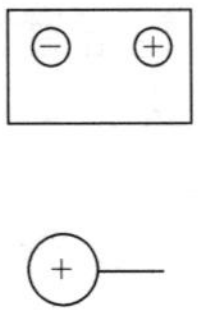	蓄电池		点烟器
	搭铁 1. 搭铁点 2. 元件搭铁点		电阻
	熔丝	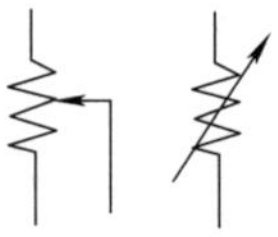	可变电阻
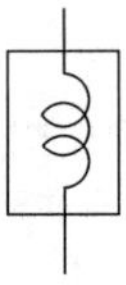	线圈螺线管		热敏电阻

（续）

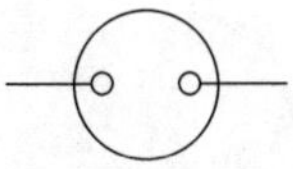	点火开关		扬声器
	灯泡		晶体管
	暖气		开关 1. 动合开关 2. 动断开关
	电动机		
	泵		发光二极管
	线路断电器		冷凝器
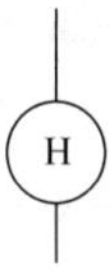	电喇叭		继电器 1. 动合继电器
	二极管		2. 动断继电器
	天线 1. 桅柱形天线 2. 窗形天线		线路连接 1. 电流进入 2. 电流输出

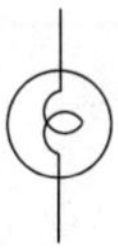

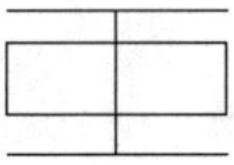

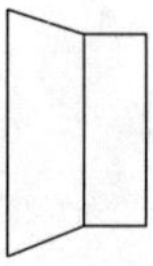

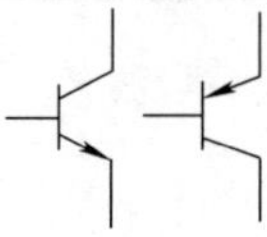

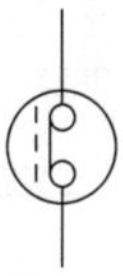

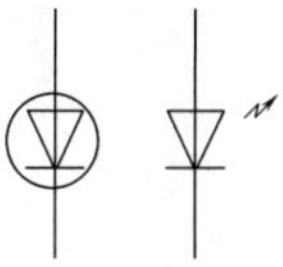

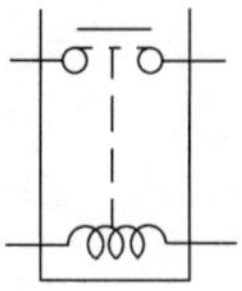

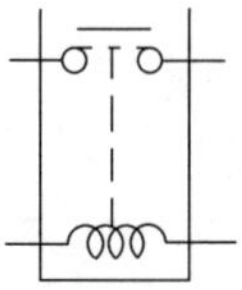

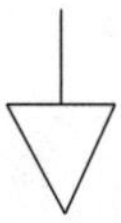

55

（续）

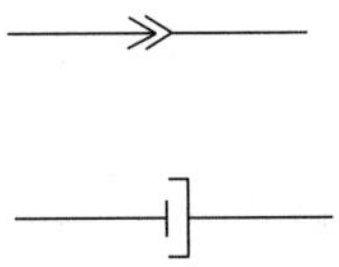	连接器		簧片开关

10. 三菱汽车电路图符号

三菱汽车电路图符号见表2-11。

表2-11　三菱汽车电路图符号

	蓄电池		电动机
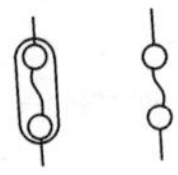	熔丝	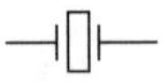	压电器件
	易熔线		单丝灯泡
 阴侧 阳侧	连接器	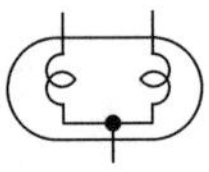	双丝灯泡
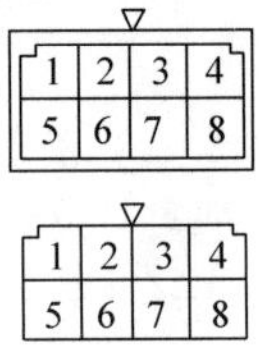 1 2 3 4 / 5 6 7 8 阳侧 / 1 2 3 4 / 5 6 7 8 阴侧	连接器平面图	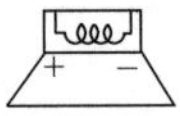	扬声器
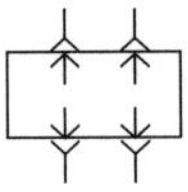	连接器直接与电器连接	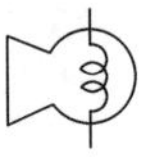	电喇叭
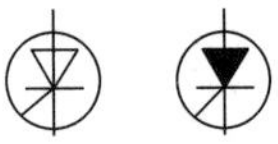	晶闸管整流器	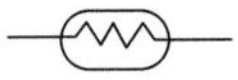	热敏电阻
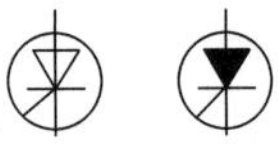	线路经车身搭铁		电阻器
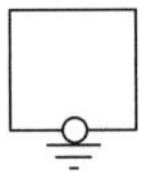	电器壳体搭铁	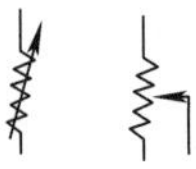	可调电阻器
	ECU 内部搭铁		线圈
		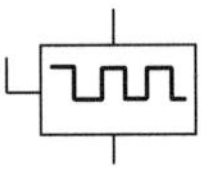	脉冲发生器

（续）

符号	名称	符号	名称
	发光二极管	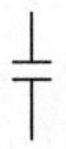	电容器
	二极管	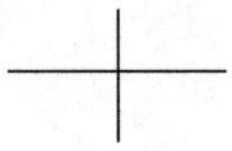	无连接点的交叉线
	稳压二极管		绞接线
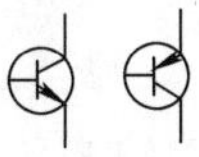	晶体管		谐音警报器
	蜂鸣器		
	光敏二极管		光敏晶体管

11. 马自达汽车电路图符号

马自达汽车电路图符号见表 2-12。

表 2-12 马自达汽车电路图符号

符号	名称	符号	名称
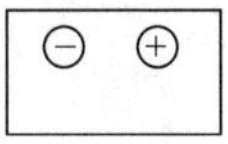	蓄电池	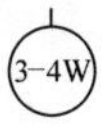 3~4W	灯
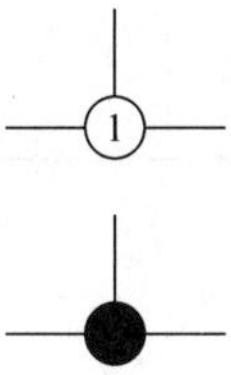	搭铁 1. 通过导线搭铁 2. 通过元件外壳搭铁	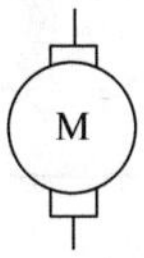 M	电动机
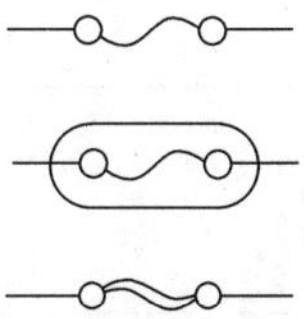	熔丝 1. 片状熔丝 2. 管状熔丝 3. 主熔丝/易熔导线	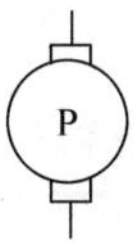 P	泵
			点烟器
	晶体管 1. NPN 型 2. PNP 型		电喇叭

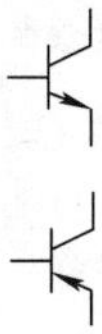

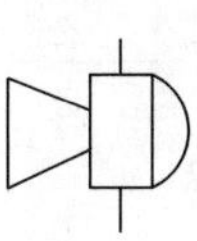

（续）

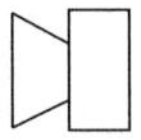	扬声器	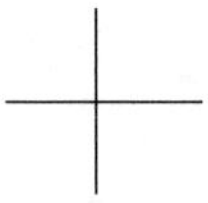	线束 1. 不连接的交叉导线
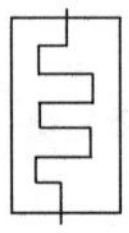	加热器		2. 有连接点的交叉导线
	速度传感器	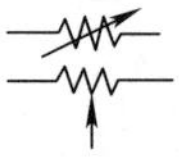	传感器（可变电阻）
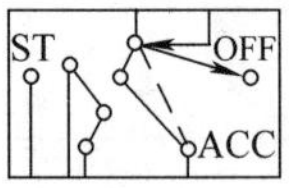	点火开关	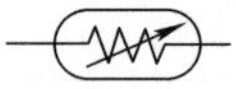	传感器（热敏电阻）
		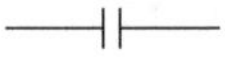	电容器
			电磁线圈
	继电器 1. 动合继电器 2. 动断继电器		二极管
			发光二极管（LED）
			稳压二极管
	开关 1. 动合开关 2. 动断开关		逻辑符号 或
			与
			非

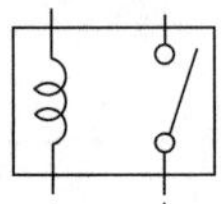

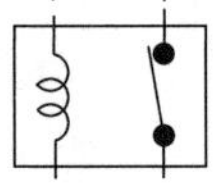

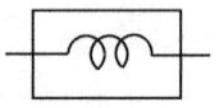

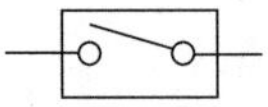

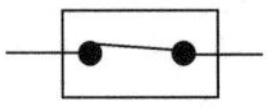

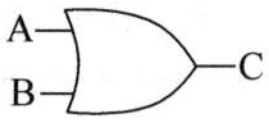

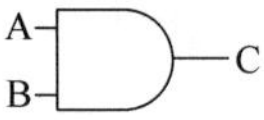

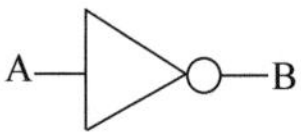

12. 雪铁龙汽车电路图符号

雪铁龙汽车电路图符号见表2-13。

表2-13 雪铁龙汽车电路图符号

	线头焊片接点	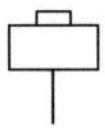	带有分辨记号（防误槽）的插接器接点
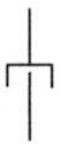	插头接点		不可拆接点（绞点）
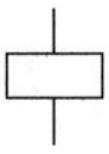	插接器接点		不可拆接点（绞点）

（续）

	经线头焊片搭铁		摩擦式触点
	经插接器片搭铁		电阻手动开关
	经零件外壳搭铁		电阻
	开关（无自动回位）		可调电阻
	手动开关		手动可调电阻
	转换开关		机械可调电阻
	动合触点（自动回位）		热敏可调电阻
	动断触点（自动回位）		压力可变电阻
	手动开关		可变电阻
	机械开关		分流器
	压力开关		线圈（继电器、电动阀）
	温控开关		指示灯
	延时断开触点		照明灯
	延时闭合触点		双灯丝照明灯

（续）

⊕	发光二极管		继电器组件
⊕	光敏二极管		零件框图（带有原理图）
⊻	二极管		零件框图（不带原理图）
	熔丝		零件部分框图
	热熔断器		零件部分框图
	屏蔽装置		指示器
	蓄电池单格		电热器
	电容器		电极
	电动机		氧传感器
	双速电动机		接线柱
	交流发电机		NPN 晶体管
	发声元件（电喇叭、扬声器等）		PNP 晶体管
	电子控制组件	— · —	联动线（细点画线）
		（ ）	备用头

13. 米切尔（Mitchell）汽车电路图符号

米切尔（Mitchell）汽车电路图符号见表 2-14。

表 2-14　米切尔（Mitchell）汽车电路图符号

符号	名称	符号	名称
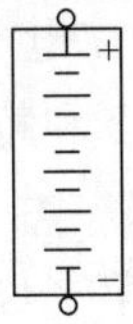	蓄电池		灯泡（双灯丝）
	断路图		电动机
	接头（单路）		电阻
	接头（双路）		
	二极管		
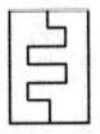	加热元件或除雾栅		传感器（热敏）
	熔丝		电磁阀
	易熔元件		
	卷簧		电磁阀（带二极管）
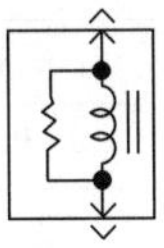	电喇叭		电磁阀（带电阻）
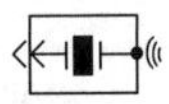	爆燃传感器		
	易熔线连接		电磁阀（带二极管和电阻）
	灯泡（单灯丝）		开关（单路）
			开关（双路）

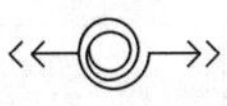

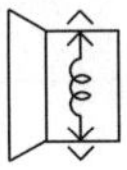

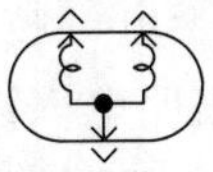

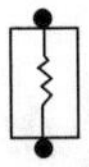

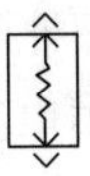

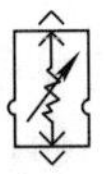

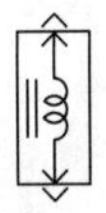

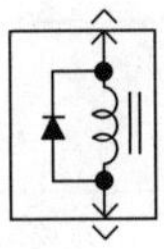

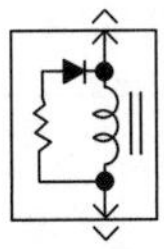

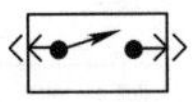

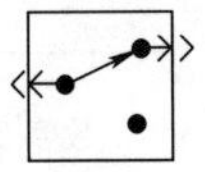

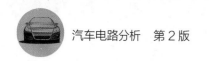

第三节 汽车电路常用文字符号 ◀◀◀

文字符号是由电气设备、装置和元器件的种类（名称）字母代码和功能（与状态、特征）字母代码组成的。它常用于电气技术领域中技术文件的编制，也可标注在电气设备、装置和元器件上或其近旁，以表明电气设备、装置和元器件的名称、功能、状态和特征。此外，还可与基本图形符号和一般图形符号组合使用，以派生新的图形符号。

文字符号分为基本文字符号和辅助文字符号两大类，基本文字符号可分为单字母符号和双字母符号。

一、基本文字符号

1. 单字母符号

单字母符号是按拉丁字母将各种电气设备、装置和元器件划分为 23 大类，每大类用一个专用单字母符号表示，如 C 表示电容器类，R 表示电阻类等。

2. 双字母符号

双字母符号由一个表示种类的单字母符号与另一字母组成，其组合形式应以单字母符号在前而另一字母在后的次序列出，如：R 表示电阻，RP 表示电位器，RT 表示热敏电阻；G 表示电源、发电机、发生器，GB 表示蓄电池，GS 表示同步发电机、发生器，GA 表示异步发电机。

常用基本文字符号见表 2-15。

表 2-15　常用基本文字符号

设备、装置元器件种类	举例	基本文字符号	
		单字母	双字母
组件部件	分离元件放大器调节器	A	
	电桥		AB
	晶体管放大器		AD
	集成电路放大器		AJ
	印制电路板		AP
	抽屉柜		AT
	支架盘		AR
非电量到电量变换器或电量到非电量变换器	送话器 扬声器 晶体换能器	B	
	压力变换器		BP
	温度变换器		BT
电容器	电容器	C	
二进制元件、延迟器件、存储器件	数字集成电路和器件	D	

（续）

设备、装置元器件种类	举 例	基本文字符号	
		单字母	双字母
其他元器件	其他元器件	E	
	发热器件		EH
	照明灯		EL
保护器件	过电压放电器件避雷器	F	
	熔断器		FU
	限压保护器件		FV
发生器 发电机 电源	振荡器	G	
	发生器		GS
	同步发电机		GA
	异步发电机		
	蓄电池		GB
信号器件	声响指示器	H	HA
	光指示器		HL
	指示灯		HL
继电器 接触器	交流继电器	K	KA
	双稳态继电器		KL
	接触器		KM
	簧片继电器		KR
电感器 电抗器	感应线圈 电抗器	L	
电动机	电动机	M	
	同步电动机		MS
	力矩电动机		MT
模拟元件	运算放大器 混合模拟/数字器件	N	
测量设备 试验设备	指示器件信号发生器	P	
	电流表		PA
	（脉冲）计数器		PC
	电能表		PJ
	电压表		PV
电力电路的开关器件	断路器	Q	QF
	电动机保护开关		QM
	隔离开关		QS
电阻器	电阻器 变阻器	R	
	电位器		RP

（续）

设备、装置元器件种类	举　　例	基本文字符号	
		单字母	双字母
电阻器	热敏电阻器	R	RT
	压敏电阻器		RV
控制、记忆、信号电路的 开关器件 选择器	控制开关 选择开关	S	SA
	按钮		SB
	压力传感器		SP
	位置传感器		SQ
	温度传感器		ST
变压器	电流互感器	T	TA
	控制电路电源用变压器		TC
	电力变压器		TM
	电压互感器		TV
电子管 晶体管	二极管 晶体管 晶闸管	V	
	电子管		VE
传输通道波导天线	导线 母线 波导 天线	W	
端子 插头 插座	连接插头和插座 接线柱焊 接端子板	X	
	连接片		XB
	测试插孔		XJ
	插头		XP
	插座		XS
	端子板		XT
电气操作的机械器件	气阀	Y	
	电磁铁		YA
	电动阀		YM
	电磁阀		YV
终端设备 混合变压器 滤波器 均衡器 限幅器	晶体滤波器	Z	

二、辅助文字符号

辅助文字符号表示电气设备、装置和元器件以及线路的功能、状态和特征。如 SYN 表示同步，L 表示限制左或低，RD 表示红色，ON 表示闭合，OFF 表示断开等。

常用辅助文字符号见表 2-16。

表 2-16　常用辅助文字符号

序号	文字符号	名　　称	序号	文字符号	名　　称
1	A	电流	37	M	主
2	A	模拟	38	M	中
3	AC	交流	39	M	中间线
4	A AUT	自动	40	M MAN	手动
5	ACC	加速	41	N	中性线
6	ADD	附加	42	OFF	断开
7	ADJ	可调	43	ON	闭合
8	AUX	辅助	44	OUT	输出
9	ASY	异步	45	P	压力
10	B BRK	制动	46	P	保护
			47	PE	保护搭铁
11	BK	黑	48	PEN	保护搭铁与中性线共用
12	BL	蓝	49	PU	不搭铁保护
13	BW	向后	50	R	记录
14	C	控制	51	R	右
15	CW	顺时针	52	R	反
16	CCW	逆时针	53	RD	红
17	D	延时（延迟）	54	R RST	复位
18	D	差动			
19	D	数字	55	RES	备用
20	D	降低	56	RUN	运转
21	DC	直流	57	S	信号
22	DEC	减	58	ST	起动
23	E	接地	59	S SET	置位,定位
24	EM	紧急			
25	F	快速	60	SAT	饱和
26	FB	反馈	61	STE	步进
27	FW	正,向前	62	STP	停止
28	GN	绿	63	SYN	同步
29	H	高	64	T	温度
30	IN	输入	65	T	时间
31	INC	增	66	TE	无噪声（防干扰）搭铁
32	IND	感应	67	V	真空
33	L	左	68	V	速度
34	L	限制	69	V	电压
35	L	低	70	WH	白
36	LA	闭锁	71	YE	黄

三、文字符号的使用规则

1）单字母符号应优先选用。

2）只有当用单字母符号不能满足要求，需要将大类进一步划分时，才采用双字母符号，以便较详细和更具体地表述电气设备、装置和元器件等。如 F 表示保护器类，FU 表示熔断器，FV 表示限压保护器件。

3）辅助文字符号可放在表示种类的单字母符号后边组成双字母符号，如 ST 表示起动，DC 表示直流，AC 表示交流。为简化文字符号，若辅助文字符号由两个字母组成时，允许只采用其第一位字母进行组合，如 MS 表示同步电动机，MS 中的 S 为辅助文字符号 SYN（同步）的第一位字母。辅助文字符号还可以单独使用，如 ON 表示接通，N 表示中性线，E 表示搭铁，PE 表示保护搭铁等。

第四节　汽车仪表盘常用显示图形符号　◀◀◀

一、显示装置的功能

显示装置通常指安装在汽车仪表板上的各种仪表、图形符号和报警装置。它们可以对汽车许多工况进行检测，最多能同时检测几十个参数，并经计算机计算、处理成易于理解的智能化显示。显示装置显示的信息，除冷却液温度、油压、车速及发动机转速等常见的内容外，还有瞬时耗油量、平均车速、续驶里程、车外温度等，驾驶人可根据实际需要，随时调出某一内容显示在行车电脑的屏幕上。

监视和报警的信息主要有燃油量、冷却液温度，润滑油压、充电状况、前照灯、尾灯、排气温度、制动液量、驻车制动、车门未关紧等，当出现不正常现象或通过自诊断系统测出有故障时，该系统会立即进行声/光（并用）报警。

二、显示装置的标记

汽车仪表盘、转向柱组合开关手柄上以及各种开关按键上通常装有许多警告灯、指示灯（或标志符号）。为了区分它们的功能，常用各种各样的图形标志刻印在其表面，有些进口汽车上还用英文字母表示。这些图形标记国际通用，大都形象、简明，一看便知它们的功用。

为了防止分散驾驶人的注意力，指示灯、警告灯在其所指示部位工作正常时是不亮的，仪表盘上没有刺目的光亮。一旦某个部位工作不正常，代表其工况的指示灯、警告灯才亮。警告灯多用红色，以示情况紧急，需要及时检修。如制动气压过低警告、充电系统不充电警告、发动机过热警告、机油压力过低警告等。有些作为工作状况指示采用橘黄色指示灯，如阻风门关闭、空气滤清器堵塞、驻车制动拉紧。还有一些属于正常工作状态的指示灯，如转向指示灯采用绿色、前照灯远光指示采用蓝色。

指示灯与警告灯多采用小功率灯泡（1~3.5W）也有采用发光二极管的（要加适当的降压电阻）。指示灯、警告灯在正常状态下不亮，如果灯泡损坏了也会造成错觉，为此在点火开关接通而不起动发动机的状态下可以检验大多数指示灯泡的好坏，如充电指示灯、机油压力警告灯，有些要用专门的检验开关并加接许多隔离二极管来进行检验。

汽车上部分显示装置的标记见表 2-17。

表 2-17　汽车上部分显示装置的标记

序号	图形或文字符号	名 称	说 明
1	CHECK	发动机故障灯	电控发动机系统出现故障时灯亮,钥匙刚打开时灯亮(正常后熄灭),可通过人工读码判别故障
2		化油器阻风门指示灯	冷车起动时阻风门关闭指示灯亮
3		节气门指示灯	节气门关闭时指示灯亮
4	CHARGF	充电指示灯	发电机不充电时指示灯亮
5	WATER OVER HEAT	冷却液温度表	冷却液温度过高时警告灯亮
6	OLL-P	机油压力警告灯	当机油压力过低时警告灯亮
7	FUEL	燃油表	燃油不足时警告灯亮
8		柴油机停止供油拉杆(按钮)位置标志灯	当柴油机停止供油、拉杆位于熄火位置时灯亮
9	(P) PKB	驻车制动指示灯	停车制动,在制动时灯亮
10	(!) BRAKE AIR	制动系统警告灯	制动液面低、制动系统故障时灯亮
11	n/min RPM	发动机转速表	发动机转速表能指示快怠速、经济转速与换档时机、额定转速,用途很多
12	km/h	车速表	显示车速
13	20:00	时钟	数字显示时钟
14	COOLAN LEVEL	冷却液液位指示灯	当冷却液液位过低时指示灯亮
15		机油液面指示灯	当发动机机油液面过低时指示灯亮
16		机油温度过高警告灯	当机油温度过高时警告灯亮
17	kPa	真空度指示灯	

（续）

序号	图形或文字符号	名　称	说　明
18	SRS	安全气囊指示灯	当汽车受到碰撞达到一定程度安全气囊打开，系统出现故障时指示灯亮
19	TRAC	牵引力控制指示灯	
20	CRUISE	巡航(恒速)指示灯	设定某一车速后，ECU 将自动控制车速并保持在设定范围，系统出现故障时灯亮
21	AIR SUSP	端子调整空气悬架指示灯	指示灯能显示车身高度变化
22	O/D OFF	OVER—DRIVE 超速开关指示灯	按下此开关，则换入超速档，再按下此开关退出，同时 O/D OFF 灯亮
23	VOLT	电压表	12V 量程为 10~16V，24V 量程为 24~32V
24	EXP TEMP	排气温度指示灯	排气温度过高(大于 750℃)时指示灯亮
25	⇐ ⇒	转向信号指示灯	L—左转向，R—右转向
26	△	危险警告灯	又称隧道灯，左、右转向灯同时亮
27	BEAM	远光指示灯	前照灯开远光时亮
28		近光指示灯	夜间会车时开近光，防止眩目
29		灯光开关指示灯	灯光开关可接通前照灯、示宽灯、尾灯、仪表灯、牌照灯
30		示宽灯开关指示灯	按下示宽灯开关，指示灯亮
31	P	驻车制动指示灯	驻车制动时指示灯亮
32		前雾灯指示灯	按下前雾灯开关时指示灯亮
33		后雾灯指示灯	必须在前雾灯已亮的情况下使用
34	TEST	灯泡检查开关指示灯	指示灯、警告灯好坏的检查开关
35	R	倒车指示灯	倒车灯开关，倒车时灯亮
36		室内灯开关指示灯	室内灯(顶灯)开关指示灯
37	PASS ↑L HI ← LO → ↓R	转向灯开关与超车灯开关指示灯	L—左转向，R—右转向，PASS—瞬间远光，HI—远光，LO—近光

（续）

序号	图形或文字符号	名称	说明
38		旋转灯标志	警车、救护车、消防车用
39	 BELT	安全带指示灯	点火开关打开，未系安全带时灯亮
40	 GLOW	预热塞指示灯	低温起动用，先亮后灭，灯灭可以起动
41	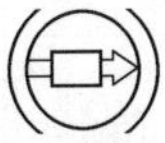	排气制动指示灯	
42		蓄电池液面指示灯	蓄电池液面过低时，指示灯亮
43		拖车制动指示灯	
44		制动蹄片磨损超限警告灯	制动蹄片磨损超限，警告灯亮
45	 ABS	ABS 指示灯	起动或车速在 5~10km/h 以下时灯亮，ABS 出现故障时灯亮
46	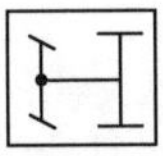	分动器前桥接入指示灯	用于越野车
47	 kPa	空气滤清器堵塞指示灯	
48		液力变矩器开关指示灯	
49		喇叭按钮指示	
50		点烟器指示	
51		发动机盖开启指示	
52		行李箱开启指示	
53	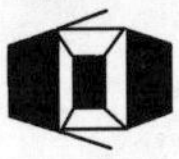	门未关指示报警	门关好后熄灭
54		坐垫加热指示灯	

（续）

序号	图形或文字符号	名　　称	说　　明
55	P R N D 2 L	自动变速器档位指示	P—停车档,R—倒车档,D—前进档,N—空档,2—2档,L—低档
56	ECTPWR	自动变速器模式选择开关指示	
57		除霜指示灯	
58		风窗玻璃刮水开关指示	
59		风窗玻璃洗涤开关指示	
60		风窗玻璃刮水洗涤开关指示	OFF—关,INT—间歇,LO—低速,HI—高速
61		后窗玻璃刮水开关指示	
62		后窗玻璃洗涤开关指示	
63		前照灯刮水洗涤开关指示	
64		车门玻璃升降开关	
65	A/C	空调系统压缩机工作指示	
66	FAN	空调系统鼓风机工作指示	
67		空调系统通风上吹指示	
68		空调系统下吹指示	
69		空调系统双层吹指示	
70		空调系统除霜与吹脚指示	
71		风窗玻璃除霜除雾指示	
72		车外新鲜空气进入指示	
73		车外空气循环指示	
74		驾驶室锁止	

（续）

序号	图形或文字符号	名　称	说　明
75		排气温度指示	
76		后视镜加热指示	
77		后视镜上、下，左、右调节标志	
78	AIR MPa	空气压力表	

第五节　汽车电路的特征分析

　　现代汽车电器与电子设备虽然种类繁多、功能各异，但其线路都应遵循一定的原则，了解这些原则对进行汽车电路分析是很有帮助的。下面对汽车电路的特征进行分析。

一、电源及接线方法特征分析

1. 低压

　　汽车电气系统的额定电压有 12V 和 24V 两种。汽油发动机汽车普遍采用 12 V 电源，柴油发动机汽车多采用 24V 电源。12V 和 24V 电压是指蓄电池电压，汽车运行中发电机的额定电压则为 14V 和 28V。随着汽车电器容量的不断增大，汽车电源电压将提升到 42V 或者 48V。

2. 直流

　　现代汽车发动机是靠电力起动机起动的，起动机由蓄电池供电，而向蓄电池充电必须使用直流电源，所以汽车电气系统为直流系统。

3. 单线制

　　单线连接是汽车线路的特殊性，它是指汽车上所有电器设备的正极均采用导线相互连接；而所有的负极直接或间接通过导线与车架或车身金属部分相连，即搭铁。任何一个电路中的电流都是从电源的正极出发经导线流入用电设备，再由电器设备自身或负极导线搭铁，通过车架或车身流回电源负极而形成回路。

　　由于单线制导线用量少，线路清晰，接线方便，因此广为现代汽车所采用。

4. 并联连接

　　各用电设备均采用并联，汽车上的两个电源（蓄电池与发电机）之间以及所有用电设备之间，都是正极接正极、负极接负极，并联连接。

　　由于采用并联连接，所以汽车在使用中，当某一支路用电设备损坏时，并不影响其他支路用电设备的正常工作。

5. 负极搭铁

　　采用单线制时，蓄电池的一个电极需接至车架或车身上，俗称搭铁。蓄电池的负极接车架或车身称为负极搭铁，蓄电池的正极接车架或车身称为正极搭铁。负极搭铁对车架或车身金属的化学腐蚀较轻，对无线电干扰小。我国国家标准规定汽车电路统一采用负极搭铁。

6. 设有保护装置

为了防止因短路或搭铁而烧坏线束，电路中一般设有保护装置，如熔断器、易熔线等。

二、导线颜色和编号特征

为了便于区别各电路的连接，汽车所有低压导线必须选用不同颜色的单色线或双色线，并在每根导线上编号。编号由生产厂家统一编定。表 2-18～表 2-23 是一些常见车型的导线颜色编号特征。

表 2-18　奥迪 100 乘用车的导线颜色编码

导线颜色	截面面积/mm^2	数字代码	导线颜色	截面面积/mm^2	数字代码
黄	0.75	1	绿	6.0	6
浅绿	1.0	2	灰	16.0	7
红	1.5	3	棕	25.0	8
紫	2.5	4	黑	0.35	9
蓝	4	5	白	0.5	10

表 2-19　奥迪 200 乘用车的导线颜色编码

导线颜色	字母代码	导线颜色	字母代码
白	ws	蓝	bl
黑	sw	灰	gr
红	ro	粉	li
棕	br	黄	ge
绿	gn		

表 2-20　红旗乘用车的导线颜色编码

导线颜色	字母代码	导线颜色	字母代码
黄	Y	灰	H
绿	G	棕	Br
紫	Z	白	W
蓝	L		

表 2-21　捷达、高尔夫乘用车的导线颜色编码

导线颜色	字母代码	导线颜色	字母代码
红	ro	绿	gn
黄	ge	棕	br
白	ws	灰	gr
紫	li	黑	sw
蓝	bl		

表 2-22 富康乘用车的导线颜色编码

导 线 颜 色	字 母 代 码	导 线 颜 色	字 母 代 码
黑	N	深紫	Mv
红	R	紫	Vi
粉红	Ro	红褐	M
橙	Qr	灰	G
黄	J	白	B
绿	V	透明	Le
蓝	Bl		

表 2-23 部分进口乘用车的导线颜色编码

导 线 颜 色	字 母 代 码	数 字 代 码	导 线 颜 色	字 母 代 码	数 字 代 码
棕	BRN	1	深蓝	DK BLU	11
棕褐	TAN	2	粉红	LT RED	12
黑	BLK	3	浅蓝	LT BLU	13
蓝	BLU	4	深绿	DK GRN	14
绿	GRN	5	浅绿	LT GRN	15
白	WHT	6	灰	GRY	16
黄	YEL	7	紫	PPL	17
红	RED	8	全红		18
橙	ORN	9	全灰		19
深红	DK RED	10	透明	GLR	20

三、汽车电路的系统特征

汽车电路由相对独立的系统组成，全车电路一般包括以下几部分。

1. 电源电路

电源电路由蓄电池、发电机、调节器及工作状况指示装置（电流表、充电指示灯）等组成。

2. 起动电路

起动电路由起动机、起动继电器、起动开关及起动保护装置组成。

3. 点火电路

点火电路由点火线圈、分电器、电子点火器、火花塞及点火开关等组成。此外，由发动机控制单元进行点火控制时，可以不使用分电器。

4. 照明与信号电路

照明与信号电路由前照灯、雾灯、示宽灯、转向灯、制动灯、倒车灯及电喇叭等及其控制继电器和开关组成。

5. 仪表与警告电路

仪表与警告电路由仪表、传感器、各种警告指示灯及控制器组成。

6. 电子控制装置电路

电子控制装置电路由发动机集中控制系统、电控自动变速器、汽车防滑控制系统、自适应巡航控制系统及主动悬架控制系统等组成。

7. 辅助装置电路

辅助装置电路由能提高车辆安全性、舒适性、经济性等各种功能的电气装置组成，因车型不同而有所差异。它一般包括风窗刮水（清洗）装置、风窗除霜（防雾）装置、起动预热装置、视听装置、车窗电动升降（自动关窗）控制装置、电动座椅调节装置、电动后视镜及中央电控门锁等装置。

四、电子控制系统特征分析

汽车电子控制系统包括发动机电子控制系统、底盘电子控制系统和车身电子控制系统等。这些电子控制系统具有共同的特征，它们都是由传感器、电控单元和执行器组成的。在电路表达方式上具有相同的框图，如图2-6所示。

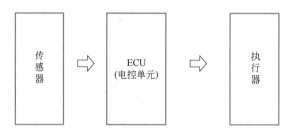

图2-6　汽车电子控制系统组成框图

五、汽车全车电气系统原理框图

综合以上特征，可以把汽车全车电气系统用原理框图（图2-7）表达出来，也可以将某一个系统的原理电路用原理框图表达出来。这种原理框图是对汽车电路特征的概括。汽车信号系统原理框图如图2-8所示。

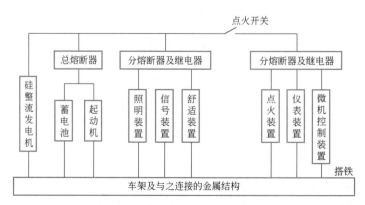

图2-7　汽车全车电气系统原理框图

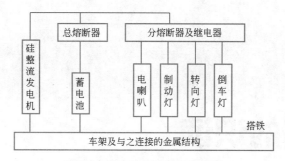

图 2-8　汽车信号系统原理框图

习题与思考题

1. 汽车电路图有哪些种类？
2. 国内外汽车电路常用图形符号有哪些？
3. 汽车电路中电源及接线方法有何特征？
4. 汽车电子控制系统有何总体特征？
5. 画出汽车电路原理框图。

第三章

汽车电路的识读

学习目标：

通过本章学习，应能掌握汽车电气系统的接线规律和汽车电路图的识读方法；了解汽车电路图中常见接线端子的标记方法。

第一节 汽车电路图中的接线端子分析

为了使导线与电气元件准确无误地互相连接，汽车电器采用了大量的接线柱标记。我国1989 年参照德国工业标准（DIN72552），结合我国国情制定了《汽车电器接线柱标记》国家标准（ZBT 36 009—1989），该标准 1999 年被国家汽车行业标准（QC/T 423—1999）所替代。国家汽车行业标准《汽车电器接线柱标记》（QC/T 423—1999）的主要内容如下（注：该标准已废止，但没有新的标准替代，在电路中还比较常用）：

一、电源、起动、点火系统接线端子分析

发电机与调节器的接线柱标记见表 3-1。

表 3-1 发电机与调节器的接线柱标记

电器	接线柱标记		接线柱标记的含义	曾经使用过的标记	接线柱应用示例
	基本标记	辅助标记			
发动机装置	61		交流发电机上、调节器上、接充电指示灯的接线柱	L	见图 3-3
	A		直流发电机上、电枢输出接线柱；调节器上相应的接线柱	AS	
	B		交流发电机上的输出接线柱 直流发电机调节器上，接蓄电池正极的接线柱 交流发电机调节器上，接点火开关或电源开关的接线柱	B、A B —	见图 3-1、图 3-2、图 3-3、图 3-4
	D	D_+	交流发电机上，磁场二极管的接线柱；调节器上相应的接线柱 当无 61 接线柱时，用于充电指示灯的接线柱	D_+ S	— 见图 3-1

（续）

电器	接线柱标记		接线柱标记的含义	曾经使用过的标记	接线柱应用示例
	基本标记	辅助标记			
发动机装置	F		发电机上的磁场接线柱;调节器上相应的接线柱		见图3-2、图3-3、图3-4
	N		交流发电机上的中性接线;调节器上相应的接线柱	N	见图3-1、图3-2、图3-4
	S		交流发电机调节器上,接蓄电池电压检测点的接线柱	—	见图3-2、图3-4
	W		交流发电机上的相电流接线柱	R、W	见图3-1
		W₁	交流发电机上的第一个相电流接线柱	—	
		W₂	交流发电机上的第二个相电流接线柱	—	

整体式发电机充电电路（内装集成电路电压调节器）如图3-1所示。

分立式发电机充电电路（外装电子电压调节器）如图3-2所示。

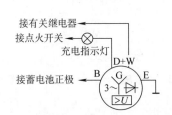

图3-1　整体式发电机充电电路
（内装集成电路电压调节器）

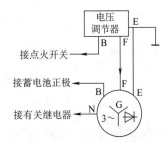

图3-2　分立式发电机充电电路
（外装电子电压调节器）

带充电指示灯继电器的充电电路（外装电磁振动式电压调节器）如图3-3所示。

带磁场继电器的充电电路（外装电磁振动式电压调节器）如图3-4所示。

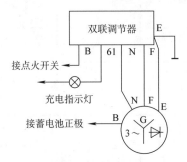

图3-3　带充电指示灯继电器的充电电路
（外装电磁振动式电压调节器）

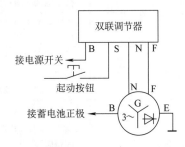

图3-4　带磁场继电器的充电电路
（外装电磁振动式电压调节器）

一般起动系统如图3-5所示。

带12V/24V电压转换开关的起动系统如图3-6所示。

带起动继电器的起动系统如图3-7所示。

带复合起动继电器的起动系统如图3-8所示。

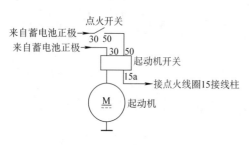

图 3-5　一般起动系统

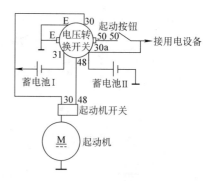

图 3-6　带 12V/24V 电压转换开关的起动系统

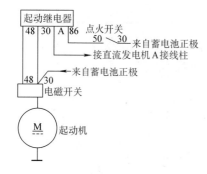

图 3-7　带起动继电器的起动系统

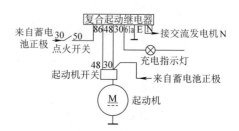

图 3-8　带复合起动继电器的起动系统

起动系统的接线柱标记见表 3-2。

表 3-2　起动系统的接线柱标记

电器	接线柱标记		接线柱标记的含义	曾经使用过的标记	接线柱应用示例
	基本标记	辅助标记			
起动装置		15a	起动机开关上接点火线圈的接线柱	—	见图 3-5
		30a	带有 12V/24V 电压转换开关时,电压转换开关上接蓄电池正极的接线柱		见图 3-6
	31		12V/24V 电压转换开关上,接蓄电池负极的接线柱	—	见图 3-6
	48		起动继电器上或 12V/24V 电压转换开关上,控制起动机电压开关上的输出接线柱;起动机电压开关上的相应接线柱	—	见图 3-6、图 3-7、图 3-8
	50		点火开关上、预热起动开关上,用于起动的输出接线柱、起动按钮的输出接线柱;机械式起动开关上的相应接线柱		见图 3-5、图 3-6、图 3-7、图 3-8
			带有 12V/24V 电压转换开关时,电压转换开关上,控制本身的输入接线柱		见图 3-6
		61a	复合起动继电器上,接充电指示灯的接线柱	L	见图 3-8
	86		起动继电器上绕组始端接线柱	S、SW	见图 3-7、图 3-8
	A		起动继电器上,接直流发电机 A 的接线柱	—	见图 3-7
	N		复合起动继电器,接交流发电机 N 或类似作用的接线柱	—	见图 3-8

点火、预热起动及电源系统接线柱标记见表 3-3。

表 3-3　点火、预热起动及电源系统接线柱标记

电器	接线柱标记		接线柱标记的含义	曾经使用过的标记	接线柱应用示例
	基本标记	辅助标记			
点火装置	1		点火线圈和分电器上相互连接的低压接线柱；电子点火装置中，点火线圈输入信号的低压接线柱	—	见图 3-9、图 3-11
		1a	带两个分立电路的分电器Ⅰ的低压接线柱（自点火线圈Ⅰ的低压接线柱 1 来）	—	
		1b	带两个分立电路的分电器Ⅱ的低压接线柱（自点火线圈Ⅱ的低压接线柱 1 来）	—	
		1e	电子组件上输入信号的接线柱	—	
	7		无触点分电器上输出信号的接线柱，电子组件上输出信号的接线柱		见图 3-10、图 3-11
	15		点火线圈和点火开关上，相互连接的接线柱 电子点火装置中，点火开关上、分电器上、电子组件上的电源接线柱	+	见图 3-9、图 3-10、图 3-11
预热起动装置	15		预热起动开关上的接其他用电设备的接线柱	BR	见图 3-12
	19		预热起动开关上的预热接线柱	R1	
	50		预热起动开关上的起动接线柱	C R2	
一般用途（特殊规定者除外）	30		电器上接蓄电池正极或电源的接线柱	B	除发电装置外，所有电路中都可使用
	31E		电器上接蓄电池负极的接线柱	—	
	E		电器上的搭铁接线柱	E	

传统点火系统如图 3-9 所示。

磁电式电子点火系统如图 3-10 所示。

霍尔式电子点火系统如图 3-11 所示。

预热起动装置如图 3-12 所示。

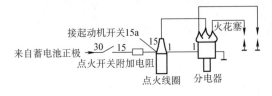

图 3-9　传统点火系统

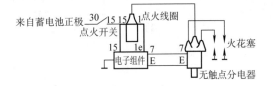

图 3-10　磁电式电子点火系统

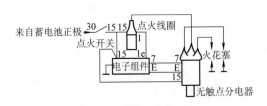

图 3-11　霍尔式电子点火系统

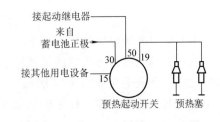

图 3-12　预热起动装置

二、照明与信号系统接线端子分析

照明与信号系统的接线柱标记见表3-4。

表3-4 照明与信号系统的接线柱标记

电器	接线柱标记		接线柱标记的含义	曾经使用过的标记	接线柱应用示例
	基本标记	辅助标记			
照明灯和信号灯装置(转向装置除外)	54		制动灯和制动开关相互连接的接线柱	—	见图3-13
	55		雾灯和雾灯开关相互连接的接线柱	—	
	56		灯光总开关和变光开关相互连接的接线柱;变光开关上除远光灯、近光灯及超车灯接线柱的另一接线柱	—	
		56a	变光开关上远光灯接线柱;远光灯上的相应接线柱	—	
		56b	变光开关上近光灯接线柱;近光灯上的相应接线柱	—	
		56d	变光开关上的超车灯接线柱	—	
	57		灯光总开关上或点火开关上和停车灯开关相互连接的接线柱	—	
		57a	停车灯开关和左停车灯相互连接的接线柱	—	
		57b	停车灯开关和右停车灯相互连接的接线柱	—	
	58		灯光总开关上接前小灯,示廓灯、尾灯、牌照灯及仪表照明灯等接线柱	—	
			灯光开关上用于控制示廓灯、尾灯、牌照灯及仪表照明灯等接线柱	—	
		58a	仪表照明灯开关和仪表照明灯相互连接的接线柱(单独布线时)	—	
		58b	乘坐室照明灯开关和乘坐室照明灯相互连接的接线柱(单独布线时)	—	
		58d	灯光总开关和前小灯相互连接的接线柱(单独布线时)	—	
	59		倒车灯开关和倒车灯相互连接的接线柱	—	
		59a	倒车指示灯上的电源接线柱	—	
		59b	倒车警告器上的电源接线柱	—	

照明与信号系统电路如图3-13所示。

转向信号与危险信号系统的接线柱标记见表3-5。

转向信号系统电路如图3-14所示。

电喇叭与声响系统接线柱标记见表3-6。

电喇叭与声响报警系统如图3-15所示。

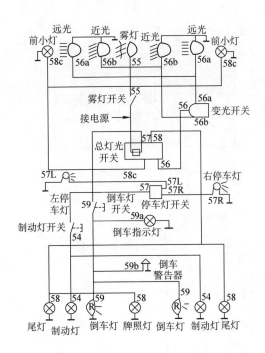 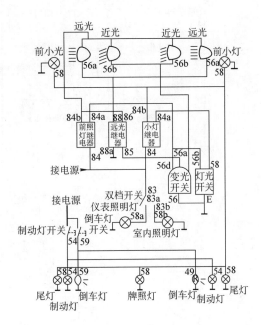

a)　　　　　　　　　　　　　　b)

图 3-13　照明与信号系统电路

a）带灯光总开关的照明与信号系统　b）带灯光继电器的照明与信号系统

表 3-5　转向信号与危险信号系统的接线柱标记

电器	接线柱标记		接线柱标记的含义	曾经使用过的标记	接线柱应用示例
	基本标记	辅助标记			
转向信号装置	49		转向灯开关上的输入接线柱	—	见图 3-14
			报警开关上的接转向灯开关的接线柱	—	
		49a	报警闪光器和报警开关相互连接的接线柱	—	
		49L	转向灯开关上、报警开关上和左转向灯相互连接的接线柱	—	
		49R	转向灯开关上、报警开关上和右转向灯相互连接的接线柱	—	
	L		转向信号闪光器上接转向灯开关的接线柱	L	
			报警开关上，接转向信号闪光器的接线柱		
	P		转向信号闪光器上接监视灯的接线柱	P	
		P1	左监视灯的接线柱		
		P2	右监视灯的接线柱		

三、风窗刮水器、洗涤器接线端子分析

风窗刮水器、洗涤器接线柱标记见表 3-7。

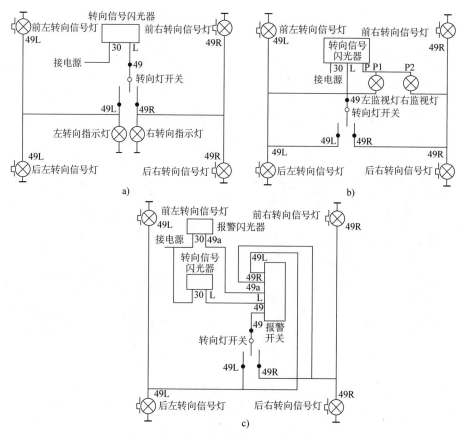

图 3-14　转向信号系统电路

a）一般转向信号系统电路　b）带监视灯的信号系统电路　c）带报警闪光器的信号系统电路

表 3-6　电喇叭与声响系统接线柱标记

电器	接线柱标记	接线柱标记的含义	曾经使用过的标记	接线柱应用示例
	基本标记			
电喇叭和声音报警装置	72	报警开关上的接线柱	—	见图 3-15
	H	电喇叭继电器上,接电喇叭的接线柱	H	
	S	电喇叭继电器上、电磁阀上,接电喇叭按钮的接线柱	S	
	W	报警继电器上,接警告灯的接线柱		

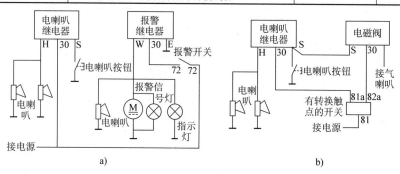

图 3-15　电喇叭与声响报警系统

a）一般电喇叭电路　b）带气喇叭转换电路

表 3-7　风窗刮水器、洗涤器接线柱标记

电器	接线柱标记		接线柱标记的含义	接线柱应用示例
	基本标记	辅助标记		
风窗刮水器、洗涤器	53		刮水器电动机的主输入接线柱;刮水器开关上的相应接线柱 间歇继电器上,绕组始端接线柱 洗涤器上,电源接线柱	见图 3-16
		53c	洗涤器和刮水器开关相互连接的接线柱	
		53e	带有复位机构刮水器上的复位接线柱;刮水器开关上相应的接线柱	
		53i	刮水器开关上和间歇继电器上绕组相互连接的接线柱	
		53j	刮水器开关上和间歇继电器上触点相互连接的接线柱	
		53m	刮水器上间歇继电器相互连接的接线柱	
		53s	间歇控制板上的电源接线柱;刮水器开关上相应的接线柱	
		53H	双速刮水器上的高速接线柱;刮水器开关上相应的接线柱	
		53L	双速刮水器上的低速接线柱;刮水器开关上相应的接线柱	

风窗刮水器、洗涤器电路如图 3-16 所示。

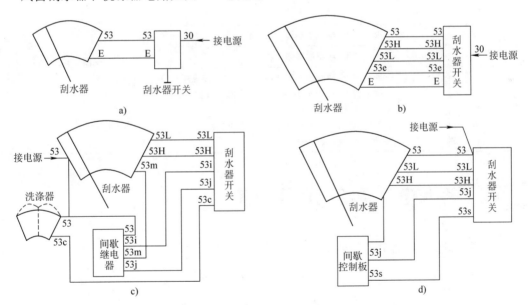

图 3-16　风窗刮水器、洗涤器电路

a)　单路刮水器电路　　b)　带复位机构的双速刮水器电路

c)　带刮水间歇继电器的刮水器、洗涤器电路　d)　带间歇控制板的刮水器

四、继电器接线端子分析

继电器接线柱标记如图 3-17 所示。

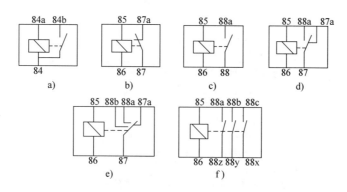

图3-17 继电器接线柱标记

a) 绕组与触点共用一个输入端 b) 带一个动断触点 c) 带一个动合触点

d) 带一个转换触点 e)、f) 三极继电器

继电器的接线柱标记见表3-8。

表3-8 继电器的接线柱标记

电器	接线柱标记		接线柱标记的含义	接线图上应用示例
	基本标记	辅助标记		
继电器（专用继电器除外）	84		继电器上，绕组始端和触点共同输入接线柱	见图3-17
		84a	继电器上，绕组末端输入接线柱	
		84b	继电器上，触点输出接线柱	
	85		继电器上，绕组末端输出接线柱	
	86		继电器上，绕组始端输入接线柱	
	87		继电器上，动断触点和转换触点的输入接线柱	
		87a	继电器上，动断触点的第一个输出接线柱（转换触点在动断触点一侧）	
		87b	继电器上，动断触点的第二个输出接线柱（转换触点在动断触点一侧）	

第二节 汽车电气系统的接线规律 ◄◄◄

一、汽车整车电路的接线规律

汽车电路接线的一般规律：采用单线制、用电设备并联、负极搭铁、电路用颜色不同的电线和编号加以区分，并以点火开关为中心分成几条主干电路。

1) 蓄电池正极线。从蓄电池引出直通熔断器盒，也有的从蓄电池正极线直接引到起动机正极接线柱上，再引出较细的正极线到其他电路。

2) 点火、仪表、指示灯线。必须经过点火开关才能接通电路。

3) 专用线。不管发动机是否工作都需要接入的电器，如收放机、点烟器等，由点火开关单独设置一档予以供电。

4) 起动控制线。起动机主电路的控制开关（接触盘）常用磁力开关来通断。其接线方式有 3 种：小功率起动机磁力开关的吸拉线圈、保持线圈由点火开关的起动档控制；大功率起动机的吸拉线圈、保持线圈由起动机继电器控制（如东风、解放及三菱重型汽车）；装有自动变速器的乘用车，为了保证空档起动，常将起动控制线串接在空档起动开关上。

5）搭铁线。搭铁点分布在汽车全身，与不同金属相接（如铁、铜与铝、铝与铁）形成电极电位差；有些搭铁部位容易沾染泥水、油污或生锈；有些搭铁部位是很薄的钣金薄板。这些因素都可能引起搭铁不良，如灯不亮、仪表不起作用、喇叭不响等，所以，有的汽车采用双线搭铁，即双搭铁线。

二、电源系统的接线规律

发电机与蓄电池并联，蓄电池负极必须搭铁。蓄电池正极经起动机主接线柱和电流表（或直接）接到电动机正极，蓄电池静止电动势常在 $11.5 \sim 13.5V$，发电机输出电压常限定在 $13.8 \sim 15V$（24V 电系为 $28 \sim 30V$）。发电机工作时，正常电压比蓄电池电压高 $0.3 \sim 3.5V$，这主要是为了克服电路压降，使蓄电池充电时既能充足，又不至于过度充电。

国产硅整流发电机的接线柱旁均有标记或名称，"+"或"B+"为电枢接线柱，此接线柱应与电流表或蓄电池"+"极相连；"F"为磁场接线柱，它与电压调节器磁场接线柱相连；"E"为搭铁接线柱，应与电压调节器的搭铁接线柱相接。

采用外装电压调节器的交流发电机的磁场线圈搭铁方式有两种：一种是磁场线圈直接在发电机内部搭铁，如国产东风 EQ1092、BJ2020 汽车的发电机；另一种是磁场线圈不在发电机内部搭铁，而是通过电压调节器搭铁，如解放 CA1092 汽车的交流发电机。

三、起动系统的接线规律

1. 点火开关直接控制起动机的电路和起动继电器控制电路

点火开关在起动档直接控制起动机的吸拉、保持线圈，多用于 1.2kW 以下的起动机电路；1.5kW 以上起动机的磁力开关线圈的电流在 40A 以上，用起动继电器触点作为开关。

2. 带起动保护的起动机控制电路

当起动点火开关在 0 档时，电路均断开。点火开关在 1 档（未起动）时的供电电路为发电机励磁、点火线圈、仪表、指示灯等电路。点火开关在 2 档时，除了接通上述电路之外，还要接通起动机继电器电路：蓄电池正极→电流表→点火开关→起动机继电线圈→起动保护继电器动断触点→搭铁→蓄电池负极。起动机主电路被接通。

与此同时，接触盘将点火线圈旁路触点接通，电流直通点火线圈初级绕组，附加电阻被隔除在外。

发动机点火工作后，发电机中性点 N 的对地电压（约为发电机端电压的 1/2）使起动继电器中的起动保护继电器动断触点断开，切断充电指示灯搭铁电路，充电指示灯熄灭，表示发电机工作正常。同时，也切断了起动继电器线圈的搭铁电路，当发电机正常工作时，即使误将点火开关扳到 2 档，起动机也不会与飞轮啮合，避免打坏飞轮齿圈与起动机，起到保护起动机的作用。

四、点火系统的接线规律

汽车点火系统可以分为传统（有触点）点火系统、无触点电子点火系统、微机控制点

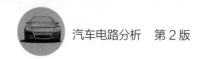
汽车电路分析　第2版

火系统等形式，其工作过程基本上都是按以下顺序循环：一次电流接通→一次电流切断（此时恰好是某缸活塞处于压缩上止点前某一角度）→一次绕组产生自感电动势（300V左右）→二次绕组互感产生脉冲高压（1.5～3kV左右）→火花塞出现电火花。

霍尔式无触点电子点火系统的点火模块必须具备的引出线包括：由点火开关控制的电源输入线2条（4脚、2脚）；由信号发生器（信号发生器与分电器轴一体）来的信号输入线3条（5脚、6脚、3脚，其中第5脚是供信号发生器的电源线）；一次电流的输入、输出线2条（1脚、2脚）。

五、照明系统的接线规律

汽车照明系统一般由前照灯、示廓灯、尾灯、牌照灯、仪表灯、室内灯等组成，其中前照灯又分为远光灯与近光灯，用变光开关控制。

照明灯由灯光开关控制：灯光开关在0档关断、1档为小灯亮（包括示廓灯、尾灯、仪表灯、牌照灯）、2档为前照灯、小灯同时亮。

灯光系统的电流一般来自蓄电池正极，不受点火开关控制（由于前照灯远光功率较大，常用灯光继电器来控制通断，开关的2档用于控制继电器线圈）。

超车灯信号常用远光灯亮、灭来表示，发出此信号时不通过灯光开关，属于短时接通按钮式或脚踏式。

现代汽车的照明系统常用组合开关集中控制，组合开关多装在转向柱上，位于转向盘下侧，操作时驾驶人的手可以不离开转向盘。

六、仪表报警系统的接线规律

所有电气仪表都受点火开关控制。各仪表的表头与其传感器串联，燃油表、冷却液温度表一般还接有仪表电源稳压器。

电流表串联在发电机正极与蓄电池正极之间。发电机充电电流从电流表正极进去，指针偏向正侧，而在蓄电池放电时，指针偏向负侧。

以下两种电流不通过电流表：超过电流表量程的负载电流，如起动机、预热塞、喇叭、前照灯电流；发电机正常工作时向其他负载供电的电流。

注意：当发电机不工作时，蓄电池向其他负载供电的电流必须经过电流表。现代汽车多用充电指示灯代替电流表，其缺点是驾驶人只知道蓄电池的充放电状态，不知道充放电电流的大小，过充电不易被发现。

电压表接在点火开关之后，只在点火开关接通时显示系统电压。12V电系常使用10～18V的电压表，24V电系常使用20～36V的电压表。

指示灯和警告灯常与仪表装配在一个总成内或在附近布置，它们与仪表一同受点火开关的工作档（ON）和起动档（ST）控制。在ON档应能检验大多数仪表、指示灯、警告灯是否良好。

指示灯和警告灯按照电路接法可分为两种：一种是灯泡的一个极接点火开关，另一个极接传感器开关，开关接通则与搭铁构成通路，灯亮，如充电指示灯、驻车制动指示灯、制动液面警告灯、门未关警告灯、机油压力警告灯、液位过低警告灯等；另一种接法是指示灯泡的一个极接地，控制信号来自其他开关的相线端，如远光指示灯、转向指示灯、座椅安全带未系指示灯、防抱死制动指示灯（ABS）、巡航控制指示灯等。

汽车仪表常用双金属片电热丝式结构，表头一般只有2根线。电磁式燃油表的两个接线柱是上下排列的，一般情况下应将上接线柱与电源线相连，下接线柱与传感器相连，否则将不会正常工作。此外，还有双线圈十字交叉、中间有一个磁性指针的仪表，多为3线引出。其中，一条接点火开关，另一条线搭铁，还有一条线接传感器。

机械式仪表不与电路相接，如软轴传动的车速里程表、直接作用的弯管弹簧式制动气压表、油压表以及乙醚膨胀式冷却液温度表、油温表等，这些仪表读数精度较高，但要引入许多管路、软轴进入仪表盘，拆装麻烦，而且易于泄漏，目前已很少采用而被电子控制仪表所代替。

七、信号系统的接线规律

信号系统主要有转向信号、危险警告信号、制动信号、倒车信号、喇叭等，这些信号都是驾驶人根据道路交通情况向别的车辆和行人发出的，带有较强的随机性，一般用自身开关控制，如制动信号多由制动踏板联动控制，倒车灯多由变速器倒档轴联动控制，不需要驾驶人特意操作即可接通；喇叭按钮多在转向盘上，驾驶人手不离转向盘即可发出信号。

转向信号灯具有一定的闪烁频率，我国国标中规定为60~120次/min。转向灯功率常为21~25W，前后左右均设，大型车辆和乘用车往往在侧面还有侧向转向信号灯。其电路一般接法是：转向信号灯与转向灯开关以及转向闪光继电器经危险警告灯开关的动断触点与点火开关串联，即转向信号灯是在点火开关处于工作档（ON）时使用。

危险警告灯的使用场合主要有：本车有故障或危险不能行驶；本车牵引其他车辆行驶或被其他车辆牵引行驶，需要他车注意；本车需要优先通过，需要他车避让。因此，危险警告灯可以在发动机不工作时使用，此时无需接通点火系统及仪表警告灯，为此设有危险警告开关。危险警告开关是一个多刀联动开关，在断开点火开关接线的同时，接通蓄电池接线，闪光器及灯泡电源直接来自蓄电池，并将闪光继电器的输出端与左、右转向灯连在一起。即在闪光继电器动作时，左、右转向灯及指示灯同时发出闪光信号。

第三节 汽车电路的识读方法 ◀◀◀

汽车电路图大多是接线图或电路原理图，一般都是线条密集、纵横交错、头绪多而杂，不容易看懂。在认识了汽车电路图中的图形符号及有关标志，知道了汽车电路图的种类和接线规律，清楚了汽车电路图中的电线及接线柱标记的基础上，可以按照以下方法对整车电路图进行阅读。

1. 善于化整为零

按整车电路系统的各功能及工作原理把整车电气系统划分成若干个独立的电路系统，分别进行分析。通常将整车电路分解成电源、起动、点火、照明、信号、仪表、报警以及发动机电控、电控自动变速器、ABS、SRS、电控悬架、巡航控制等系统来进行分析。这样化整体为部分，可以有重点地进行分析，并且各个单元电路有其自身的一些特点，以其自身的特点为指导去分析电路就会减少一些盲目性。因此，为了阅读方便，现在多数汽车的电路原理图是按各个电路系统进行绘制的。

2. 认真阅读图注

在阅读局部电路图时，必须先认真地阅读图注。清楚该部分电路所包含的电气设备种类、数量等，有利于在读图中抓住重点。

3. 熟悉电器元件及配线

在分析某个电路系统时，要清楚该电路中所包括的各部件的功能、作用和技术参数等。熟悉这些电气元件在电路图中的表示符号、位置、连接方式、内部电路，对阅读汽车电路图会有很大帮助。在阅读接线图时，要正确判断接点标记、线型和色码标志。需指出的是标记颜色的字母因语种不同而有区别，美国、日本及我国均采用英文字母；德国采用德语字母。

4. 注意开关的作用

开关是控制电路通断的关键。通常按操作开关的功能及不同工作状态来分析电路的工作原理。如点火系统供电中，点火开关应处于点火档或起动档。在标准画法的电路图中，机械开关总是处于零位，即机械开关处于断开状态；电子开关的状态则视具体情形而定。这里所说的电子开关主要包括晶体管及晶闸管等具有开关特性的电子器件。

在一些复杂电路控制中，一个主开关往往汇集许多导线，分析汽车电路时应注意以下几个问题：

1）蓄电池（或发电机）的电流是通过什么路径到达这个开关的，中间是否经过其他的开关或熔断器，这个开关是手动的还是电控的。

2）这个开关控制哪些用电器，每个被控电器的作用是什么。

3）开关的许多接线柱中，哪些是直通电源的，哪些是接用电器的，接线柱旁是否有接线符号，这些符号是否常见。

4）开关共有几个档位，在每一档中，哪些接线柱有电，哪些无电。

5）在被控的用电器中，哪些电器应经常接通，哪些应短暂接通，哪些应先接通，哪些应后接通，哪些应单独工作，哪些应同时工作，哪些电器不允许同时接通。

5. 了解继电器的工作状态

现代汽车电路中经常采用各种继电器对一些复杂电路进行控制，特别是一些电子继电器的工作状态，对分析电路很有帮助。

阅读电路图的主电路部分时，可以把含有线圈和触点的继电器看成是由线圈工作的控制电路和触点工作的主电路。触点只有在线圈电路中有工作电流流过时才能动作。电路图中所画继电器线圈处于失电状态。

6. 牢记回路原则

在阅读电路图时，应掌握回路原则，即电路中工作电流是由电源正极流出，经用电设备后流回电源负极；电路中只有当电流流过用电设备时，用电设备才能工作。

在阅读电路图时容易犯一些错误，常见的错误有：从电源正极出发，经过某电气设备（或再经其他电气设备）又回到电源正极；把发电机、蓄电池这两个电源当成一个电源，常从这个电源的正极出发，经过用电器回到另一个电源的负极，这实际上并未构成真正的通路，也就不能产生电流；虽然注意到回路原则，但在电流方向上却是随意的，有时从电源的负极出发，经用电器回到电源的正极。

　　进口汽车一般只配有接线图，其原理图往往是进口以后有关人员为研究、使用与检修而收集和绘制的。由于这些图的来源不同，收集时间不同以及符号、惯例的变更等，在画法上可能出现差异。所以，在读电路原理图时应注意相应的变化。

习题与思考题

1. 了解汽车电路图各系统接线端子的含义。
2. 汽车电气系统各有哪些特点？
3. 怎样识读汽车电路原理图？

第四章 >>

简单汽车电路读图

学习目标:

　　通过本章的学习,应能掌握汽车电路图中接线端子的含义,汽车电路图的识读方法;能够熟练分析解放 CA1092 型商用货车电路、安凯 HFF6802K36 型商用客车电路和上海桑塔纳乘用车电路;了解解放 CA1110PK₂L₂ 商用汽车电路读图分析方法。

第一节　解放 CA1092 商用汽车电路读图 ◄◄◄◄

　　解放 CA1092 商用汽车整车电气系统电路原理根据绘制原则分为四大系统,即电源、起动、点火系统电路,仪表和信号、收放机系统电路,刮水器、暖风、点烟器系统电路,照明和信号系统电路,如图 4-1 所示。

　　一、电源、起动、点火系统电路

　　该系统电路包括:蓄电池、发电机、电压调节器、电流表、组合继电器、充电指示灯、点火起动开关、起动机、点火控制器、点火线圈、分电器、火花塞、熔断器及连接导线等。其工作原理如下所述。

　　1. 起动前的功能检查系统电路

　　首先将点火开关转到位置Ⅰ,使点火开关触点 1 与 2 接触。这时充电指示灯 22 工作,电路中的电流由蓄电池 20 正极→熔断器 14→电流表 18→点火开关触点 1、2→充电指示灯 22→组合继电器 21 中的充电指示灯继电器动断触点→蓄电池 20 负极。于是,充电指示灯亮,表示该指示系统电路工作正常。

　　2. 起动机系统电路

　　将点火开关由位置Ⅰ转到位置Ⅱ,使其开关触点 1 与 4 闭合。这时起动机工作电路中的电流由蓄电池 20 正极→熔断器 14→电流表 18→点火开关 1、4→组合继电器中的起动继电器线圈 1→组合继电器中的充电指示灯继电器动断触点→蓄电池 20 负极。因此,组合继电器中的起动继电器开始工作,使其动合触点闭合。于是,起动机电磁开关线圈电路被接通。它的工作电路中电流由蓄电池 20 正极→组合继电器 21 中的起动继电器动合触点→起动机电磁开关线圈→蓄电池 20 负极。于是,起动机电磁开关闭合使起动机接通电源。其工作电路中

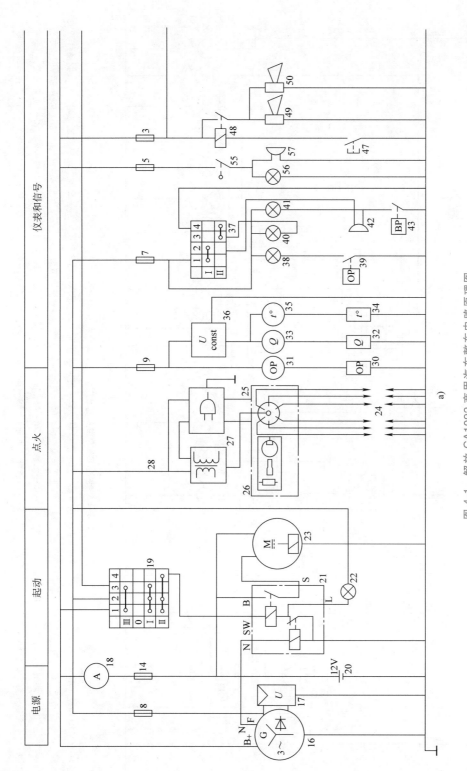

图 4-1　解放 CA1092 商用汽车整车电路原理图

1～15—熔断器　16—交流发电机　17—晶体管调节器　18—电流表　19—点火开关　20—蓄电池　21—组合继电器　22—充电指示灯　23—起动机　24—火花塞
25—分电器　26—点火信号发生器　27—点火控制器　28—点火线圈　30—油压表传感器　31—油压表　32—燃油表传感器　33—燃油表　34—冷却液温度传感器
35—冷却液温度表　36—稳压器　37—停车等开关　38—机油压力警告灯　39—机油压力警告灯开关　40—停车指示灯　41—低气压警告灯　42—低气压报警蜂鸣器
43—低气压报警开关　47—电喇叭按钮　48—继电器　49、50—电喇叭　55—倒车灯报警开关　56—倒车灯　57—倒车蜂鸣器

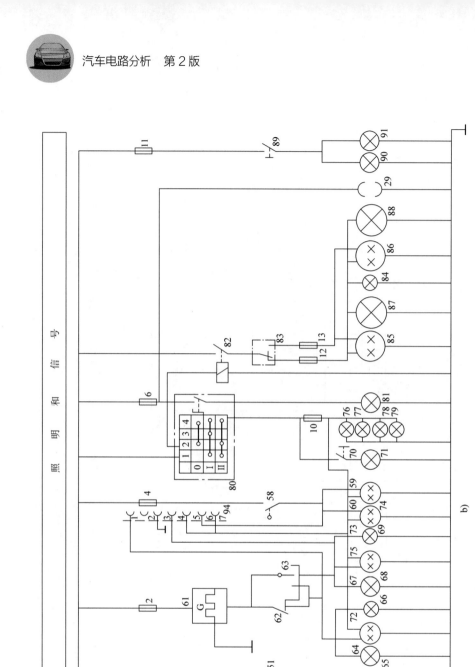

图4-1 解放 CA1092 商用汽车整车电路原理图（续）

b)

29—工作灯插座 44—收放机天线 45—收放机 46—扬声器 51—点烟器 52—暖风电动机 53—暖风电动机开关 54—暖风电动机变速电阻 58—制动灯开关 59、60—制动灯 61—闪光灯 62—危险报警开关 63—转向灯开关 64、65—左转向信号灯 66—左转向指示灯 67、68—右转向信号灯 69—右转向指示灯 70—发动机罩下灯开关 71—发动机罩下灯 72～75—示廓灯 76～79—仪表灯 80—车灯开关 81—室内灯 82—灯光继电器 83—变光开关 84—远光指示灯 85、86—前照灯（远/近光） 87、88—前照灯（远/近光） 89—雾灯开关 90、91—雾灯 92—刮水器 93—刮水器开关 94—7孔挂车插座电流由蓄电池 20 正极→起动机 23→蓄电池 20 负极。因此，起动机开始旋转拖动发动机，完成了起动全过程。

3. 点火系统电路

发动机起动后，使点火开关自动返回位置 I，使其开关触点 1 与 2 接通。这时点火系统工作电路中的电流由蓄电池 20 正极→熔断器 14→电流表 18→点火开关触点 1、2→点火线圈一次绕组及点火控制器。发动机运转时，分电器中的脉冲信号发生器产生间断的脉冲信号，送给点火控制器来控制点火线圈一次绕组的接通与断开。当点火线圈的一次绕组断开时，在它的二次绕组中产生感应高压电，击穿火花塞电极间隙，使之产生气体电离发出火花，点火线圈储存的电能变成热能放出，点燃混合气，使发动机工作。

4. 发电机电源系统电路

在发动机起动后拖动发电机开始发电，因此在发电机三相绕组中的中性点 N 产生 7V 左右电压，这时组合继电器中充电指示灯继电器线圈工作电路中，电流由发电机 N 端→组合继电器中充电指示灯继电器的线圈→发电机负极。于是，该继电器的动断触点断开，如图 4-1a 所示。使得充电指示灯 22 工作电路被切断，指示灯熄灭表示发电机工作正常；与此同时，组合继电器中起动继电器的线圈工作电路被切断，其动合触点断开，起动机工作电路被切断。于是，发动机起动过程结束。

5. 电流表 18 工作状态分析

1）发电机给蓄电池充电时，电流表指示为正（+），表针指示值越大，说明蓄电池亏电越多。

2）在发电机还没有工作（发动机起动）时，电流表指示为负（-），表针指示值越大，说明蓄电池向外供电量越多。

3）一般在正常行车时电流表的指示几乎是零，说明整车的电源系统正常，发电机调节器及蓄电池工作状态良好。

二、仪表和信号、收放机系统电路

该系统电路包括：熔断器、稳压电源、仪表、传感器、停车灯开关、报警信号灯及开关、倒车警告灯及开关、电喇叭、电喇叭继电器及按钮、收放机及扬声器等电器件。其工作原理如下所述。

1. 仪表及传感器系统电路

当发动机起动后，点火开关 19 处在位置 I，如图 4-1a 所示，点火开关触点 1 与 2 闭合。油压表工作电路中电流由发电机正极→点火开关触点 1、2→熔断器 9→油压表 31→油压表传感器 30→负极搭铁。燃油表工作电路中电流由蓄电池正极→熔断器 14→电流表 18→点火开关触点 1、2→熔断器 9→稳压器 36→燃油表 33→燃油表传感器 32→蓄电池负极。冷却液温度表工作电路中电流由蓄电池正极→熔断器 14→电流表 18→点火开关触点 1、2→熔断器 9→稳压器 36→冷却液温度表 35→冷却液温度传感器 34→蓄电池负极。

2. 报警信号系统电路

机油压力报警开关 39 在发动机润滑油压力低于 68.6kPa 时触点闭合，这时机油压力报警信号灯系统工作电路中电流由蓄电池正极→熔断器 14→电流表 18→点火开关触点 1、2→

熔断器7→机油压力警告灯38→机油压力报警开关39→蓄电池负极,机油压力警告灯亮。

停车指示灯40系统电路:当停车拉紧驻车制动杆时,停车灯开关37触点3与4闭合。这时停车指示灯工作电路中电流由蓄电池正极→熔断器14→电流表18→点火开关触点1、2→熔断器7→停车指示灯40→停车灯开关触点3、4→蓄电池负极,停车指示灯亮。

气压警告灯41和气压报警蜂鸣器42系统电路:在行车时,停车开关37的触点1与2闭合。当制动气压低于441.3kPa时,气压报警开关43触点闭合。这时气压警告灯和气压报警蜂鸣器工作电路中的电流由蓄电池正极→熔断器14→电流表18→点火开关触点1、2→熔断器7→停车灯开关触点1、2→气压报警蜂鸣器42→低压报警开关43→蓄电池负极,气压报警蜂鸣器鸣叫,同时气压警告灯亮。

倒车灯和倒车蜂鸣器系统电路:当变速器操纵杆放到倒档位置时,倒车开关55触点闭合。这时倒车灯和倒车蜂鸣器工作电路中电流由蓄电池正极→熔断器14→电流表18→熔断器5→倒车灯开关55→倒车蜂鸣器57、倒车灯56→蓄电池负极。于是倒车灯亮、倒车蜂鸣器鸣叫。

3. 收放机系统电路

当打开收放机电源开关时,收放机工作电路中电流由蓄电池正极→熔断器14→电流表18→点火开关触点1、3→熔断器15→收放机→蓄电池负极,收放机开始工作。

4. 电喇叭声响系统电路

当按下电喇叭按钮47时,电喇叭继电器48的线圈电路接通,其动合触点闭合。这时电喇叭工作电路中电流由蓄电池正极→熔断器14→电流表18→熔断器3→电喇叭继电器触点→电喇叭49与50→蓄电池负极。于是,电喇叭鸣叫。

三、刮水器、暖风电动机、点烟器系统电路

1. 刮水器系统电路

当把刮水器开关93置于L档(低速档)时,其开关触点1与4闭合。这时刮水器电动机工作电路中电流由蓄电池正极→熔断器14→电流表18→熔断器3→刮水器电动机92→刮水器开关触点1、4→蓄电池负极。于是,刮水器电动机以慢速旋转刮洗前风窗玻璃。当把刮水器开关拉到H档(高速档)时,其开关触点3与4闭合,刮水器电动机工作电路中的电流由蓄电池正极→熔断器14→电流表18→熔断器3→刮水器电动机92→刮水器开关触点3、4→蓄电池负极。于是,刮水器电动机以快速旋转刮洗前风窗。

刮水器电动机的自动停位是靠刮水器开关触点1与2接通,使刮水器电动机进行制动,让刮片停在风窗玻璃下部的固定位置上。

2. 暖风电动机系统电路

当把暖风电动机开关53拨到位置1(低速档)时,暖风电动机工作电路中电流由蓄电池正极→熔断器14→电流表18→熔断器1→暖风电动机开关触点→暖风电动机变速电阻54→暖风电动机→蓄电池负极。于是,暖风电动机以低速旋转。

当把暖风开关拨到位置2(高速档)时,暖风电动机工作电路中电流由蓄电池正极→熔断器14→电流表18→熔断器1→暖风电动机开关触点→暖风电动机→蓄电池负极。暖风电动机变速电阻54被短路,于是,暖风电动机以高速旋转。

3. 点烟器工作电路

当按下点烟器5时,其触点闭合。这时点烟器工作电路中电流由蓄电池正极→熔断器

14→电流表 18→熔断器 1→点烟器 51→蓄电池负极。于是，点烟器将流过的电流转变成热能用于点烟。

四、照明和信号系统电路

该系统电路包括：熔断器、闪光器、转向开关、危险警告灯开关、转向灯、制动灯开关、制动灯、7 孔挂车插座、车灯开关、前照灯、变光开关、灯光继电器、雾灯开关、雾灯等电气元件。

1. 前照灯系统电路

首先将车灯开关 80 置于位置 I ，其开关触点 1 与 3、4 接通。这时示廓灯 72、73、74、75 和仪表照明灯 76、77、78、79 系统工作电路中，电流由蓄电池正极→熔断器 14→电流表 18→车灯开关触点 1、4→熔断器 10→示廓灯 72、73、74、75 和仪表照明灯 76、77、78、79→蓄电池负极。于是，上面各灯同时亮。

当需检查发动机机舱内部件时，只要打开发动机罩盖，发动机罩下灯开关 70 触点自动闭合，于是，发动机罩下灯 71 亮。

当把车灯开关置于 II 位置时，其开关触点 1 与 2、4 接通。灯光继电器 82 线圈电路被接通，电流由蓄电池正极→熔断器 14→电流表 18→车灯开关触点 1、2→灯光继电器 82 线圈→蓄电池负极。于是，灯光继电器 82 工作，其动合触点闭合。这时前照灯系统工作电路中电流由蓄电池正极→熔断器 14→电流表 18→灯光继电器触点 82→变光开关 83 触点→熔断器 12→4 个前照灯远光 85、86、87、88 及远光指示灯 84→蓄电池负极。于是，前照灯远光灯亮。

当把变光开关 83 置于另一位置，使另外一对触点闭合时，前照灯系统工作电路中电流由蓄电池正极→熔断器 14→电流表 18→灯光继电器触点 82→变光开关 83 触点→熔断器 13→两个前照灯近光 85、86→蓄电池负极。于是，前照灯近光亮。

当把车灯开关 80 转动使其室内灯开关触点闭合时，室内灯 81 亮。

2. 雾灯系统电路

当把雾灯开关 89 拉动使其触点闭合时，雾灯工作电路中电流由蓄电池正极→熔断器 14→电流表 18→熔断器 11→雾灯开关 89→两个前雾灯 90、91→蓄电池负极，两个前雾灯同时亮。

第二节 解放 CA1110PK$_2$L$_2$ 商用汽车电路读图 ◄◄◄

解放 CA1110PK$_2$L$_2$ 商用汽车电路原理图如图 4-2 所示，布线图如图 4-3 所示。

解放 CA1110PK$_2$L$_2$ 商用汽车电路原理图在绘制时分为多个系统，即电源、预热与起动、刮水与洗涤、倒车、暖风、报警、仪表、收放机、照明与信号和道路照明等系统。电路简单清晰，可以直接对每个系统进行阅读。

一、电源系统

该系统主要包括蓄电池、发电机、电压调节器和熔断器等。其工作过程如下所述。

点火开关置于 ON 位置未起动发动机时，电流从蓄电池 4 正极→易熔线 3→起动开关 5 的端子 B、M→熔断器 F$_6$→发电机 1 励磁绕组（转子）→电压调节器 2 端子 F（因发电机还没发电，端子 N 无电，端子 F 与 E 导通）→电压调节器 2 端子 E→蓄电池 4 负极形成回路。

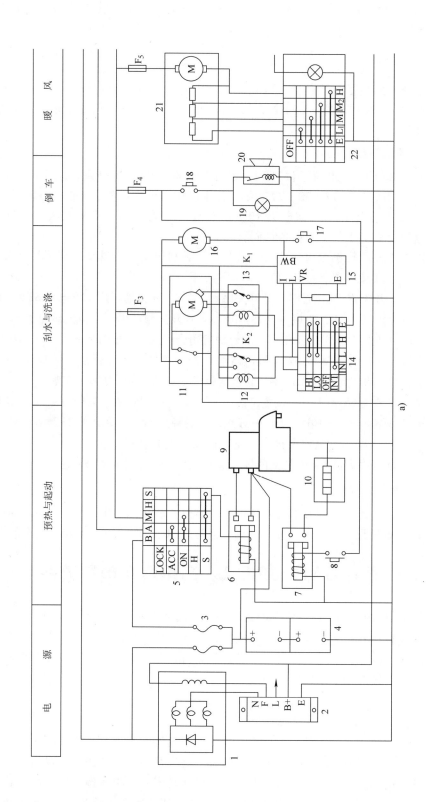

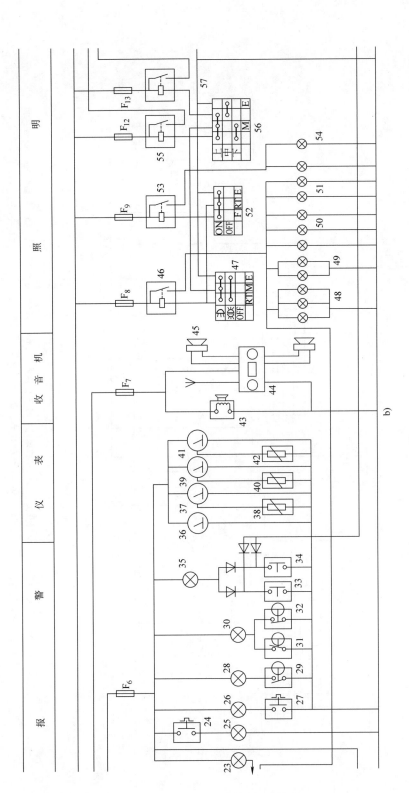

图 4-2 解放 CA1110PK₂L₂ 商用汽车电路原理图

1—发电机 2—调节器 3—易熔线 4—蓄电池 5—起动开关 6—起动继电器 7—预热继电器 8—预热按钮 9—起动机 10—空气加热器 11—刮水器 12、13—刮水继电器 14—刮水器开关 15—同歇控制器 16—洗涤泵开关 17—洗涤泵 18—倒车开关 19—倒车灯 20—蜂鸣器 21—暖风电动机 22—暖风机动机开关 23—充电指示灯 24—驻车制动灯开关 25—驻车制动灯 26—驾驶室翻转灯 27—翻转指示灯 28—气压警告开关 29—气压警告灯 30—机油压力警告灯感器 31、32—机油滤清器阻塞警开关及机油压力报警开关 33、34—车门开关 35—车门指示灯 36—电压表 37—冷却液温度表 38—冷却液温度表传感器 39—油量表 40—燃油表传感器 41—油压表 42—油压表传感器 43—点烟器 44—收放机 45—扬声器 46—小灯继电器 47—灯光开关 48—仪表灯 49—牌照灯 50—示宽灯 51—尾灯 52—雾灯开关 53—雾灯开关 54—雾灯 55—远光继电器 56—变光开关 57—近光继电器

b)

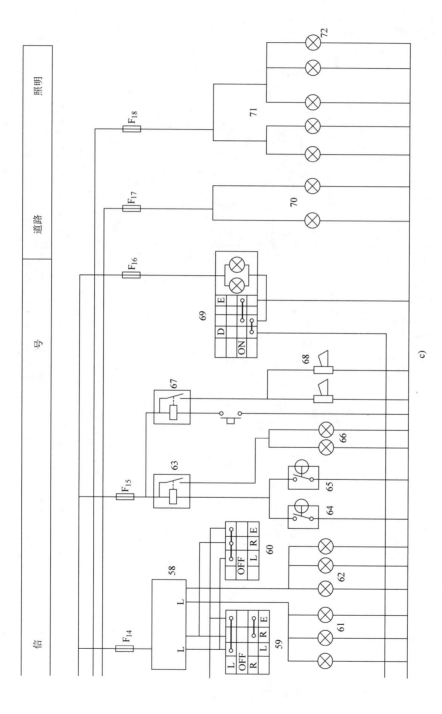

图4-2 解放CA1110PK₂L₂商用汽车电路原理图（续）

58—闪光器 59—转向开关 60—遇险报警开关 61—左转向灯 62—右转向灯 63—右转向灯继电器 64、65—制动开关 66—制动灯
67—电喇叭继电器 68—电喇叭 69—室内灯开关及室内灯 70—近光灯 71—远光灯 72—远光指示灯

这条通路使转子建立起磁场，发电机进入准备发电状态。同时，发电机充电指示灯 23 由熔断器 F_6 供电，经电压调节器端子 L（因发电机还没发电，端子 N 无电，端子 L 与端子 E 导通）→电压调节器端子 E→蓄电池负极形成回路，充电指示灯 23 亮。读图时注意充电指示灯 23 下面的箭头与电压调节器 2 上 L 端子的箭头相连接。

当发动机起动后，发电机开始发电，中性点有约 14V 电压产生，即电压调节器的端子 N 有电，使得电压调节器的端子 L 与端子 E 断开，切断了发电机充电指示灯工作电路，不能形成回路，充电指示灯熄灭。在发动机运行中，如果充电指示灯亮，表明发电机不发电。另外，发电机电压调节器通过端子 B+来检测系统电压，控制电压调节器的工作，即控制调节器的端子 F 与端子 E 的通断。

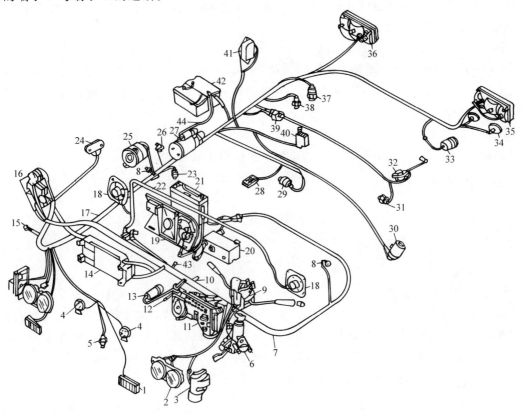

图 4-3 解放 CA1110PK$_2$L$_2$ 商用汽车布线图

1—左雾灯总成 2—左前照灯总成 3—左前小灯总成 4—电喇叭总成 5—前制动灯开关 6—起动开关总成
7—车身电线束总成 8—车门报警开关总成 9—组合开关 10—空调器按钮 11—仪表盘总成 12—烟灰盒照明灯
13—点烟器总成 14—熔断器总成 15—洗涤器接线 16—插接器 17—底盘电线束总成 18—扬声器总成
（放音机用）19—驾驶室内灯总成 20、21—收放机总成 22—室内灯电线束总成 23—冷却液温度表预热
控制器传感器 24—交流发电机调节器总成 25—交流发电机总成 26—机油滤清器阻塞报警开关
27—起动机总成 28—空气加热器 29—机油压力表及报警指示灯传感器 30—起动继电器总成
31—气压报警开关 32—油量表传感器 33—倒车蜂鸣器总成 34—牌照灯总成 35—左组合后灯
36—右组合后灯 37—气制动报警开关 38—后制动灯开关 39—倒车灯开关 40—驾驶室翻转开关
41—起动预热继电器总成 42—蓄电池总成 43—暖风电动机接线 44—起动机接蓄电池电线总成

二、起动系统

起动电路中设置了起动继电器 6。当起动开关 5 置于 S 位时，起动继电器线圈与蓄电池

正极接通。电流从蓄电池4正极→易熔线3→起动开关5的端子B、S→起动继电器6线圈→搭铁→蓄电池4负极构成回路。起动继电器动作，两个触点被接通，使起动机工作。当起动开关退出S位后，起动继电器工作电路被切断，继电器的两个触点断开，起动机停止工作。

三、预热系统

解放CA1110PK₂L₂商用汽车预热电路主要由预热继电器7、空气加热器10、预热按钮8等组成。空气加热器装在发动机进气道上对进气进行加热。

在冬季使用时，先把起动开关5置于工作档（ON），然后按下预热按钮8，此时指示灯亮指示预热开始。按预热时间预热之后（一般不超过40s）松开预热按钮，立即把起动开关置于起动档，起动发动机。

预热电路工作时有如下2条回路：

1）一条是控制预热继电器7的回路，其工作电流较小。电流从蓄电池4正极→易熔线3→起动开关5的端子B、M→熔断器F_4→预热按钮8→预热继电器7的电磁铁线圈→搭铁→蓄电池4负极构成回路。

2）一条是加热回路，其电流很大，电流从蓄电池4正极→起动机9接线柱→预热继电器7的触点→空气加热器10→搭铁→蓄电池4负极构成回路。

四、仪表系统

解放CA1110PK₂L₂商用汽车的仪表系统包括电压表、燃油量表、冷却液温度表、机油压力表等。

1. 电压表电路

发电机的工作状态使用电压表36来显示。起动开关5关闭时，指针归零位，置于ON档不起动发动机时，指示24V，发电机正常发电时指示27~29V。如果发电机发电电压过高，则电压表指到危险区域（红色区域）。工作时，工作电流从蓄电池4正极→易熔线3→起动开关5的端子B、M→熔断器F_6→电压表36→搭铁→蓄电池负极构成回路。

2. 燃油量表、冷却液温度表、机油压力表电路

当起动开关5打开后，工作电流从蓄电池4正极→易熔线3→起动开关5的端子B、M→熔断器F_6→冷却液温度表37→冷却液温度表传感器38→搭铁→蓄电池4负极构成回路。

燃油量表39、机油压力表41的工作电路与冷却液温度表类似。

五、报警系统

报警系统包括气压报警、驻车制动报警、机油滤清器阻塞报警及发电指示灯报警系统等。报警系统受起动开关控制。

1. 气压报警系统电路

该系统包括气压警告灯28和安装在储气筒上的气压报警开关29。当储气筒内的气压低于0.49MPa时，警告灯28亮，工作电流从蓄电池4正极→易熔线3→起动开关5的端子B、M→熔断器F_6→气压警告灯28→气压报警开关29→搭铁→蓄电池4负极构成回路。

2. 驻车制动报警系统电路

该系统包括驻车制动灯 25 和快放阀上的驻车制动灯开关 24。当起动开关置于 ON 档，驻车制动手柄置于制动位置时，灯亮；当解除驻车制动，同时快放阀气压小于等于 0.392MPa 时，灯灭。工作电流从蓄电池 4 正极→易熔线 3→起动开关 5 的端子 B、M→熔断器 F_6 →驻车制动灯开关 24→驻车制动灯 25→搭铁→蓄电池 4 负极构成回路。

3. 机油滤清器阻塞报警系统电路

该系统由机油压力警告灯 30、机油滤清器阻塞报警开关 31 和机油压力报警开关 32 组成。当机油滤清器的滤芯过脏，阻力增大，滤芯内、外压差达到 0.147MPa 时，机油滤清器阻塞报警开关 31 闭合，机油压力警告灯 30 亮，提醒更换滤芯；当发动机润滑系统压力过低时，机油压力报警开关 32 闭合，机油压力警告灯 30 亮。工作电流经蓄电池 4 正极→易熔线 3→起动开关 5 的端子 B、M→熔断器 F_6 →机油警告灯 30→机油滤清器阻塞报警开关 31（或机油压力报警开关 32，或二者同时）→搭铁→蓄电池 4 负极构成回路。

4. 驾驶室翻转指示系统电路

该系统由驾驶室翻转指示灯 26 和翻转开关 27 组成。当驾驶室翻转锁止机构脱开时，翻转开关 27 闭合，驾驶室翻转指示灯 26 亮；锁止时，驾驶室翻转指示灯 26 灭。如果灯亮，提醒驾驶人驾驶室没锁紧，要停车锁紧再行驶，以免发生危险。工作时，工作电流从蓄电池 4 正极→易熔线 3→起动开关 5 的端子 B、M→熔断器 F_6 →驾驶室翻转指示灯 26→翻转开关 27→搭铁→蓄电池负极构成回路。

5. 车门开关指示系统电路

该系统由车门开关 33、34 和车门指示灯 35 组成。车门开关 33、34 受车门控制，车门关闭，开关断开，车门指示灯灭；车门打开，开关闭合，车门指示灯亮。工作时，工作电流从蓄电池 4 正极→易熔线 3→起动开关 5 的端子 B、M→熔断器 F_6 →车门指示灯 35→车门开关 33（或 34，或二者同时）→搭铁→蓄电池 4 负极构成回路。

六、倒车系统电路

该系统包括倒车开关 18、倒车灯 19、蜂鸣器 20，受起动开关控制。

当需要倒车时，起动开关置于 ON 位置，挂入倒档的同时，倒车开关被自动接合，倒车电路接通，倒车灯亮，蜂鸣器鸣响。工作电流从蓄电池 4 正极→易熔线 3→起动开关 5 的端子 B、M→熔断器 F_4 →倒车开关 18→倒车灯 19（及蜂鸣器 20）→搭铁→蓄电池 4 负极构成回路。

七、照明系统

照明系统不受起动开关控制，包括远光灯、近光灯、示廓灯、室内灯、牌照灯及仪表照明灯等。

1. 前照灯电路

前照灯电路包括灯光开关 47、变光开关 56、远光继电器 55、近光继电器 57、近光灯 70、远光灯 71 及远光指示灯 72 等。

灯光开关 47 有 3 个档位，分别为关闭档（OFF）、前照灯档（上）和小灯档（中）。变

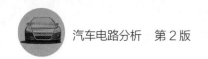

光开关 56 用于将前照灯变换成近光灯或远光灯，包括上、中、下 3 个位置。前照灯系统工作如下所述。

当灯光开关 47 置于前照灯档（图 4-2b 中 47 的上档）时有以下 3 种情况：

1）变光开关 56 处于上档位，近光继电器 57、远光继电器 55 线圈电路均接通。远光继电器 55 线圈电路工作电流从蓄电池 4 正极→易熔线 3→熔断器 F_{12}→远光继电器 55 线圈→变光开关 56→灯光开关 47 的端子 M→灯光开关 47 的端子 E 搭铁→蓄电池 4 负极构成回路。远光继电器 55 闭合，远光灯亮，工作电流从蓄电池 4 正极→易熔线 3→熔断器 F_{12}→远光继电器 55→熔断器 F_{18}→远光灯 71 及远光指示灯 72→搭铁→蓄电池 4 负极构成回路。同时，近光继电器 57 线圈电路工作电流从蓄电池 4 正极→易熔线 3→熔断器 F_{13}→近光继电器 57 线圈→变光开关 56→灯光开关 47 的端子 M→灯光开关 47 的端子 E 搭铁→蓄电池负极构成回路。近光继电器 57 闭合，近光灯亮，工作电流从蓄电池 4 正极→易熔线 3→熔断器 F_{13}→近光继电器 57→熔断器 F_{17}→近光灯 70→搭铁→蓄电池 4 负极构成回路。

2）变光开关 56 处于中档位，只有近光灯亮。近光继电器 57 线圈电路工作电流从蓄电池 4 正极→易熔线 3→熔断器 F_{13}→近光继电器 57 线圈→变光开关 56 的端子 E 搭铁→蓄电池 4 负极构成回路。近光继电器 57 闭合，近光灯亮，工作电流从蓄电池 4 正极→易熔线 3→熔断器 F_{13}→近光继电器 57→熔断器 F_{17}→近光灯 70→搭铁→蓄电池 4 负极构成回路。

3）变光开关 56 处于下档位，只有远光灯亮。远光继电器 55 线圈电路工作电流从蓄电池 4 正极→易熔线 3→熔断器 F_{12}→远光继电器 55 线圈→变光开关 56→灯光开关 47 的端子 E 搭铁→蓄电池 4 负极构成回路。远光灯工作电流从蓄电池 4 正极→易熔线 3→熔断器 F_{12}→远光继电器 55→熔断器 F_{18}→远光灯 71 及远光指示灯 72→搭铁→蓄电池 4 负极构成回路。

灯光开关 47 置于小灯档（图 4-2b 中 47 的中档），变光开关 56 置于上档位时，远光灯、近光灯均不亮；变光开关 56 置于中档位时，近光灯亮；变光开关 56 置于下档位时，远光灯、近光灯均不亮。

当灯光开关 47 置于下档（图 4-2b 中 47 的 OFF 位置）时，无论变光开关 56 置于何位置，远光灯、近光灯均不亮。

2. 仪表照明灯、牌照灯、示廓灯、尾灯电路

这些灯均通过灯光开关 47 受小灯继电器 46 控制，当灯光开关 47 置于 OFF 位时，这些灯均不亮；当灯光开关 47 置于上、中档时，这些灯均亮。小灯继电器 46 线圈电路工作电流从蓄电池 4 正极→易熔线 3→熔断器 F_8→小灯继电器 46 线圈→灯光开关 47 的端子 E 搭铁→蓄电池 4 负极构成回路。小灯继电器 46 闭合，小灯电路接通，灯亮。小灯的工作电流从蓄电池正极→易熔线 3→熔断器 F_8→小灯继电器 46→仪表照明灯 48、牌照灯 49、示廓灯 50、尾灯 51→搭铁→蓄电池 4 负极构成回路。

3. 雾灯电路

雾灯 54 通过雾灯开关 52 受雾灯继电器 53 控制。雾灯开关 52 有 2 个档位，即 ON 与 OFF 位。当雾灯开关 52 置于 OFF 位置时，雾灯不亮；当置于 ON 位置时，雾灯继电器 53 线圈电路接通，工作电流从蓄电池 4 正极→易熔线 3→熔断器 F_9→雾灯继电器 53 线圈→雾灯开关 52 的端子 E 搭铁→蓄电池 4 负极构成回路，雾灯继电器 53 闭合，雾灯亮。雾灯工作电流从蓄电池 4 正极→易熔线 3→熔断器 F_9→雾灯继电器 53→雾灯 54→搭铁→蓄电池 4 负极

构成回路。

另外，当雾灯开关 52 置于 ON 位置时，即使灯光开关 47 置于 OFF 位置，通过雾灯开关 52 仍然可将小灯继电器 46 闭合，受其控制的灯全部亮。

八、信号系统

信号系统包括转向指示系统、制动指示系统、电喇叭指示系统、室内灯系统等。该系统不受起动开关控制。

1. 转向指示系统电路

该系统包括闪光器 58、转向开关 59、遇险开关 60、左转向灯 61 及右转向灯 62 等。

转向开关 59 有 3 个档位，即关闭（OFF）、左转向（L）和右转向（R）。当转向开关 59 置于 OFF 位置时，左转向灯、右转向灯电路全断开，转向灯全不亮；当转向开关 59 置于 L 位时，左转向灯电路接通，通过闪光器 58 的作用，左转向灯 61 开始闪烁。工作电流从蓄电池 4 正极→易熔线 3→熔断器 F_{14}→闪光器 58→左转向灯 61→搭铁→蓄电池 4 负极构成回路；当转向开关 59 置于 R 位置时，右转向灯电路接通，右转向灯 62 工作；当遇到紧急情况，将遇险开关 60 由关闭（OFF）转换到打开后，不论转向开关 59 置于何位置，左转向灯、右转向灯电路均通过遇险开关 60 接通，左转向灯、右转向灯同时闪烁。工作电流从蓄电池 4 正极→易熔线 3→熔断器 F_{14}→闪光器 58→左、右转向灯（61、62）→搭铁→蓄电池 4 负极构成回路。

2. 制动指示系统电路

该系统包括制动灯继电器 63、前制动开关 64、后制动开关 65、制动灯 66 等。

制动开关受制动系统压缩空气直接控制，当需要制动时，踏下制动踏板，制动开关自动接通，松开制动踏板，制动开关自动断开。当制动开关接通时，使制动灯继电器 63 线圈通电，工作电流从蓄电池 4 正极→易熔线 3→熔断器 F_{15}→制动灯继电器 63 线圈→前制动开关 64（或后制动开关 65）→搭铁→蓄电池 4 负极构成回路，则制动灯继电器 63 闭合，制动灯 66 亮。制动灯电路工作电流从蓄电池 4 正极→易熔线 3→熔断器 F_{15}→制动灯继电器 63→制动灯 66→搭铁→蓄电池 4 负极构成回路。

3. 电喇叭系统电路

该系统包括电喇叭继电器 67、电喇叭按钮和电喇叭 68。当按下电喇叭按钮时，电喇叭继电器 67 线圈电路接通，工作电流从蓄电池 4 正极→易熔线 3→熔断器 F_{15}→电喇叭继电器 67 线圈→电喇叭按钮→搭铁→蓄电池 4 负极构成回路，则电喇叭继电器 67 闭合，电喇叭 68 电路接通，电喇叭发出声响。电喇叭 68 电路工作电流从蓄电池 4 正极→易熔线 3→熔断器 F_{15}→电喇叭继电器 67→电喇叭 68→搭铁→蓄电池 4 负极构成回路。

4. 室内灯系统电路

室内灯不受起动开关控制。室内灯电路包括室内灯开关和室内灯，装在同一壳体内，图 4-2c 中标记为 69。室内灯开关有 3 个位置，即关闭（图 4-2c 中 69 的上档）、开（ON）和下档（受车门开关控制）。当室内灯开关置于关闭档时，室内灯不亮；当室内灯开关置于 ON 档时，室内灯亮，工作电流从蓄电池 4 正极→易熔线 3→熔断器 F_{16}→室内灯及室内灯开关 69→搭铁→蓄电池 4 负极构成回路。当室内灯开关置于下档时，室内灯受车门开关控制：车门关闭，由于车门开关断开，所以室内灯电路未接通，室内灯不亮；车门打开，车门开关闭

合，室内灯亮，工作电流从蓄电池 4 正极→易熔线 3→熔断器 F_{16}→室内灯及室内灯开关 69→二极管→车门开关 33 或 34→搭铁→蓄电池 4 负极构成回路。

九、暖风系统

暖风系统包括暖风电动机 21 和暖风开关 22。暖风电动机内有 3 个降速电阻，在暖风开关的控制下，不同的降速电阻串入暖风电动机工作电路，可得到不同的暖风电动机转速。暖风开关内有一个照明灯，该灯受灯光开关控制，当小灯继电器闭合时，灯亮。

暖风开关 22 共有 5 个档位，即 OFF 档、1 档、2 档、3 档、4 档。当暖风开关置于 OFF 位置时，暖风电动机电路不通，暖风电动机不工作；当暖风开关分别置于 1 档、2 档、3 档、4 档位置时，分别有 3 个、2 个、1 个和无降速电阻串入暖风电动机工作电路，电路中工作电流从蓄电池 4 正极→易熔线 3→起动开关 5→熔断器 F_7→暖风电动机 21（分别有 3 个、2 个、1 个或无降速电阻串入）→暖风开关 22→搭铁→蓄电池 4 负极构成回路。

十、收放机电路

当打开收放机电源开关时，收放机电路接通，收放机开始工作，工作电流从蓄电池 4 正极→易熔线 3→起动开关 5 端子 B、A→熔断器 F_7→收放机 44→搭铁→蓄电池 4 负极构成回路。

同时，点烟器 43 与收放机 44 为同一电路，均受熔断器 F_7 控制，其后才分成各自的电路。

十一、刮水与洗涤系统

刮水与洗涤系统局部电路原理图如图 4-4 所示。

1. 刮水电路系统

该系统包括如图 4-2a 所示的刮水器 11、刮水器继电器（12 和 13）、刮水器开关 14 和间歇控制器 15。

当刮水器开关置于 LOW 档时（图 4-4），继电器 K_2 的控制回路被接通，继电器动作，把触点 30 与动合触点 87 接通，使工作电流由 F_3→K_2 的触点 87→K_2 的触点 30→K_1 的端子 30→K_1 的端子 87a→刮水器电动机的端子 L→刮水器电动机线圈→搭铁构成回路，刮水器电动机低速运转。

当刮水器开关置于 HI 位置时，开关的端子 L、H 都与搭铁端子 E 接通，使得继电器 K_1 和继电器 K_2 的控制回路都被接通。两个继电器同时动作，使得各自的端子 87、30 接通。由 L 档工作可知 K_2 动作时，K_1 的端子 30 与电源端（F_3）接通，而 K_2 动作使其端子 30 与 87 接通，因而高速电刷与电源接通，使得电动机高速运转，刮水器高速工作。

当刮水器开关置于 INT 位置时，此时间歇控制器的端子 I 与搭铁端子 E 接通，间歇控制器的端子 L 输出矩形波控制电压信号，当端子 L 输出低电位时，继电器动作，刮水器开始起动；当端子 L 输出高电位时，继电器 K_2 的端子 87 与端子 30 断开，端子 30 与端子 87a 接通，完成复位。当下一个矩形波周期到来时又重复前一个动作。此间歇档大约 10s 刮水一次。

当刮水器开关置于 OFF 位置时，继电器 K_2 的端子 30 与 87a 接通。刮水器复位开关置于 a 位置时，低速电刷通过继电器 K_1 和继电器 K_2 的动断触点及复位开关的簧片 4、5 与另一侧电刷接通（图 4-4b），电动机被制动，刮水器不动；刮水器复位开关置于 b 位置时，低速电刷通过复位开关的簧片 3、4 与电源正极接通，使电动机继续运转，直到回复到 a 位置时停止。

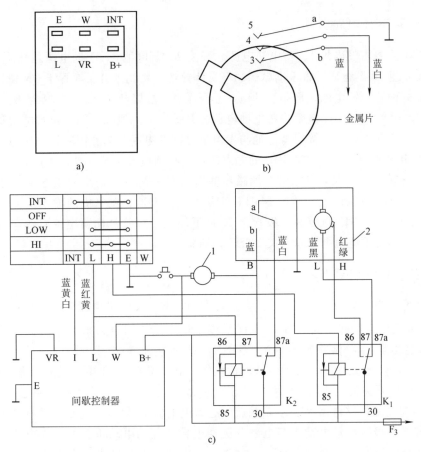

图 4-4　解放 CA1110PK$_2$L$_2$ 商用汽车刮水器电路

a）间歇控制器　b）复位开关　c）刮水与洗涤电路

1—洗涤泵　2—刮水器　3、4、5—复位开关的簧片

2. 洗涤系统电路

该系统包括图 4-2a 所示的洗涤泵 16 和洗涤泵开关 17。当通过扳动操作手柄使洗涤泵开关接通时，洗涤泵的电路接通，开始喷水，工作电流从蓄电池 4 正极→易熔线 3 →起动开关 5→熔断器 F$_3$→洗涤泵 16→洗涤泵开关 17→搭铁→蓄电池 4 负极构成回路。洗涤泵通电的同时，间歇控制器控制刮水器配合工作。当松开手柄时，手柄自动复位，洗涤泵开关断开，停止喷水，但刮水器还将延时工作数秒。

通过上述分析，不难发现使用这样的电路原理图指导实际工作还存在一定的困难。在实际应用中，电路原理图与布线图配合使用就会很方便。通过解放 CA1110PK$_2$L$_2$ 商用汽车上的布线图就可以清楚地知道该车的线路走向及各电器设备的实际位置，非常直观，便于查找和安装。

第三节　安徽安凯 HFF6802K36 型系列客车电路

安徽安凯车辆制造有限公司生产的"星凯龙"系列 HFF6802K36 型客车电路原理图如图 4-5 所示。下面对其电路各个系统的工作情况进行分析。

一、电源系统电路分析

电源系统主要由发电机 1、蓄电池电源总开关 2、蓄电池 3、手动电源总开关 4、钥匙开关 5 和二极管组 10 等组成。将手动电源总开关 4 接通，将钥匙开关 5 置于 ON 位置，蓄电池电流构成下列回路：蓄电池正极→手动电源总开关 4→总熔断器 F_{III}→熔断器 F_3→钥匙开关 5→二极管组 10 最上端的二极管→蓄电池电源总开关 2 电磁线圈→搭铁→蓄电池负极。蓄电池电源总开关 2 触点闭合，接通蓄电池与发电机之间的电路。与此同时，一路电流流经主继电器 RL_3 的电磁线圈，主继电器 RL_3 的触点闭合，接通电源系统对外供电电路。

当发动机起动后，发电机 1 的右侧磁场输出端有 28V 电压输出，该电压经过熔断器 F_8 作用在继电器 RL_1 的线圈上，继电器 RL_1 触点闭合。于是，发电机的输出电流经过总熔断器 F_{II}、熔断器 F_{17}、RL_1 触点和二极管组 10 最下端的二极管流向蓄电池电源总开关 2 的电磁线圈，用以维持蓄电池电源总开关 2 处于接通状态。

二、起动系统电路分析

起动系统主要由起动电动机 7、起动继电器 11、起动保护继电器 RL_2 等组成。按下起动按钮 6，蓄电池电流给起动继电器 11 电磁线圈供电，电流回路为蓄电池正极→手动电源总开关 4→总熔断器 F_{III}→熔断器 F_3→钥匙开关 5→起动按钮 6→空档开关 8→后舱门行程开关 9→起动继电器 11 电磁线圈→搭铁→蓄电池负极。起动继电器 11 电磁线圈通电，触点闭合，接通起动机电磁开关的电流回路：蓄电池正极→蓄电池电源总开关 2 触点→总熔断器 F_{II}→熔断器 F_7→起动保护继电器 RL_2 动断触点→起动继电器 11 触点→起动电动机 7 电磁开关→搭铁→蓄电池负极。起动电动机 7 电磁开关通电接通起动电动机 7 的工作电路：蓄电池正极→手动电源总开关 4→起动电动机 7→搭铁→蓄电池负极。起动电动机工作。

起动保护继电器 RL_2 的工作情况：当发动机起动后，发电机的电压经总熔断器 F_{II}、熔断器 F_{17}、继电器 RL_1 触点加到了起动保护继电器 RL_2 的电磁线圈上，RL_2 触点断开，起动机停止运转。

三、发动机熄火控制电路

当接通熄火开关 12 时，熄火电磁阀 13 通电，电流回路为蓄电池（发电机）正极→蓄电池电源总开关 2 触点→总熔断器 F_{II}→主继电器 RL_3 触点→熔断器 F_{14}→熄火开关 12→熄火电磁阀 13→搭铁→蓄电池负极。熄火电磁阀 13 通电后切断发动机的油路，发动机熄火。

四、仪表、指示灯电路

充电指示灯工作情况：将钥匙开关 5 置于 ON 位置、发动机不发动时，充电指示灯亮，电流回路为蓄电池正极→蓄电池电源总开关 2 触点→总熔断器 F_{II}→主继电器 RL_3 触点→熔断器 F_9→充电指示灯 14→熔断器 F_8→内装电压调节器大功率晶体管→搭铁→蓄电池负极。当发动机起动后，发电机开始发电，作用在充电指示灯 14 两端的电压相等，充电指示灯熄灭。

警告灯和仪表电路工作情况：将钥匙开关 5 置于 ON 位置时，警告灯和仪表工作，其电流回路由蓄电池（发电机）正极→蓄电池电源总开关 2 触点→总熔断器 F_{II}、→主继电器 RL_3

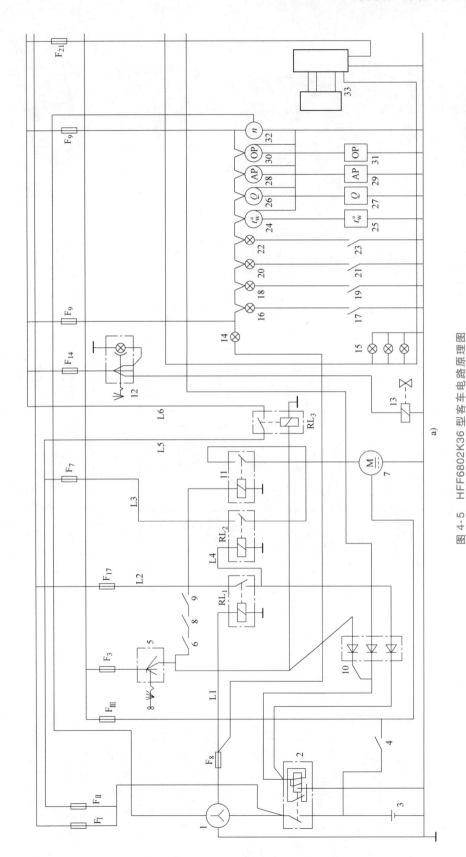

图 4-5 HFF6802K36 型客车电路原理图

a)

1—发电机 2—蓄电池电源总开关 3—蓄电池 4—手动电源总开关 5—钥匙开关 6—起动按钮 7—起动机 8—空档开关 9—后舱门行程开关
10—二极管组 11—起动继电器 12—熄火电磁阀 13—熄火指示灯 14—充电指示灯 15—仪表灯 16—冷却液温度报警灯 17—冷却液温度报警开关
18—低气压警告灯 19—低气压报警开关 20—机油压力报警灯 21—机油压力报警开关 22—驻车制动信号灯 23—驻车制动开关 24—冷却液温度表
25—冷却液温度传感器 26—油量表 27—油量传感器 28—气压表 29—气压传感器 30—机油压力表 31—机油压力传感器 32—转速表
33—里程表 F₃—电视，钥匙开关，空调 F₇—起动 F₈—充电，钥匙，熄火 F₉—信号灯，仪表 F₁₄—电子钟 F₁₇—灯光开关 F₂₁—小灯 RL₁—保护 RL₂—转换 RL₃—钥匙

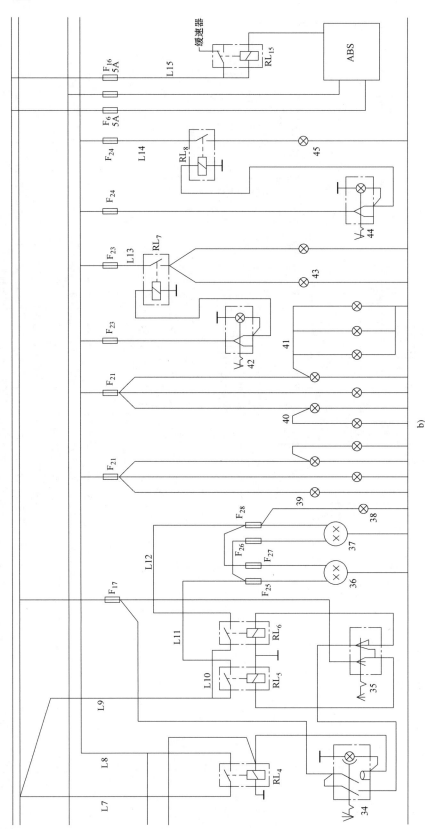

图 4-5 HFF6802K36 型客车电路原理图（续）

34—灯光总开关 35—组合开关（灯光） 36—左前照灯 37—右前照灯 38—远光指示灯 39—左小灯 40—右小灯 41—牌照灯

42—前雾灯开关 43—前雾灯 44—后雾灯开关 45—后雾灯 F$_6$—ABS F$_{16}$—ABS，缓速器 F$_{17}$—灯光开关 F$_{21}$—小灯

F$_{23}$—前雾灯 F$_{24}$—后雾灯 F$_{25}$、F$_{26}$—近光 F$_{22}$、F$_{28}$—远光 RL$_4$—灯光 RL$_5$—近光 RL$_6$—远光 RL$_7$—前雾灯 RL$_{15}$—ABS

RL$_8$—后雾灯 RL$_{15}$—ABS

注：图中标号相同的熔断器在实车上是同一个熔断器。

b)

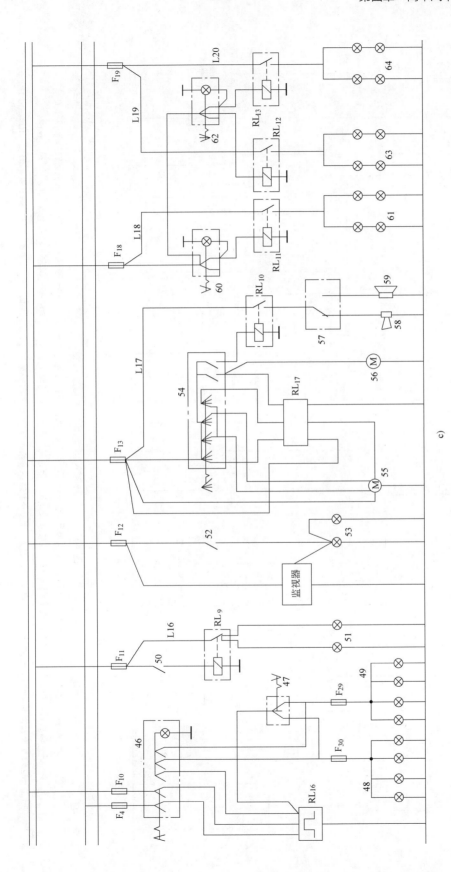

图 4-5 HFF6802K36 型客车电路原理图（续）

c)

46—危险开关　47—组合开关（转向）　48—左转向灯　49—右转向灯（指示灯）　50—制动灯开关　51—制动灯　52—倒车灯开关　53—倒车灯
54—组合开关（刮水、洗涤、电喇叭）　55—刮水电动机　56—洗涤电动机　57—喇叭转换开关　58—电喇叭　59—气喇叭　60—夜灯开关　61—夜灯
62—内部照明灯开关　63、64—内部照明灯　F_4—危险开关　F_{10}—内部照明灯　F_{11}—制动　F_{12}—倒车　F_{13}—刮水　F_{18}—夜灯　F_{19}—内部照明灯，除霜
F_{29}—右转　F_{30}—左转　RL_9—制动　RL_{10}—喇叭　RL_{11}—夜灯　RL_{12}、RL_{13}—内部照明灯　RL_{16}—闪光器　RL_{17}—刮水同歇控制器

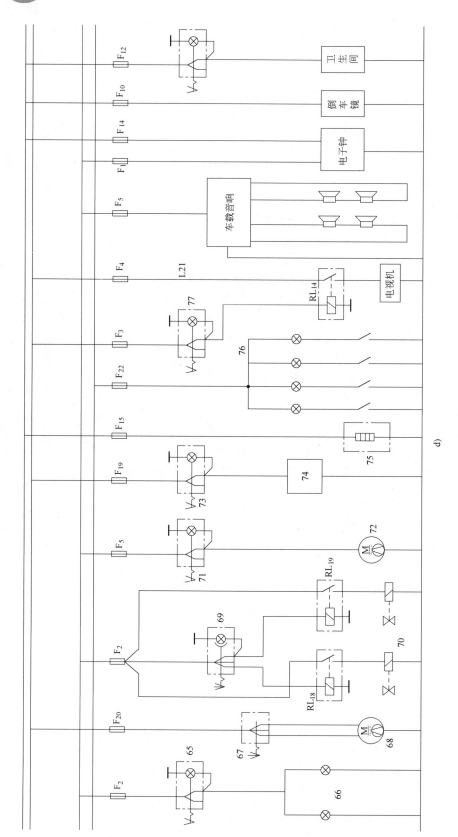

图 4-5　HFF6802K36 型客车电路原理图（续）

65—驾驶室顶灯开关　66—驾驶室顶灯　67—天窗风扇开关　68—天窗风扇　69—门控开关　70—门泵　71—暖风开关　72—暖风机　73—除霜开关

74—除霜机　75—干燥器　76—舱门灯　77—电视开关　F_1—电视，驾驶室顶灯　F_2—门，驾驶室顶灯　F_4—电视　F_5—暖风，音响

F_{10}—危险开关，倒车镜　F_{12}—倒车　F_{14}—电子钟　F_{15}—干燥器　F_{19}—内部照明灯　F_{20}—天窗　F_{22}—小灯　FL_{44}—电视　RL_{18}、RL_{19}—门控

d)

汽车电路分析　第 2 版

110

触点→熔断器 F_9，然后分别经过冷却液温度警告灯 16（冷却液温度报警灯开关 17）、低气压警告灯 18（低气压报警灯开关 19）、机油压力警告灯 20（机油压力报警灯开关 21）、驻车制动信号灯 22（驻车制动信号灯开关 23）、冷却液温度表 24（冷却液温度传感器 25）、油量表 26（油量传感器 27）、气压表 28（气压传感器 29）、机油压力表 30（机油压力传感器 31）、发动机转速表对它们进行控制，完成相应的功能。

车速里程表 33 的电流回路为蓄电池正极→蓄电池电源总开关 2 触点→总熔断器 F_{II}→主继电器 RL_3 触点→熔断器 F_{21}→车速里程表 33→搭铁→蓄电池负极。

五、照明系统电路

示宽灯、尾灯、仪表照明灯等电路：将灯光总开关 34 置于 1 档或 2 档，示廓灯、尾灯、仪表照明灯等电路通过继电器 RL_4 的触点接通，RL_4 电磁线圈的电流回路是蓄电池（发电机）正极→蓄电池电源总开关 2 触点→总熔断器 F_{II}→熔断器 F_{17}→灯光总开关 34（第二掷）→继电器 RL_4 电磁线圈→搭铁→蓄电池负极。同时，还有一路经过二极管组 10 的中间二极管和蓄电池电源总开关 2 的电磁线圈搭铁→蓄电池负极，以便于停车时接通蓄电池电源总开关 2 使示廓灯等有关灯具亮。

示廓灯、尾灯、仪表照明灯等电流回路：蓄电池（发电机）正极→蓄电池电源总开关 2 触点→总熔断器 F_I→继电器 RL_4 触点→仪表灯 15、车速里程表照明灯 33、熔断器 F_{21} 及左小灯 39、熔断器 F_{21} 及右小灯 40、熔断器 F_{21} 及牌照灯 41、熔断器 F_{22} 及舱门灯 76（舱门开关）→搭铁→蓄电池负极。相应的灯具工作。

在这些灯具工作的同时，前、后雾灯经过开关控制也可以工作，前、后雾灯继电器线圈的电流回路：蓄电池（发电机）正极→总熔断器 F_I→继电器 RL_4 触点→熔断器 F_{23} 及前雾灯开关 42→前雾灯继电器 RL_7 电磁线圈（同时熔断器 F_{24} 及后雾灯开关 44→后雾灯继电器 RL_8 电磁线圈）→搭铁→蓄电池负极。

前、后雾灯的电流回路：蓄电池（发电机）正极→蓄电池电源总开关 2 触点→总熔断器 F_I→继电器 RL_4 触点→熔断器 F_{23}→前雾灯继电器 RL_7 触点→前雾灯 43（同时熔断器 F_{24}→后雾灯继电器 RL_8 触点→后雾灯 45）→搭铁→蓄电池负极。

前照灯近光电路：将灯光总开关 34 置于 2 档，组合开关 35 上的变光开关接通近光，近光灯继电器 RL_5 电磁线圈通电，电流回路为蓄电池（发电机）正极→蓄电池电源总开关 2 触点→总熔断器 F_I→熔断器 F_{17}→灯光总开关 34（第一掷）→变光开关 35（第一掷）→近光灯继电器 RL_5 电磁线圈→搭铁→蓄电池负极。近光灯电流回路为蓄电池（发电机）正极→蓄电池电源总开关 2 触点→总熔断器 F_I→近光灯继电器 RL_5 触点→熔断器 F_{25}、F_{26}→近光灯 36、37→搭铁→蓄电池负极。

前照灯远光电路：将灯光总开关 34 置于 2 档，组合开关 35 上的变光开关接通远光，远光灯继电器 RL_6 电磁线圈通电，电流回路为蓄电池（发电机）正极→蓄电池电源总开关 2 触点→总熔断器 F_I→熔断器 F_{17}→灯光总开关 34（第一掷）→变光开关 35（第二掷）→远光灯继电器 RL_6 电磁线圈→搭铁→蓄电池负极。远光灯电流回路为蓄电池（发电机）正极→蓄电池电源总开关 2 触点→总熔断器 F_I→远光灯继电器 RL_6 触点→熔断器 F_{27}、F_{28}→远光灯 36、37、远光指示灯 38→搭铁→蓄电池负极。

夜灯电路（踏步灯）：将夜灯开关 60 接通，夜灯继电器 RL_{11} 电磁线圈通电，触点闭合，夜灯 61 工作。夜灯继电器 RL_{11} 电磁线圈电路为蓄电池（发电机）正极→蓄电池电源总开关 2 触点→总熔断器 F_I→熔断器 F_{18}→夜灯开关 60→夜灯继电器 RL_{11} 电磁线圈→搭铁→蓄电池负极。夜灯电路为蓄电池（发电机）正极→蓄电池电源总开关 2 触点→总熔断器 F_I→熔断器 F_{18}→夜灯继电器 RL_{11} 触点→夜灯 61→搭铁→蓄电池负极。

内部照明灯电路：将内部照明灯开关 62 接通，内部照明灯继电器 RL_{12}、RL_{13} 电磁线圈通电触点闭合，内部照明灯 63、64 工作。内部照明灯继电器 RL_{12}、RL_{13} 电磁线圈电流回路为蓄电池（发电机）正极→蓄电池电源总开关 2 触点→总熔断器 F_I→熔断器 F_{19}→内部照明灯开关 62→内部照明灯继电器 RL_{12}、RL_{13} 电磁线圈→搭铁→蓄电池负极。内部照明灯 63、64 电路为蓄电池（发电机）正极→总熔断器 F_I→熔断器 F_{19}→内部照明灯继电器 RL_{12}、RL_{13} 触点→内部照明灯 63、64→搭铁→蓄电池负极。

驾驶室顶灯电路：驾驶室顶灯开关 65 接通，驾驶室顶灯 66 工作。其电流回路为蓄电池正极→手动电源总开关 4→总熔断器 F_{III}→驾驶室顶灯开关 65→驾驶室顶灯 66→搭铁→蓄电池负极。

六、ABS、电涡流缓速器电路

ABS 电控单元有两路供电电路。其一为蓄电池正极→手动电源总开关 4→总熔断器 F_{III}→ABS 电控单元→搭铁→蓄电池负极。该路电源是不间断的，钥匙开关 5 关闭时，该路电源仍然通电，除非将手动电源总开关断开。其二为蓄电池正极→蓄电池电源总开关 2 触点→总熔断器 F_{II}→主继电器 RL_3 触点→熔断器 F_6→ABS 电控单元→搭铁→蓄电池负极。该路电源受钥匙开关 5 的控制，钥匙开关 5 关闭，该路电源切断。

电涡流缓速器电路受电涡流缓速器继电器 RL_{15} 的控制，而电涡流缓速器继电器 RL_{15} 电磁线圈受 ABS 电控单元的控制，当汽车紧急制动时，满足一定条件，ABS 电控单元自动接通电涡流缓速器继电器 RL_{15} 电磁线圈的搭铁→蓄电池负极电路，电涡流缓速器继电器 RL_{15} 触点闭合，电涡流缓速器工作。

七、制动灯、转向灯、危险警告灯电路

制动灯电路：驾驶人踩下制动踏板，制动灯开关 50 自动接通，制动灯继电器 RL_9 电磁线通电，制动灯亮。制动灯电磁线圈电流回路为蓄电池正极→蓄电池电源总开关 2 触点→总熔断器 F_I→熔断器 F_{11}→制动灯继电器 RL_{19} 电磁线圈→搭铁→蓄电池负极。制动灯电流回路为蓄电池正极→蓄电池电源总开关 2 触点→总熔断器 F_I→熔断器 F_{11}→制动灯继电器 RL_{19} 触点→制动灯 51→搭铁→蓄电池负极。

转向灯电路：将组合开关 47（转向）开关打到左转向位置，左转向信号灯工作，电流回路为蓄电池正极→蓄电池电源总开关 2 触点→总熔断器 F_{II}→主继电器 RL_3 触点→熔断器 F_{10}→闪光继电器 RL_{16}→组合开关 47（左转向）→熔断器 F_{30}→左转向信号灯（指示灯）48→搭铁→蓄电池负极。将组合开关 47（转向）开关打到右转向位置，右转向信号灯工作，电流回路为蓄电池正极→蓄电池电源总开关 2 触点→总熔断器 F_{II}→主继电器 RL_3 触点→熔断器 F_{10}→闪光继电器 RL_{16}→组合开关 47（右转向）→熔断器 F_{29}→右转向信号灯（指示灯）49→搭铁→蓄电池负极。

危险警告灯电路：将危险开关 46 接通，危险警告灯 48、49 工作。电流回路为蓄电池正极→手动电源总开关 4→总熔断器 F_{III}→熔断器 F_4→闪光继电器 RL_{16}→危险开关 46→危险警

告灯 48、49→搭铁→蓄电池负极。

八、倒车灯、倒车监视器电路

将变速器挂上倒档，倒车灯开关 52 自动接通，倒车灯、倒车监视器工作，电流回路为蓄电池正极→蓄电池电源总开关 2 触点→总熔断器 F_{II}→主继电器 RL_3 触点→熔断器 F_{12}→倒车监视器（同时经过倒车灯开关 52→倒车灯 53）→搭铁→蓄电池负极。

九、刮水电动机、洗涤电动机电路

将组合开关（刮水）54 置于不同的档位（间歇、慢、快），刮水电动机工作。电流回路为蓄电池正极→蓄电池电源总开关 2 触点→总熔断器 F_{II}→主继电器 RL_3 触点→熔断器 F_{13}→组合开关（刮水）54→刮水继电器 RL_{17}→刮水电动机 55→搭铁→蓄电池负极。

将组合开关（洗涤）54 接通，洗涤电动机 56 工作的同时刮水电动机工作。洗涤电动机 56 电流回路为蓄电池正极→蓄电池电源总开关 2 触点→总熔断器 F_{II}→主继电器 RL_3 触点→熔断器 F_{13}→组合开关（洗涤）54→刮水继电器 RL_{17}→（并洗涤电动机56）→搭铁→蓄电池负极。

十、喇叭电路

将组合开关（喇叭）54 按钮按下，喇叭继电器 RL_{10} 电磁线圈通电，喇叭工作。喇叭继电器 RL_{10} 电磁线圈电流回路为蓄电池正极→蓄电池电源总开关 2 触点→总熔断器 F_{II}→主继电器 RL_3 触点→熔断器 F_{13}→组合开关（喇叭按钮）54→喇叭继电器 RL_{10} 电磁线圈→搭铁→蓄电池负极。喇叭电流回路：蓄电池正极→蓄电池电源总开关 2 触点→总熔断器 F_{II}→主继电器 RL_3 触点→熔断器 F_{13}→喇叭继电器 RL_{10} 触点→喇叭转换开关 57→喇叭 58、59→搭铁→蓄电池负极。

十一、天窗风扇电动机、除霜机、电视机电路

接通天窗风扇开关 67，天窗风扇电动机 68 工作。电流回路为蓄电池正极→蓄电池电源总开关 2 触点→总熔断器 F_{II}→熔断器 F_{20}→天窗风扇开关 67→天窗风扇电动机 68→搭铁→蓄电池负极。

接通除霜机开关 73，除霜机 74 工作。电流回路为蓄电池正极→蓄电池电源总开关 2 触点→总熔断器 F_{II}→熔断器 F_{19}→除霜机开关 73→除霜机 74→搭铁→蓄电池负极。

接通电视开关 77，电视继电器 RL_{14} 电磁线圈通电，触点闭合，电视机工作。电视继电器 RL_{14} 电磁线圈电路为蓄电池正极→蓄电池电源总开关 2 触点→总熔断器 F_{II}→熔断器 F_3→电视开关 77→电视继电器 RL_{14} 电磁线圈→搭铁→蓄电池负极。电视机电流回路为蓄电池正极→蓄电池电源总开关 2 触点→总熔断器 F_{II}→熔断器 F_4→电视继电器 RL_{14} 触点→电视机→搭铁→蓄电池负极。

十二、门泵、暖风、车载音响电路

接通门控开关 69，门控继电器 RL_{18}、RL_{19} 电磁线圈通电，触点闭合，门泵 70 工作，完

成开门、关门动作。门泵继电器 RL_{18}、RL_{19} 电磁线圈电流回路为蓄电池正极→手动电源总开关 4→总熔断器 F_{III}→熔断器 F_2→门控开关 69→门控继电器 RL_{18}、RL_{19} 电磁线圈→搭铁→蓄电池负极。门泵工作电路为蓄电池正极→手动电源总开关 4→总熔断器 F_{III}→熔断器 F_2→门控继电器 RL_{18}、RL_{19} 触点→门泵 70→搭铁→蓄电池负极。

接通暖风开关 71，暖风电动机 72 工作。电流回路为蓄电池正极→手动电源总开关 4→总熔断器 F_{III}→熔断器 F5→暖风开关 71→暖风电动机 72→搭铁→蓄电池负极。

车载音响的电流回路为蓄电池正极→手动电源总开关 4→总熔断器 F_{III}→熔断器 F_5→车载音响→搭铁→蓄电池负极。

十三、干燥器、倒车镜、卫生间用电设备电流回路

干燥器电流回路为蓄电池正极→蓄电池电源总开关 2 触点→总熔断器 F_{II}→主继电器 RL_3 触点→熔断器 F_{15}→干燥器 75→搭铁→蓄电池负极。

倒车镜电流回路为蓄电池正极→蓄电池电源总开关 2 触点→总熔断器 F_{II}→主继电器 RL_3 触点→熔断器 F_{10}→倒车镜→搭铁→蓄电池负极。

卫生间用电设备电流回路为蓄电池正极→蓄电池电源总开关 2 触点→总熔断器 F_{II}→主继电器 RL_3 触点→熔断器 F_{12}→卫生间用电设备开关→卫生间用电设备→搭铁→蓄电池负极。

十四、电子钟电流回路

电子钟的电流回路有两路：其一是蓄电池正极→手动电源总开关 4→总熔断器 F_{III}→熔断器 F_1→电子钟→搭铁→蓄电池负极，这一路不受钥匙开关 5 的控制，停车不断电；其二是蓄电池正极→蓄电池电源总开关 2 触点→总熔断器 F_{II}→主继电器 RL_3 触点→熔断器 F_{14}→电子钟→搭铁→蓄电池负极，这一路受钥匙开关 5 的控制，停车断电。

第四节　上海桑塔纳乘用车电路读图　◀◀◀

上海桑塔纳乘用车电路原理图如图 4-6 所示。

一、电源电路

桑塔纳乘用车的电源由容量为 54A·h 的 12V 蓄电池与整体式交流发电机并联组成。当点火开关 D 置于 I 档，发动机转速低于 1200r/min 时，蓄电池电压高于发电机电压一定的数值，则充电指示灯 K2 亮，如图 4-6a 所示，其电流回路为蓄电池正极→点火开关 D 的接点 15→充电指示灯 K2→发电机磁场绕组→控制磁场绕组励磁电流的大功率晶体管（调节器开关管）→搭铁→蓄电池负极。在发动机转速达到或高于 1200r/min 时，发电机电压高于蓄电池电压，并向蓄电池充电。由于发电机与蓄电池间的电位差减小，则充电指示灯 K2 熄灭，指示发电机工作状态良好。

二、发动机点火系统、仪表与指示灯及起动电路

1. 点火系统电路

点火开关 D 置于 I 档，点火系统一次电路通电，其电流回路为蓄电池正极→点火开关 D

的接点 15→点火线圈 N 的一次绕组→点火放大器 N11→搭铁→蓄电池负极。当发动机中间轴驱动霍尔传感器 G10 的转子转动时，传感器发出脉冲信号，控制点火放大器 N11 周期地接通与切断点火线圈 N 中的一次电流，在二次绕组中感应高压电，按照点火次序使相应气缸上的火花塞跳火。

2. 仪表与指示灯电路

在点火系统工作的同时，指示发动机技术状况的仪表与指示灯电路同步工作，电流由蓄电池正极流入以下电路：①发动机转速表 G5→换档指示器控制装置 K98→搭铁，如图 4-6a 所示。②油压指示灯 K3→油压检查控制器 K144→高压油压开关→F1 搭铁或低压油压开关 F22→搭铁。当低压油压开关 F22 处的油压低于 30kPa 时，F22 自然闭合搭铁，而当发动机正常工作时的高压油压达不到 180kPa 时，高压油压开关 F1 仍断开，油压指示灯 K3 亮，指示润滑系统有故障。若踩加速踏板使发动机转速大于 2000r/min 而油压仍不正常时，油压检查控制器 K114 发出蜂鸣报警声，应停车检查。③稳压器 K6→燃油表 G1→油量传感器 G4→搭铁；④稳压器 K6→冷却液温度表 G3→温度传感器 G2→搭铁；⑤稳压器 K6→液位液温指示灯 K28→温度传感器 G2→搭铁；液位控制器 K120→冷却液不足指示器开关 F66→搭铁，当冷却液温度超过 124℃ 或冷却液液位低于限定值时，液位液温指示灯 K28 亮。

在点火系统与仪表电路通电工作时，通过点火开关 D 的接点 15，经熔断器 FU17 通电怠速截止阀 N3 打开怠速量孔，使发动机怠速稳定运转。在点火开关 D 置于空档时，怠速截止阀 N3 断电关闭怠速量孔，保证发动机很快熄火，并能减少发动机燃烧室的积炭和排气污染。当发动机的出水温度低于 64℃ 时，安装在发动机出水管上方的温控开关 F35 闭合，进气预热继电器 K81 工作，位于进气管内的进气预热器 N51 通电加热混合气，改善发动机冷车工作状态。在发动机冷却液温度高于 65℃ 时，温控开关自动断电，进气预热器 N51 断电停止工作。

3. 起动电路

950W 串励直流起动机 b 由点火开关 D 直接控制，当点火开关 D 置于如图 4-6a 所示的 2 档位置时，点火开关 D 的接点 50 将起动机的电磁开关线圈与 A 路电源 30 接通，起动机电磁开关铁心带动传动叉，使起动机驱动齿轮与发动机飞轮齿圈相啮合，与此同时蓄电池正极经蓄电池线向起动机输入强电流产生大转矩，通过单向离合器驱动发动机。发动机工作后，单向离合器开始打滑，此时点火开关 D 应立即回到 1 档，起动机的电磁开关断电切断起动电源，起动机驱动齿轮在传动叉销回位弹簧的作用下脱开发动机的飞轮齿而复位。

三、灯光电路

1. 前照灯

上海桑塔纳乘用车采用两灯式前照灯，如图 4-6b 所示，前照灯 L1、L2 受前照灯开关 E1 及变光和超车灯组合开关 E4 控制。当向上拨动组合开关 E4 手柄时，组合开关 E4 直通 A 路电源 30，A 路电源 30 经熔断器 FU29、FU10 接通前照灯远光灯丝，此时远光及远光指示灯 K1 亮，在松开组合开关手柄时，开关 E4 在回位弹簧的作用下自动断电，此为点动作用，用于超车。

前照灯开关 E1 处在图 4-6b 中的 2 档时，A 路电源 30 经点火开关 D 的 X 接点→灯光开关 E1 的接点 56→变光开关 E4，接通近光或远光。

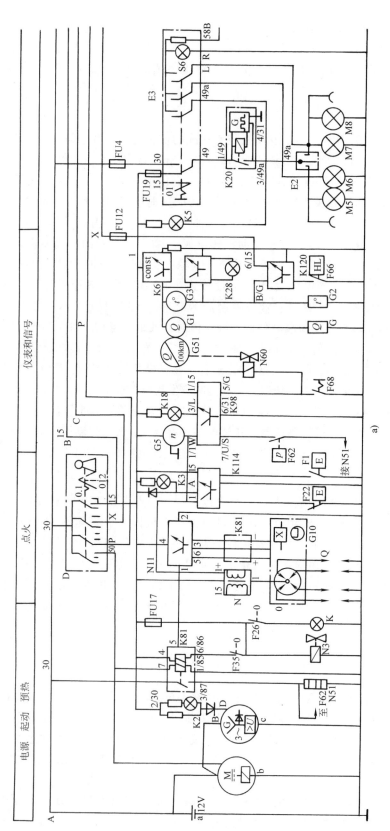

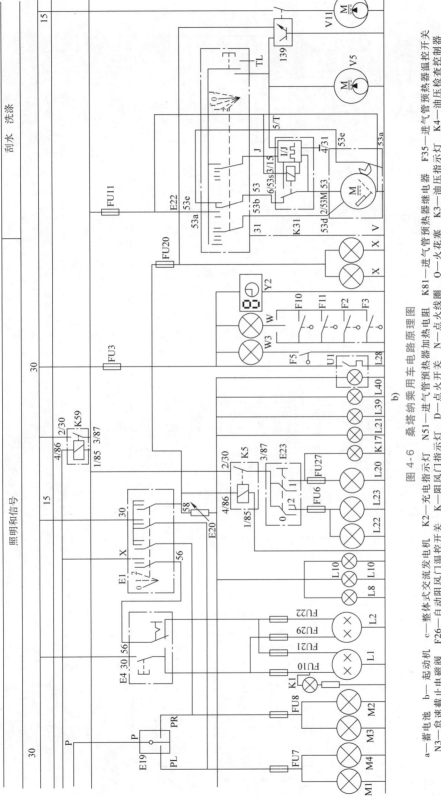

图 4-6 桑塔纳乘用车电路原理图
b)

a—蓄电池 b—起动机 c—整体式交流发电机 K2—充电指示灯 N51—进气管预热热器加热电阻 K81—进气管预热器继电器 F35—进气管预热器温控开关
N3—怠速截止电磁阀 F26—自动风门温控开关 K—阻风门温控开关 D—点火开关 N—阻风火线圈 Q—火花塞 K3—油压指示灯 K4—油压检查控制器
F22—油压开关 G5—转速表 F62—换档指示灯真空开关 F68—换档指示油耗表 N11—点火放大器 G51—油耗表 N60—油耗电磁阀
G1—燃油表 G—燃油表传感器 G3—冷却液温度表 G2—冷却液温度传感器 K6—稳压器 K120—冷却液温度调整器 F66—冷却液不足指示器开关
K5—转向信号灯 E3—危险警告灯开关 K20—闪光器 E2—转向灯开关 M5—左前转向信号灯 M6—左后转向信号灯 K1—左后转向信号灯
M7—右前转向信号灯 M8—右后转向信号灯 K6—报警指示灯 E19—停车灯开关 M1，M4，M2，M3—合用的停车灯与小灯 E4—变光和超车开关 K5—近光指示灯
L1—左前照灯 L2—右前照灯 E1—车灯开关 E20—仪表灯调光开关 L8—时钟照明灯 L10—仪表灯 K59—中间继电器（卸荷继电器） L21—暖气开关照明灯 L39—后风窗除霜器开关照明灯
E23—前、后照明灯 后雾灯开关 L22—右后雾灯 L23—右前雾灯 L20—后雾灯 K17—雾灯指示灯 F5—行李箱照明灯开关 L21—暖气开关照明灯 F3—顶灯门控开关 Y2—数字式电钟
L40—前后雾灯开关 后雾灯照明灯 L28—点烟器照明灯 W—前顶灯 F10，F11，F3—顶灯门控开关 V5—前风窗洗涤泵 V11—前照灯洗涤泵 （现已取消）
X—牌照灯 后雾灯开关照明灯 E22—刮水器开关 K31—洗涤器和间歇刮水器继电器 V—前风窗刮水器

117

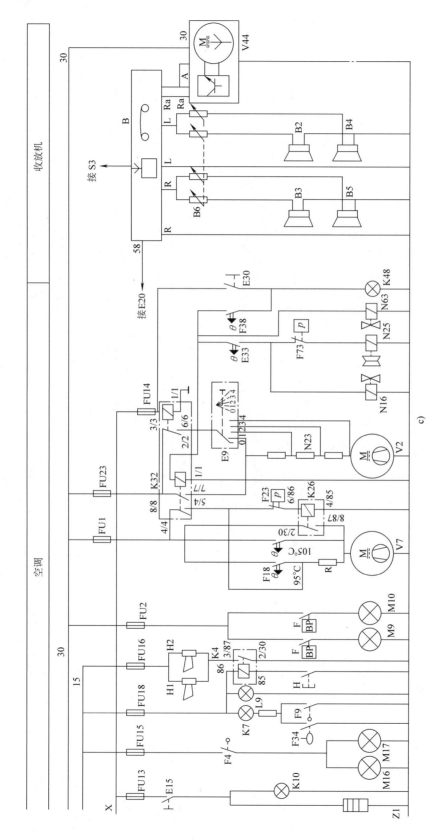

图 4-6 桑塔纳乘用车电路原理图（续）

E15—后风窗电热器 Z1—后风窗电热器开关 F4—倒车灯开关 M16、M17—左右倒车灯 L9—灯光开关照明灯 .K7—双回路和驻车制动装置指示灯
F9—驻车制动装置指示灯开关 F34—制动液位警告灯开关 H1,H2—双音电喇叭 K4—电喇叭继电器 H—电喇叭按钮 E9—鼓风机开关 M9,M10—左右制动灯
F18—冷却风扇温控开关 V7—冷却风扇 F23—空调高压开关 K26—冷却风扇继电器 K32—空调离合器 N23—调速开关 V2—鼓风机
N16—双路电磁阀（怠速稳定） E33—蒸发器温控开关 F73—空调低压开关 N25—空调电磁离合器 F38—环境温度开关 N63—用于新鲜空气翻板的双路电磁阀
E30—空调开关指示灯 K48—空调开关指示灯 B—收放机 B2、B4、B3、B5—扬声器 B6—左、右扬声器平衡开关 V44—电动天线装置

c)

2. 小灯、尾灯、停车灯

前照灯开关 E1 在 1 档或 2 档时，A 路电源 30 通过前照灯开关 E1 及熔断器 FU7 和 FU8 使小灯与尾灯共用的 M1、M4、M3、M2 亮，如图 4-6b 所示。点火开关置于 0 档时，A 路电源 30 经点火开关 D 的 P 接点到停车灯开关 E19，如图 4-6b 所示，停车灯开关 E19 拨至左侧时，使左小灯 M1 和左尾灯 M4 亮；拨至右侧则使右小灯 M3 和右尾灯 M2 亮，此时均作停车灯用。

3. 警告灯和转向灯

上海桑塔纳乘用车的报警和转向灯合用一组灯泡，左前灯 M5、右前灯 M7、左后灯 M6、右后灯 M8 共 4 灯，如图 4-6a 所示。当前照灯开关 E1 在 1 档或 2 档时，如图 4-6b 所示，E1 的接点 58 将 A 路电源引到灯光亮度调节电位器 E20 及危险警告灯开关 E3 接线柱，使报警指示灯 S6 亮，如图 4-6a 所示。危险警告灯开关 E3 在空档 0 位置时，经转向灯开关 E2 控制转向信号灯，其电流回路为 A 路电源正极→点火开关 D 的接点 15→熔断器 FU19→危险警告灯开关 E3 的接点 49→闪光继电器 K20→转向灯开关 E2→转向灯 M5、M6 或 M7、M8→搭铁→蓄电池负极，此时转向指示灯 K5 工作。当危险警告灯开关 E3 在 1 档时，A 路电源通过熔断器 FU4→危险警告灯开关 E3 的接点 49→闪光器 K20→危险警告灯开关 E3 的接点 49a、L、R→闪光灯 M5、M6、M7、M8→搭铁→蓄电池负极。4 灯同时闪光，以示警告，报警指示灯 S6 和转向指示灯 K5 也工作。

4. 牌照灯与雾灯

车灯开关 E1 处于空档 0 位置时，如图 4-6b 所示，牌照灯 X 熄灭。车灯开关 E1 在 1 档或 2 档时，A 路电源通过车灯开关 E1 的接点 58 及熔断器 FU20，使牌照灯 X 亮。

车灯开关 E1 置于 1 档或 2 档时，接点 58 接通雾灯继电器 K5，A 路电源 30 通过中间继电器 K59、雾灯继电器 K5 的触点传到雾灯开关 E23。雾灯开关 E23 在空档 0 位置时，雾灯灭；雾灯开关 E23 在 1 档时，经雾灯开关 E23、熔断器 FU6，使雾灯 L22、L23 亮；雾灯开关 E23 在 2 档时，雾灯 L22 及 L23 仍亮，且经雾灯开关 E23、熔断器 FU27，使后雾灯 L20 和雾灯指示灯 K17 亮。

5. 车顶灯与行李箱照明灯

平时一直通蓄电池正极的 A 路电源，经熔断器 FU3 到顶灯 W 后，由顶灯开关控制，如图 4-6b 所示。顶灯开关拨至左侧位置时，顶灯亮；拨至中间位置时，顶灯灭；拨至右侧位置时，由 4 个并联的门控开关 F2、F3、F10、F11 控制，当任一车门打开时，相应的门灯开关闭合则顶灯亮，惟有全部车门关闭时顶灯灭。

行李箱照明灯 W3 由行李箱盖接合处的开关 F5 控制，如图 4-6b 所示。当行李箱打开时，开关 F5 闭合，行李箱照明灯 W3 亮，反之则灭。

6. 仪表板、时钟、点烟器、除霜器开关、空调开关板照明灯

如图 4-6b 所示，仪表板照明灯 L10-2 只，时钟照明灯 L8、点烟器照明灯 L28、除霜器开关照明灯 L39、雾灯开关照明灯 L40、空调开关板照明灯 L21 均由车灯开关 E1 控制，由 A 路电源供电。在车灯开关 E1 处于 1 档或 2 档时，调整与车灯开关 E1 中接点 58 相连的电位器 E20，可获得所需的亮度。

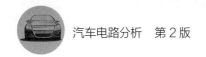

四、电喇叭与冷却风扇

如图4-6c所示，由点火开关D控制B路电源（即电路图编号15）的电路，通过熔断器FU16给电喇叭H1、H2供电。经转向盘操纵的电喇叭按钮H接通电喇叭继电器K4，使双音电喇叭H1、H2通电发声。

冷却风扇电动机V7为双速直流电动机，位于散热器和冷凝器之后，当冷却液温度高于95℃时。温控开关F18闭合，如图4-6c所示，A路电源30经熔断器FU1、冷却风扇电动机V7低速接线柱通电，冷却风扇以1600r/min中速运转。在冷却液温度高于105℃时，温控开关F18的高温触点闭合，冷却风扇电动机V7的高速接线柱通电，冷却风扇以2400r/min的转速高速运转。

五、空调系统电路

上海桑塔纳（LX、GX、GX5型）乘用车空调系统电路原理如图4-6c所示。该电路主要由电源电路、电磁离合器控制电路、鼓风机控制电路和冷凝器冷却风扇控制电路等组成。

电源电路由蓄电池A，点火开关D，卸荷继电器K59以及熔丝FU1、FU14、FU23和空调主继电器K32组成。当点火开关D置于断开（OFF档）或起动档（ST档）时，卸荷继电器K59不通电，触点断开而使空调系统的供电线路"X"号线无电，空调无法起动运行。当点火开关D接通（即处于ON档）时卸荷继电器K59通电，触点闭合，"X"号线通电，这时主继电器K32中的2号继电器经熔丝FU14得电使其触点闭合，接通了鼓风机电动机V2的供电回路，鼓风机便可在鼓风机开关E9控制下运转，进行强制通风换气或送出暖气，它不受空调A/C开关E30的限制。鼓风机开关E9在不同的档位时，鼓风机电动机V2的供电回路串入的调速电阻个数也不同，从而可得到不同的送风速度。鼓风机电动机V2的供电回路为蓄电池"+"极→熔丝FU23→主继电器K32中的2号继电器触点→鼓风机开关E9→鼓风机调速电阻N23→鼓风机电动机V2→搭铁→蓄电池"-"极。

需要获得冷气时接通空调A/C开关E30，电流从蓄电池"+"极 →减荷继电器K59的触点→熔丝FU14到空调A/C开关E30，然后分为3路。第一路经空调A/C指示灯K48构成回路，指示灯K48亮表示空调A/C开关接通。第二路经环境温度开关F38和新鲜空气翻板电磁阀N63构成回路，该阀动作接通新鲜空气翻板真空促动器的真空通路，使鼓风机强制通过蒸发器总成的空气通道进风，以获得冷气。

第三路经环境温度开关F38后又分为2路，一路到蒸发器温控器E33，由蒸发器温控器E33控制电磁离合器N25和怠速提升电磁真空转换阀N16的供电。只有当蒸发器温度高于调定温度时，蒸发器温控器E33触点接通，电磁离合器电路接通吸合，压缩机才能运转制冷；同时，电磁真空转换阀N16动作而使发动机以较高转速运转足够的动力驱动压缩机工作。如果蒸发器温度低于调定温度，蒸发器温控器E33触点断开，压缩机将停止运转；同时，电磁真空转换阀N16断电，怠速提升装置不起作用。低压开关F73串联在蒸发器温控器E33和电磁离合器N25之间的电路中，当制冷系统严重缺乏制冷剂而使系统高压侧压力低于0.2MPa时，低压开关F73触点断开，压缩机将无法运转。经过环境温度开关F38后的另一路电流进入主继电器K32中的1号继电器后形成回路，使其两对触点吸合，其中一对触点用于控制冷凝器冷却风扇继电器K26，另一对触点则用于控制鼓风机电动机V2。高压开关 F23 串联在继电器 K26 和主继电器 K32 中 1 号继电器的前一对触点之间，当制冷系统高压侧压力低于 1.5MPa 时，高压开关 F23 触点断开，电阻 R 串联在冷凝器冷却风扇电动机 V7 的供电回路中，冷却风扇电动机 V7 低速运转。当制冷系统高压侧压力高于 1.5MPa 时，高压开关 F23 触点接通，使得继电器 K26 通电触点吸合，电阻 R 被短接，这时冷却风扇电动机 V7 高速运转以加强冷凝器和发动机的冷却强度。主继电器 K32 中 1 号继电器还控制鼓风机的一对触点，当空调 A/C 开关接通时这对触点即闭合，这时如果鼓风机开关 E9 没有接通鼓风机电路，鼓风机电动机 V2 也将由该对触点获得电流而低速旋转，以防止接通空调 A/C 开关后忘记接通鼓风机开关而造成因没有空气流过蒸发器使蒸发器表面温度过低而结冰或冻坏蒸发器。因此，在接通空调 A/C 开关之前，应首先接通鼓风机开关。

　　减荷继电器 K59 的作用是当点火开关在起动档（ST 档）时，中断空调系统等附属电器的工作，以保证发动机起动时有足够的电流，当起动结束后将自动接通空调系统的工作。

习题与思考题

1. 分析解放 CA1092 商用汽车电路原理图。
2. 分析解放 $CA1110PK_2L_2$ 商用汽车电路原理图。
3. 分析安凯 HFF6802K36 型客车电路原理图
4. 分析上海桑塔纳乘用车电路原理图。

第五章 >>
典型汽车主要电气系统电路分析

学习目标：

　　通过本章的学习，应能够掌握汽车电源充电配电系统、起动系统、点火系统、汽油发动机电控系统、柴油发动机电控系统、汽车自动变速器控制系统、汽车制动防抱死系统（ABS）、汽车安全气囊系统、汽车电控主动悬架系统、汽车巡航控制系统、汽车仪表系统、汽车照明系统、汽车转向与危险报警系统、汽车空调系统、汽车电动后视镜系统、汽车中控门锁控制系统、汽车电动座椅控制系统、汽车电动天窗控制系统、汽车防盗系统、汽车刮水器与洗涤器系统等电路的分析方法。

第一节　汽车电源充电配电系统电路图的识读　◀◀◀

一、大众捷达轿车电源系统电路图的识读

　　一汽大众捷达轿车电源系统主要由蓄电池、发电机、起动机、点火开关等组成，电路如图 5-1 所示。

1. 蓄电池电路

　　该车蓄电池用 A 表示，负极搭铁用①表示搭铁点在车身上，用②表示搭铁点接在变速器上，这两条接地线较粗，截面积为 25.0mm²。另一个搭铁点用⑲表示，在前照灯线束内，导线截面积为 4.0mm²，棕色。还有一个搭铁点在晶体管点火系统控制单元，位于压力通风室左侧，导线截面积为 1.5mm²，黑/棕两色线。

　　蓄电池的正极与起动机端子 30 用粗线连接，是用来向起动机供大电流的。同时，通过端子 30 用一根 6.0mm² 的红色导线与发电机的 B+端子连接，属充电电路的一部分。还有一条 6.0 mm² 红线与 Y 插接器的第 3 个端子连接，通过 30 线向其他用电设备供电。

2. 发电机电路

　　该车发电机用 C 表示，发电机电压调节器用 C1 表示，线路编号 1 的细实线表示自身搭铁。发电机的端子 D+通过一个单孔插头 T1a 与插接器 A2 的端子 1 连接，通过线路编号 55 接仪表板，经二极管后接点火开关。在点火开关断开时端子 D+无电，而端子 B+为蓄电池电压。点火开关闭合，发动机未起动时，端子 D+得电，仪表板内的二极管正向导通，向发电

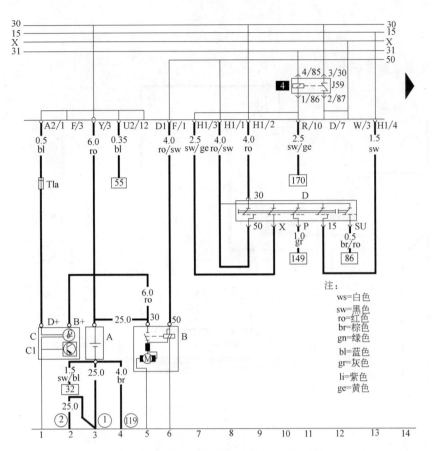

图 5-1　一汽大众捷达轿车电源系统电路

A—蓄电池　B—起动机　C—发电机　C1—电压调节器　D—点火开关　J59—卸荷继电器　T1a—单孔插头蓄电池附近

①—搭铁线，蓄电池-车身　②—搭铁线，变速器-车身　⑪⑨—搭铁连接点，前照灯线束内

机励磁绕组提供励磁电流，充电指示灯亮。发动机起动后，发电机发电，端子 D+电压由发电机提供，进入自励，端子 D+电位升高后，二极管截止，充电指示灯熄灭。插头 T1a 的安装位置在蓄电池附近。

3. 起动机电路

起动机用 B 表示，5、6 表示自身内部搭铁。端 30 如前所述，端子 50 采用截面积为 $4.0mm^2$ 的粗线、红/黑两色线与 F 插接器第一个端子连接，并通过插接器 H1 的端子 1 与点火开关端子 50 连接，组成起动机电磁开关的控制电路，端子 50 得电起动机便工作。起动机端子 30 的接线如前所述。

4. 点火开关控制电路

该车点火开关用 D 表示，开关有 6 个端子：端子 SU 用截面积为 $0.5mm^2$ 的棕红双色线，控制收放机电路；端子 15 采用截面积为 $1.5mm^2$ 的黑线，通过插接器 H1 的端子 4 向点火系统供电；端子 P 向停车灯供电；端子 X 用截面积为 $2.5mm^2$ 的黑黄双色线，经 H1 插接器端子 3 与卸荷继电器 J59 端子 1 相连，继电器的端子 1 与继电器的端子 86 相接，卸荷继电器 J59 工作；端子 50 与 30 相通得电，端子 50 接起动机控制线。

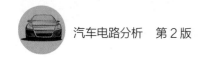

二、福特车系电源系统电路图的识读

福特车系电源系统电路如图 5-2 所示。

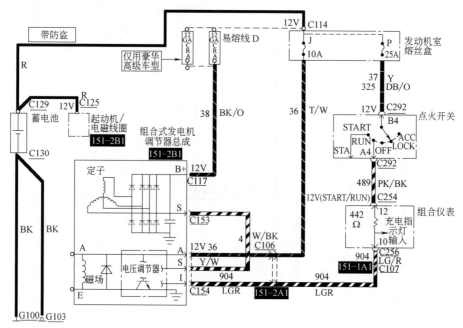

图 5-2　福特车系电源系统电路

1. 充电电路

发电机 B+→易熔线 D→蓄电池→G100、G103 搭铁点→发电机接地点。

2. 励磁电路

蓄电池正极→熔丝 J→发电机调节器端子 A→电压调节器→磁场绕组→电压调节器 E→发电机搭铁点。

3. 电压调节器电路

（1）电压调节器与电源的连接电路　蓄电池正极→熔丝 J→发电机调节器端子 A→电压调节器。

（2）相电压检测电路　发电机端子 S→电压调节器端子 S。

（3）充电指示灯控制电路　蓄电池正极→熔丝 P→点火开关 RUN 档→组合仪表端子 C254→电阻→充电指示灯→电压调节器端子 1。

三、配电系统电路图的识读

在现代汽车上，电源的分配关系日趋复杂，很多车型专门把电源分配部分独立出来，称为配电系统。配电系统的电路一般从蓄电池开始到各熔丝、主要开关直至进入各系统为止。

用电器的电源端有直接或间接与电源连接两种形式。直接与电源连接的用电器用导线或经过熔丝和导线与电源连接；间接连接的则通过各种开关（点火开关、灯光开关等）及继电器与电源连接。

在配电系统中以主要开关（点火开关、灯光开关）和主要继电器为主干，画出各条电源电路的分布关系，最后标明各熔丝所接的用电器。这样，在各电气系统电路中就不必画出电源部分，只要注明接配电系统哪条电路或来自哪条熔丝即可。松花江中意 HFJ6350C 微型客车电力分配图如图 5-3 所示。

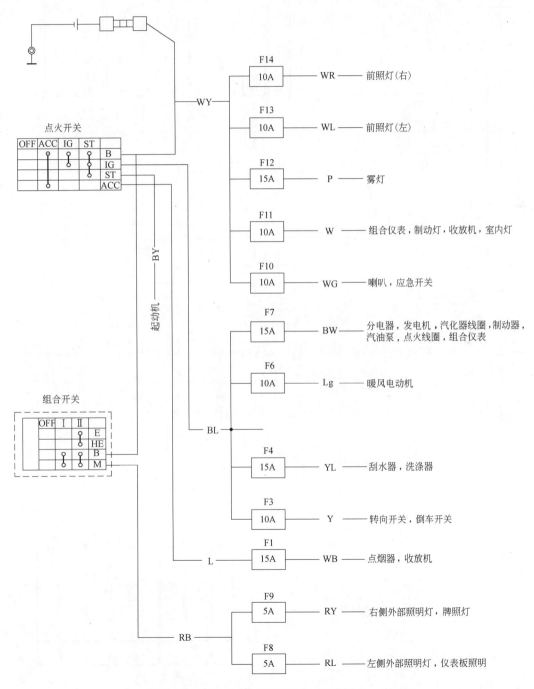

图 5-3　松花江中意 HFJ6350C 微型客车电力分配图

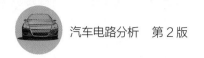

图5-4为马自达汽车配电系统电路。此电路给各电气系统供电有3种方式：

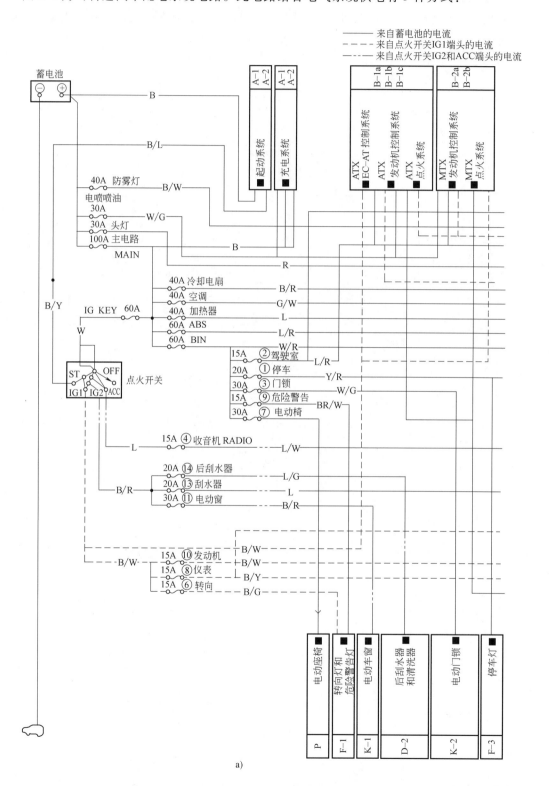

a)

图5-4 马自达

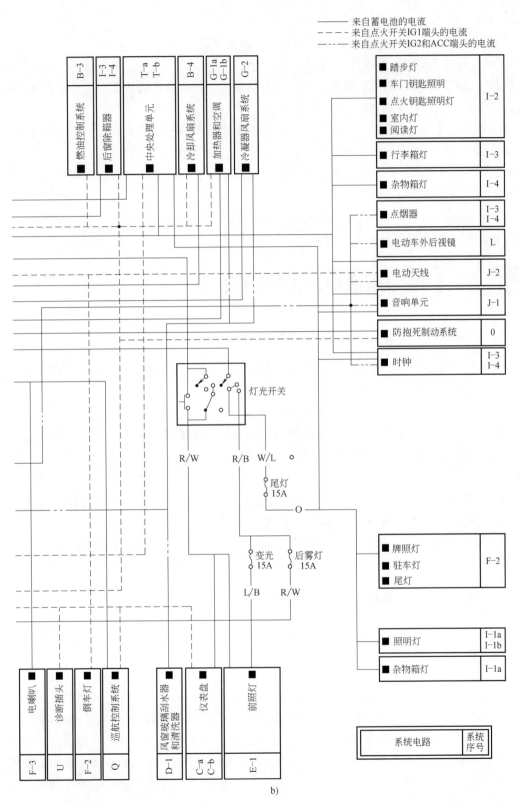

b)

汽车配电系统电路

1）蓄电池直接供电，图中为黑实线。

2）经点火开关供电，图中为虚线、点画线及双点画线。

3）经灯光开关供电，图中为黑实线。

各电气系统的电源线的条数非常清楚，如起动系统，一条为直接和蓄电池正极相连的电源线，一条为点火开关在 ST 档时供电的电源线。

又如电动天线，其电源线一共有 3 条，第 1 条为直接和蓄电池正极相连，其电路为蓄电池正极→主电路熔丝→熔丝 BIN→驾驶室熔丝→电动天线。

第 2 条为经由点火开关供电，其电路为蓄电池正极→主电路熔丝→点火开关熔丝→点火开关 IG2 档→仪表熔丝→电动天线。

第 3 条也为经由点火开关供电，其电路为蓄电池正极→主电路熔丝→点火开关熔丝→点火开关 ACC 档→收音机熔丝→电动天线。

第二节 汽车起动系统电路图的识读 ◀◀◀

一、上海别克轿车起动防盗系统电路分析

上海别克轿车起动防盗系统电路如图 5-5 所示。当将点火开关转到起动（START）位置时，位于点火锁心总成的遥控接收器传感器将产生模拟电压信号，该信号送入 BCM。该模拟电压信号对车辆为一个特定值，并且随车辆的不同而不同。当试图起动发动机时，BCM 将会比较预定存储的模拟电压信号与从传感器来的信号。如果两个信号一致，BCM 就会通过 2 级串行数据线发送燃油起动密码给 PCM。PCM 起动继电器，从而允许将燃油输送到发动机。

当试图采用其他方法起动发动机，而不是用点火开关相匹配的钥匙来起动发动机时，遥控接收器传感器会发出不同数值的模拟电压信号。因该信号与 PCM 中的信号不匹配，BCM 就不能通过 2 级串行数据线发送燃油起动密码给 PCM，结果使发动机不能起动。

二、雪佛兰科鲁兹轿车起动系统电路分析

如图 5-6 所示，雪佛兰科鲁兹轿车起动系统由蓄电池、熔丝、起动机、发动机控制模块、点火开关、车身控制模块、总线及导线组成。

其工作情况如下：

当点火开关置于 START 位置时，3 个离散信号被提供至车身控制模块（BCM，图中未画出），通知其点火开关已置于 START 位置。然后，车身控制模块向发动机控制模块（ECM）发送已经请求起动的串行数据信息。发动机控制模块检查并确认离合器踏板已完全踩下，或自动变速器挂驻车档（P）/空档（N）。如图 5-6 所示，发动机控制模块向起动继电器的控制电路提供 12V 电压，起动继电器吸合，蓄电池电压通过起动继电器的触点提供至起动机电磁阀，起动机工作。

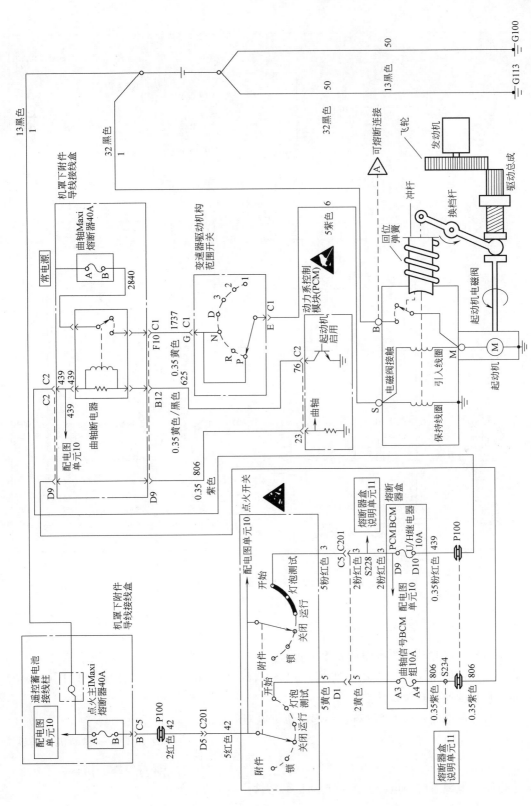

图5-5 上海别克轿车起动防盗系统电路

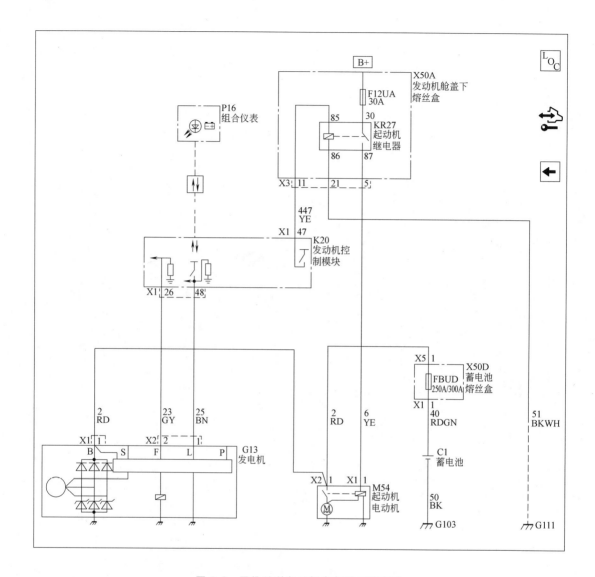

图 5-6 雪佛兰科鲁兹轿车起动系统电路

三、克莱斯勒汽车起动系统电路分析

克莱斯勒汽车起动系统电路如图 5-7 所示。

第一级控制电路：点火开关（ST 档）→起动机继电器的电磁线圈→铰接点 T24→深灰色插接器→自动变速器开关搭铁。

第二级控制电路：最大 55#熔丝→起动机继电器的触点→

深灰色连接器┳→吸引线圈→起动机→搭铁
　　　　　　　┗→保持线圈→搭铁

主电路：电源系统→电磁开关→起动机→搭铁。

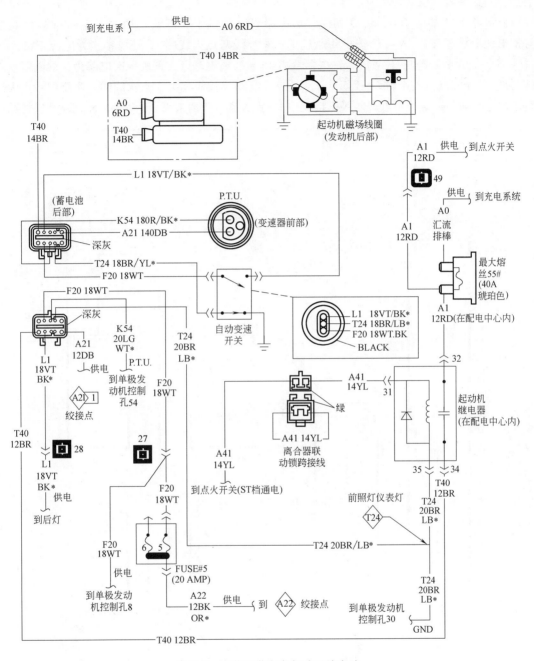

图 5-7　克莱斯勒汽车起动系统电路

第三节　汽车点火系统电路图的识读

一、大众捷达轿车点火系统电路分析

一汽大众捷达轿车无触点点火系统电路如图 5-8 所示。图中，G40 为霍尔式点火信号发

生器，其接线柱含义：2/0为信号输出端，3/+为霍尔元件供电端，1/-为搭铁，这3个接线柱与点火器N41的端子6、5、3相连，点火器N41的端子2搭铁（通过1.5sw/br导线直接与蓄电池负极相连），N41的端子4通过1.5sw导线与点火线圈15号线相连为电源正极。

当点火开关处于点火位置时，继电器盒内15号线通电，点火系统一次电路为：继电器盒内15号线→继电器盒G1/4端子→1.5sw导线→点火线圈N接线柱15、点火线圈一次绕组→点火线圈接线柱1→1.5gn导线→点火器N41接线柱1、点火器N41内末级晶体管→1.5sw/br导线搭铁。

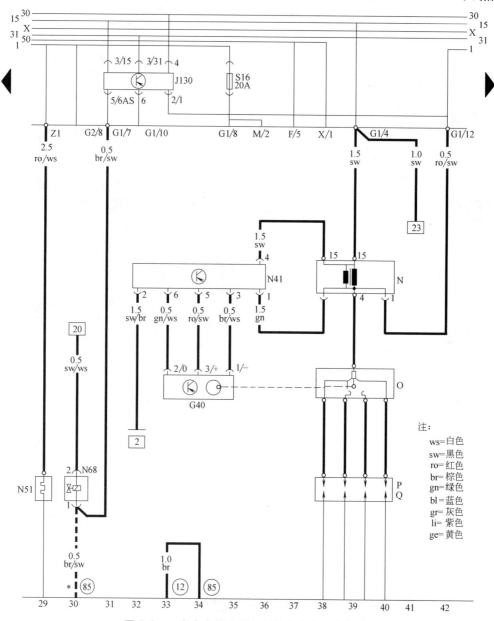

图5-8　一汽大众捷达轿车无触点点火系统电路

G40—霍尔传感器　O—分电器　J130—超速切断控制单元，仅用于1.8L发动机　P—火花塞插头
N—点火线圈　Q—火花塞　N41—晶体管点火系统控制单元（点火器），压力通风室左侧
⑫—搭铁点，发动机室左侧　N51—进气管预热加热电阻　⑧⑤—搭铁连接点，发动机室线束内
N68—急速-超速控制器　＊—不适用1.8L发动机

点火系统二次（高压）电路为：点火线圈二次绕组→点火线圈高压接线柱4→分电器Q→某缸高压线→火花塞插头P→火花塞Q→搭铁→蓄电池负极→蓄电池正极→点火开关→继电器盒内15号线→继电器盒G1/4端子→1.5sw导线→点火线圈接线柱15→二次绕组。

二、本田飞度轿车双火花塞直接点火系统电路分析

双火花塞直接点火系统又称为智能双火花塞点火系统，在本田、菲亚特和奔驰轿车的发动机上都有应用。发动机每一个气缸上采用两个火花塞，它可以根据发动机的转速和负荷改变这两组火花塞的点火正时，从而使燃烧室在整个转速范围内均可实现快速燃烧，通过这种燃烧，使大幅提高压缩比成为可能，可以抑制爆燃从而得到高功率、高转矩和低燃油消耗的发动机特性。下面以本田飞度轿车双火花塞直接点火系统为例说明其基本结构，分析其工作电路。

1. 基本结构

如图5-9所示，两个火花塞沿对角方向分别布置于一个气缸的进气侧（下称前火花塞）和排气侧（下称后火花塞），由于可燃混合气在两个点点燃，所以每个火花塞必须覆盖的火焰传播距离被缩短，此外，火花塞布置位置可使来自每一点火点的火焰均匀传播，并且火焰传播效率最高。

每个火花塞上都单独配置了一个点火线圈，每个点火线圈内都有一个独立的点火控制器（ICM，与点火线圈制成一体，没有高压线）。这样，发动机的4个气缸共有8个火花塞和8个点火线圈，每套点火线圈和火花塞在结构上与各缸独立点火系统相同。

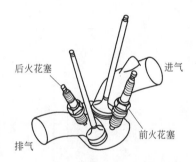

图5-9 双火花塞的安装位置

2. 工作电路分析

本田飞度轿车双火花塞直接点火系统电路如图5-10所示。每个点火线圈均有3个接线端子。其中，端子1为电源线，受点火开关控制；端子2为搭铁线；端子3为控制线，与ECU或PCM连接。

点火时刻由ECU（装手动变速器的轿车）或PCM（装自动变速器的轿车）通过点火控制器（ICM）控制。点火控制器中有功率晶体管，点火控制器（ICM）根据电控单元（ECU）输出的点火控制信号，触发功率晶体管的导通与截止，从而控制点火线圈产生高压电，并直接输送到前、后火花塞电极间隙上跳火点燃可燃混合气。

3. 点火提前角控制

ECU根据发动机工况和燃烧条件的变化，利用转速信号、节气门位置信号、进气压力信号和车速信号，逻辑分析最佳控制条件，自动调节前、后两个火花塞点火提前角的大小和时间差，实现动力性、经济性和净化性的最佳控制。

点火提前角控制原则：怠速工况以平稳性和净化性为主；中等负荷工况以经济性和净化性为主；大负荷工况以最大转矩（动力性）为主，同时防止爆燃的产生。其具体控制策略见表5-1。

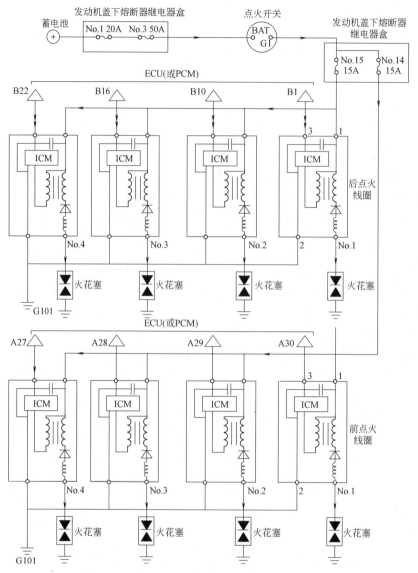

图 5-10　本田飞度轿车双火花塞直接点火系统电路

表 5-1　双火花塞点火提前角控制策略

发动机工况	前火花塞	后火花塞	目　的
怠速工况	同时点火		加快燃烧速度,提高净化目标
低速、小负荷工况	提前点火	正常点火	改善燃烧条件,降低油耗,提高净化指标
低速、大负荷工况	提前点火	延迟点火	提高平均有效压力和转矩,减少爆燃
高速工况	同时点火		加快燃烧速度,改善动力指标

4. 双火花塞直接点火系统的特点

1）双火花塞直接点火能缩短火焰传播行程,提高可燃混合气的燃烧速度,改善动力性指标,降低油耗。

2）双火花塞直接点火有时间差,可适应不同工况需要,实现分层燃烧,改善净化指标和降低油耗。

3）双火花塞直接点火能改善燃烧条件，消除爆燃危害，延长相关部件的使用寿命。

4）双火花塞直接点火能提高点火系统的可靠性，不易出现"缺缸"故障。

5）双火花塞和双点火线圈的使用，在同样转速下，单位时间内通过点火线圈的电流小，点火线圈不易发热。另外，还可加大点火线圈一次绕组的电流和导通时间（闭合角），发动机在 0~9000r/min 的转速范围内，均能提供足够的点火能量。

第四节 汽油发动机电控系统电路图的识读

一、电控系统

发动机电控系统电路一般按照控制内容分为多个子系统，每个子系统都是以电控单元为中心，与该项控制有关的信号输入电路及执行器工作电路都接到电控单元上。由于控制面广，电路复杂，通常要用几张图才能完整表达发动机电控系统。各子系统的控制方式不同，但其电路都划分为电源电路、信号输入电路及执行器工作电路，见表 5-2。

表 5-2 发动机电控系统控制关系一览表

序号	控制项目	相关信号	执行器
1	燃油喷射控制	1）进气量信号（空气流量、节气门位置、进气压力、进气温度） 2）发动机工况信号（曲轴位置、凸轮轴位置、发动机转速、冷却液温度） 3）与其他系统匹配信号（空调压缩机、动力转向等是否投入工作，自动变速器档位）	燃油泵 喷油器
2	点火控制	1）点火正时（发动机转速、冷却液温度、起动、空调、自动变速器） 2）通电时间（发动机转速、蓄电池电压） 3）爆燃控制（爆燃）	点火线圈 点火器 火花塞
3	怠速控制	1）发动机工况（发动机转速、节气门位置、冷却液温度、起动） 2）汽车工况（空调、档位、动力转向）	怠速控制阀
4	废气排放控制	1）空燃比闭环（氧传感器信号） 2）废气再循环（冷却液温度、车速、EGR 阀位置） 3）二次空气喷射（排气温度、节气门位置、发动机转速） 4）活性炭罐（发动机转速、温度、空气温度）	喷油器 EGR 阀 二次气泵 二次空气阀 炭罐排放阀
5	进气控制	1）进气惯性增压（发动机转速） 2）废气涡轮增压（进气压力） 3）可变配气相位气门升程（发动机转速）	各类电磁阀

大众轿车汽油发动机多采用德国博世（Bosch）公司的 Motronic 电子控制系统，其中桑塔纳轿车 2000GLi 的 AFE 型发动机使用进气压力传感器，为 D 型电子控制系统（博世 D-Motronic）；捷达王、奥迪 A6、帕萨特等轿车使用热膜式空气流量传感器，为 LH 型电子控制燃油喷射系统（博世 LH-Motronic）。

国内常见大众车型较多采用空气流量传感器的汽油发动机电子控制系统电路，其电路组成、连接等基本相同，仅导线颜色等略有差异。汽油发动机电子控制系统原理电路如图5-11所示。汽油发动机电子控制系统电路可分为传感器电路、电子控制系统电路、执行器电路等，电路如图 5-12 所示。

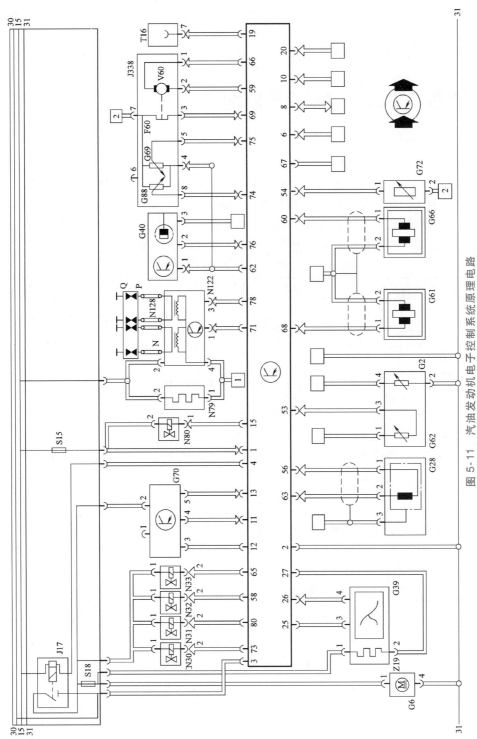

图 5-11 汽油发动机电子控制系统原理电路

F60—怠速开关 G2—冷却液温度传感器 G28—发动机转速传感器 G39—氧传感器 G70—空气流量传感器 G72—进气温度传感器 G88—总速节气门电位计
J17—汽油泵继电器 N79—曲轴箱通风箱加热电阻 N80—活性炭罐电磁阀 N122—终端能量输出级 N60—总速电动机 Z19—氧传感器加热器
G40—霍尔传感器 G61, G66—喷燃传感器 G62—冷却液温度传感器 G69—节气门电位计 J338—节气门控制单元 N—2,3 缸点火线圈
N30~N33—1~4 缸喷油器 N128—1、4 缸点火线圈 P—火花塞插头 Q—火花塞 S15、S18—熔丝 T16—自诊断接口

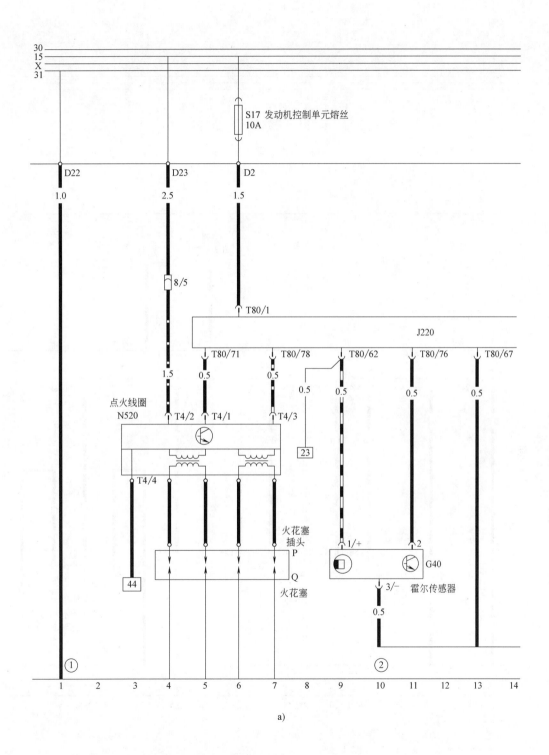

图 5-12　汽油发动机电子控制系统电路

①—发动机搭铁点（在发动机控制单元旁边）　②—传感器到控制单元搭铁连接

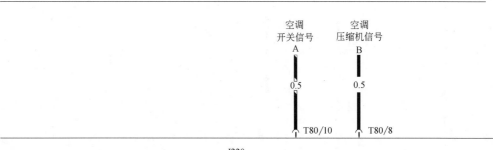

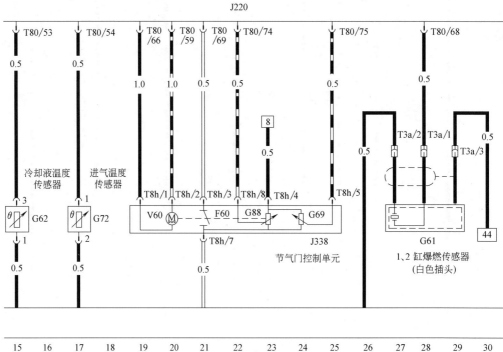

空调
开关信号
A
0.5
T80/10

空调
压缩机信号
B
0.5
T80/8

J220

T80/53   T80/54   T80/66   T80/59   T80/69   T80/74   T80/75   T80/68

0.5   0.5   1.0   1.0   0.5   0.5   0.5   0.5

8

0.5

冷却液温度
传感器
G62

进气温度
传感器
G72

T8h/1   T8h/2   T8h/3   T8h/8   T8h/4   T8h/5

V60 (M)   F60   G88   G69

T8h/7

节气门控制单元
J338

T3a/2   T3a/1   T3a/3

0.5

G61

44

1、2 缸爆燃传感器
(白色插头)

0.5   0.5   0.5   0.5   0.5   0.5

15   16   17   18   19   20   21   22   23   24   25   26   27   28   29   30

b)

图 5-12　汽油发动机

138

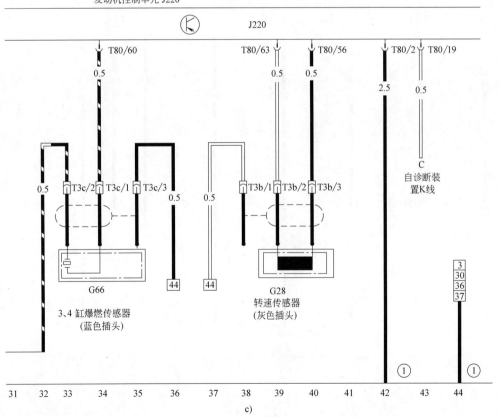

c)

电子控制系统电路

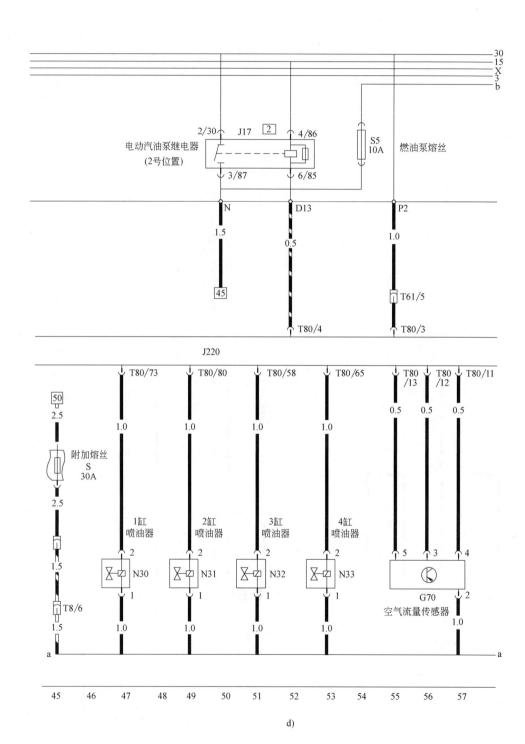

图 5-12　汽油发动机电子控制系统电路（续）

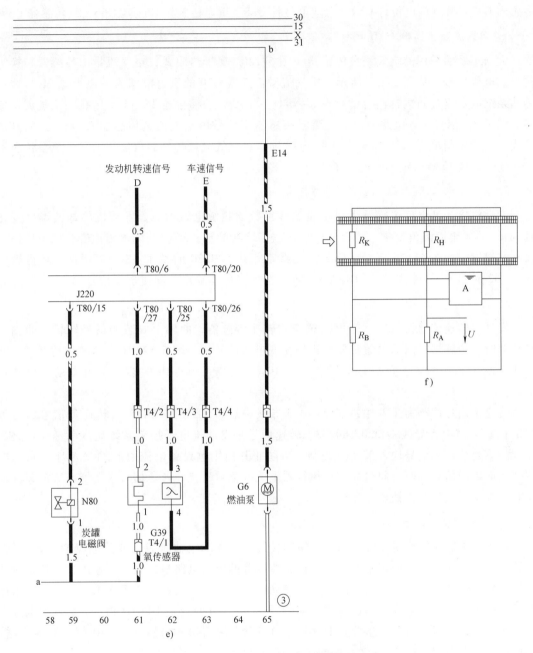

图 5-12　汽油发动机电子控制系统电路（续）

A—混合集成电路　R_H—热线电阻　R_K—温度补偿电阻　R_A—精密电阻　R_B—电桥桥臂电阻

二、汽油发动机电子控制系统电路图的识读

（一）输入传感器电路图的识读

大众轿车汽油发动机电子控制系统所采用的传感器包括空气流量传感器 G70、发动机转

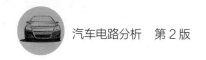

速传感器 G28、霍尔传感器（相位传感器）G40、发动机冷却液温度传感器 G62 、进气温度传感器 G72、节气门电位计 G69、怠速电位计 G88、爆燃传感器 G61 及 G66、氧传感器 G39。

1. 空气流量传感器 G70 电路

大众车系所采用的空气流量传感器（图 5-12f）属于热膜式，空气流量由传感器转换为输出的电压信号，如图 5-12d 所示。空气流量传感器 G70 的供电电路为继电器盒 30 号线→燃油泵继电器（经过内部闭合的触点）→熔丝 S（30A）→插接器 T8→1.5 导线→空气流量传感器端子 2。信号输入电路为：空气流量传感器正信号由空气流量传感器 G70 端子 5→0.5 导线→电子控制单元 J220 插座 T80 端子 13 输入；空气流量传感器负信号由空气流量传感器 G70 端子 3 接 J220 插座 T80 的端子 12。

2. 发动机冷却液温度传感器 G62 电路

发动机冷却液温度传感器主要由负温度系数的热敏电阻构成，发动机冷却液温度变化时，G62 热敏电阻阻值变化，接入电路后，电子控制单元 J220 接受随电阻值变化的电压信号以确定温度，如图 5-12b 所示，G62 由接线端子 1 与 J220 的端子 T80/67 相连，是搭铁电路，G62 的端子 3 与控制单元 T80/53 相连，为参考电压输出，同时也是信号输入。

3. 转速传感器 G28 电路

发动机转速传感器 G28 属于电磁感应式转速传感器，曲轴上安装的信号转子随曲轴一起转动时，传感器线圈输出随转速变化的交变电压信号，如图 5-12c 所示。转速传感器 G28 的 3 个端子相应的正、负信号应屏蔽，其中信号屏蔽端子 T3b 中端子 1 由发动机搭铁点搭铁。

转速正信号回路为 T3b 中端子 3→0.5 导线→J220 的端子 T80/56。转速负信号回路为 T3b 中端子 2→0.5 导线→J220 T80/63。转速信号是发动机电子控制系统完成喷油、点火等控制的重要信号，信号输入采用双线制，可防止其他用电设备电流引起"参考地"点的电位变化而影响信号判断，同时为防止执行器电流的辐射干扰，转速信号采用屏蔽方法，屏蔽应有一点接于发动机搭铁点。

4. 霍尔信号传感器 G40 电路

霍尔传感器又被称为相位传感器，霍尔传感器装在凸轮轴前端（或分电器轴上）。当轴旋转时，霍尔元件产生的霍尔电压经过传感器内部的集成电路整形放大后输出，凸轮轴转动一周，输出一个信号，这个电压信号代表发动机 1 缸上止点位置，如图 5-12a 所示。霍尔传感器 G40 的搭铁电路：G40 搭铁端子 3→0.5 导线→J220 的端子 T80/67 搭铁。G40 的电源由控制单元 J220 提供：J220 的端子 T80/62→0.5 导线→G40 端子 1/+。G40 信号输入回路：G40 接线端子 2→0.5 导线→J220 的端子 T80/76。

5. 节气门电位计 G69 电路

节气门电位计 G69 的活动触点与节气门轴相连，节气门轴转动时，活动触点转动，电位计接入电路电阻变化，控制单元收到触点上随电阻变化的电压信号，以确定节气门开度。节气门电位计的电路如图 5-12b 所示。控制单元 J220 通过 T80/62→0.5 导线→（23→8）节气门控制组件 J338 的插接器端子 T8h/4→电位计→J338 插接器端子 T8h/7→0.5 导线→控制单元 J220 的端子 T80/67→搭铁，这样 J220 提供的参考电压作用在电位计电阻上，活动触点上的电压→插接器端子 T8h/5→0.5 导线→J220 的端子 T8h /75 输入控制单元内部。

6. 进气温度传感器 G72 电路

进气温度传感器 G72 与发动机冷却液温度传感器 G62 原理相同，如图 5-12b 所示，G72 的端子 2 通过 0.5 导线与 J220 的端子 T80/67 相连（图 5-12a），是搭铁电路；G72 的端子 1 与控制单元 J220 的端子 T80/54 相连为参考电压输出，同时也是信号输入。

7. 怠速节气门电位计 G88 电路

怠速节气门电位计 G88 与节气门电位计 G69 原理相同，如图 5-12b 所示。G88 的活动触点上电压通过 0.5 导线→控制单元 J220 的端子 T80/74 输入控制单元，以确定怠速时节气门开度。节气门电位计 G69 和怠速电位计 G88 同时安装在节气门控制开关 J338 内，在节气门控制单元 J338 中还有节气门怠速开关 F60。当处于怠速状态，节气门关闭时，F60 触点闭合，发动机控制单元的端子 T80/69→0.5 导线→节气门控制单元 J338 插接器 T8h/3 →F60 触点→插接器 T8h/7→发动机控制单元 J220 的端子 T80/67→搭铁，发动机控制单元 J220 确认节气门关闭。

8. 氧传感器 G39 电路

大众轿车多采用加热型氧传感器，如图 5-12e 所示，氧传感器加热器电路为电源→a 线（与空气流量传感器并联）→氧传感器插接器端子 T4/1→氧传感器加热器电热丝→氧传感器 4 孔插接器端子 T4/2→1.0 导线→控制单元端子 T80/27→控制单元 J220 内部电路→搭铁。控制单元 J220 控制氧传感器加热器搭铁回路。氧传感器由插接器端子 T4/3 及 T4/4 输出随废气中氧浓度变化的电信号，分别由 J220 的端子 T80/25 和 T80/26 输入控制单元 J220。

9. 爆燃传感器 G61、G66 电路

爆燃传感器 G61、G66 为压电式传感器，发动机产生爆燃时，传感器将发动机缸体振动转变为电信号，如图 5-12b、c 所示。图中，G61、G66 内部细线表示压电晶体，其电路为压电晶体→插接器 T3a/2→0.5 导线→发动机控制单元 J220 T80/67→搭铁，压电晶体→插接器端子 T3a/1→0.5 导线→发动机控制单元的端子 T80/68 形成回路，传感器屏蔽由插接器 T3a/3 搭铁。G66 电路同理分析。

（二）电子控制单元 J220 电路图的识读

电子控制单元 J220 电路如图 5-12a 所示，控制单元 J220 通过端子 T80/1→1.5 导线继电器盒 D2 端子→熔丝 S17（10A）与继电器盒内 15 号线相连，且通过端子 T80/3（图 5-12d）→1.0 导线→继电器盒 P2 接线柱与继电器盒内 30 号线相连。如图 5-12c 所示，控制单元 J220 通过端子 T80/2 及 2.5 导线于发动机控制单元旁发动机搭铁点搭铁。

（三）输出执行器电路图的识读

1. 电动汽油泵电路

电动汽油泵工作由发动机控制单元 J220 控制，点火开关接通后（图 5-12d），电动汽油泵继电器线圈电路为继电器盒内 15 号线→继电器端子 86→继电器内线圈→继电器端子 85 继电器盒 D13 端子→0.5 导线→控制单元 J220 端子 T80/4→控制单元 J220 内部电路→搭铁。继电器线圈通电后，继电器内动合触点闭合，继电器盒内 30 号线→继电器端子 30→继电器

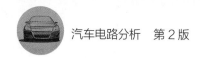

触点→继电器端子 87→继电器盒 N 接线柱，向电动汽油泵及其他电子控制系统执行器供电。如图 5-12e 所示，电动汽油泵电路为电源正极→继电器盒内 30 号线→继电器触点→熔丝 s5（10A）（经过 b 线），继电器盒 E14 接线柱→1.5 导线→电动汽油泵→搭铁。

2. 喷油器电路

大众系列轿车汽油发动机电子控制系统中喷油器为高阻值，其喷油器的实际电路如图 5-12d 所示。电动汽油泵继电器触点闭合后，继电器盒内 30 号线→继电器触点→继电器盒 N 接线柱→1.5 导线→附加熔丝 S（30A）→喷油器 N30、N31、N32、N33 的端子 1→喷油器线圈→喷油器 N30、N31、N32、N33 的端子 2→控制单元端子 T80/73、T80/80、T80/58、T80/65→控制单元内部电路→搭铁。由电路可知，喷油控制为顺序喷射。

3. 点火系统电路

如图 5-12a 所示，本例是无分电器的电子控制点火系统，采用双缸同时点火方式，其中点火线圈与点火器组合在一起，由继电器盒内 15 号线→继电器盒 D23 接线柱→2.5 导线→N520 的端子 T4/2 向点火线圈及点火器供电，并通过 N520 的端子 T4/4 搭铁。采用双缸同时点火时，发动机 2、3 缸同时点火，由控制单元的端子 T80/71→0.5 导线→N520 的 T4/1 端子输入点火器控制信号；发动机 1、4 缸同时点火，由控制单元的端子 T80/78→0.5 导线→N520 的端子 T4/3 向点火器输入控制信号。

点火线圈一次侧和二次侧分为两组，分别为 2、3 缸和 1、4 缸提供高压电，高压电路中无分电器，点火线圈高压线直接与火花塞相连。

4. 怠速控制电动机的电路

上述发动机电子控制系统中怠速控制方式为节气门直动式，由节气门控制单元 J338 中怠速电动机 V60 直接推动节气门，在怠速时打开和关闭，以调节怠速转速。怠速电动机 V60 的电路如图 5-12b 所示，其电路为发动机控制 J220 的端子 T80/66→1.0 导线→节气门控制单元 J338 插接器端子 T8h/1→怠速电动机 V60→插接器端子 T8h/2→1.0 导线→发动机控制单元端子 T80/59，由发动机控制单元控制怠速电动机 V60 的工作。

5. 炭罐电磁阀的电路

活性炭罐电磁阀由发动机控制单元 J220 控制，属于占空比信号控制型。当控制单元 J220 控制电磁阀通电时，炭罐中活性炭吸附的汽油蒸气被吸入发动机内烧掉，以防止释放到大气中形成污染。如图 5-12e 所示，炭罐电磁阀由 a 线（与汽油泵继电器端子 87 相连，为正极接线）→炭罐电磁阀连线端子 1→电磁阀 N80→炭罐电磁阀接线端子 2→0.5 导线→发动机控制单元 J220 的端子 T80/15→发动机控制单元内电路→搭铁。

第五节 柴油发动机电控系统电路图的识读 ◀◀◀

本书以宝来 1.9TDI 柴油发动机为例介绍柴油机电子控制系统电路。TDI 是英文 Turbo Direct Injection 的缩写，意为涡轮增压直接喷射（柴油发动机）。宝来轿车 1.9TDI 发动机的电子控制系统由传感器、柴油直喷控制单元、执行器等组成，其电路如图 5-13 所示。

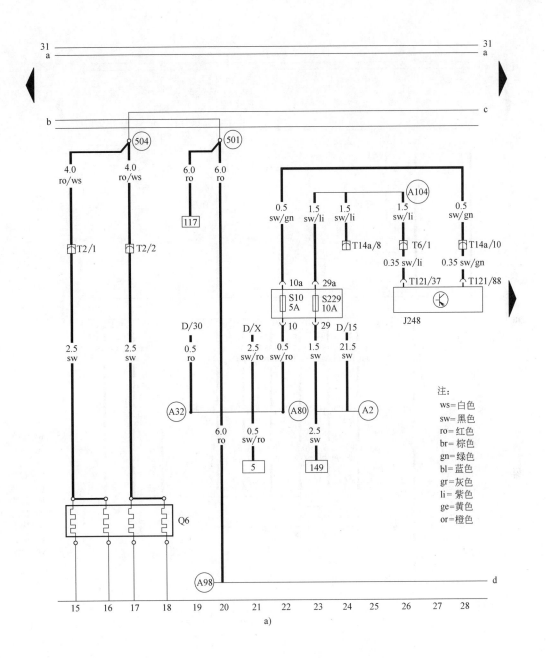

图 5-13 一汽宝来轿车 TDI 柴油发动机电子控制系统电路

a）注 D—点火/起动开关 ⑤⑭—螺纹联接（87F），在继电器盒上 J248—柴油直喷系统控制单元，在储气室中央

Q6—预热塞发动机 Ⓐ2—正极（＋）接头（15），在仪表盘线束内 S10—熔丝，在熔丝盒内 S229—熔丝，在熔丝盒内

Ⓐ32—正极（＋）接头（30），在仪表盘线束内 T2—2 芯插头，在发动机室左侧电缆通道内

Ⓐ80—1（X），在仪表板线束内 T6—6 芯插头棕色，在储气室左侧控制单元防护罩内

T14a—14 芯插头，在发动机室左侧电缆通道内 Ⓐ98—正极（＋）接头 4（30），在仪表板线束内

T121—121 芯插头 ⑤01—螺纹连接 2（30），在继电器盒上 Ⓐ104—正极（＋）接头 2（15），在仪表板线束内

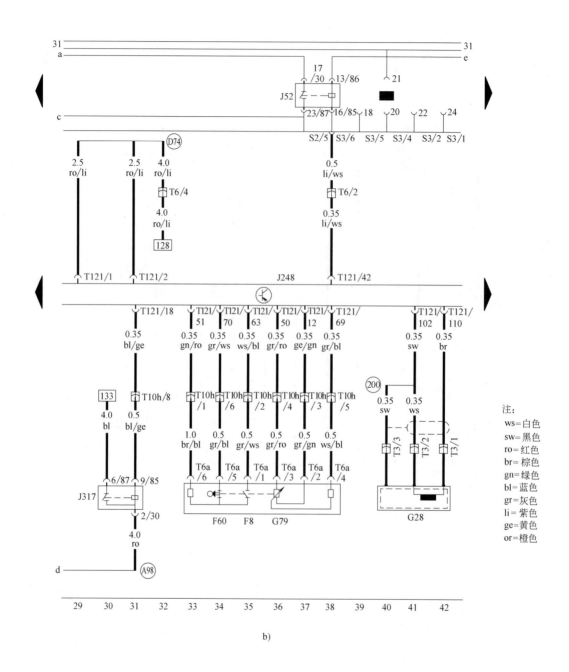

b)

注:
ws=白色
sw=黑色
ro=红色
br=棕色
gn=绿色
bl=蓝色
gr=灰色
li=紫色
ge=黄色
or=橙色

图 5-13 一汽宝来轿车 TD

b) 注 F8—强制降档开关 T6a—6 芯插头 F60—怠速开关 T10b—10 芯插头，蓝色，在储气室左侧控制单元防护罩内
G28—发动机转速传感器 T121—121 芯插头 G79—加速踏板位置传感器 J52—预热塞传感器
J248—柴油直喷系统控制单元，在储气室中央 200—搭铁点（屏蔽），在发动机室线束内 J248—柴油直喷系统控制单元
J317—端子 30 电源继电器，在中央电器上 A98—正极（+）接头 4（30），在仪表板线束内
T3—3 芯插头，在发动机前端 T6—6 芯插头，棕色，在储气室左侧控制单元防护罩内
D74—接头（86），在发动机室线束内

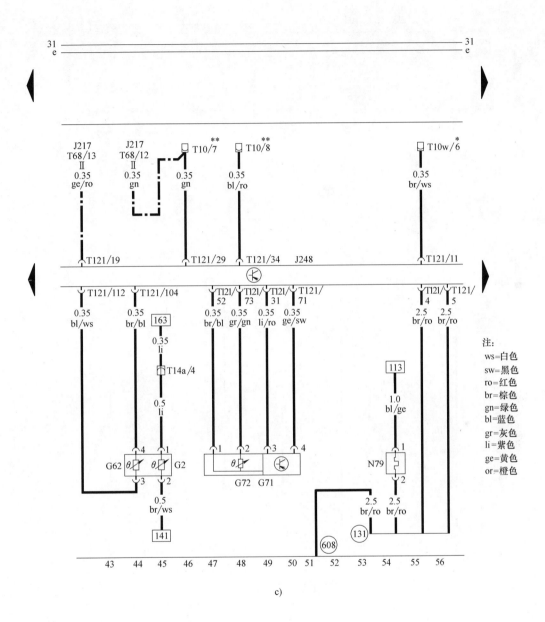

c)

柴油发动机电子控制系统电路（续）

c）注　G2—冷却液温度传感器　T4a—14芯插头，在发动机室左侧电缆通道内　G62—冷却液温度传感器　T68—68芯插头

G71—进气歧管压力传感器　T121—121芯插头　G72—进气温度传感器　⑬—搭铁点2，在发动机室线束内

J217—自动变速器控制单元　J248—柴油直喷系统控制单元，在储气室中央　⑥⑧—搭铁点，在储气室中央

N79—加热单元（曲轴箱通风）　T10—10芯插头，橙色，在储气室左侧控制单元防护罩内

＊—连接散热器控制单元/散热器风扇继电器　＊＊—空调连接点

T10w—10芯插头，白色，在储气室左侧控制单元防护罩内

Ⅱ—在4档自动变速器（AG4）的车型

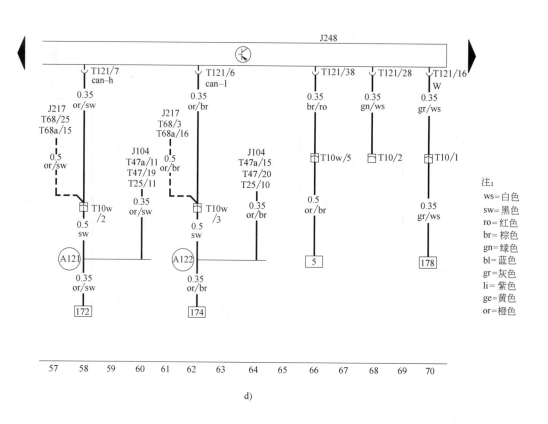

d)

图 5-13　一汽宝来轿车 TDI

d)　注　J104—ABS 及带 EDL 的 ABS 控制单元　T68—68 芯插头，配备 4 档自动变速器（AG4）车型　J217—自动变速控制单元

　　　J248—柴油直喷系统控制单元，在储气室中央　T68a—68 芯插头，配备 5 档自动变速器（AG5）车型

　　　　　　　T10—10 芯插头，橙色，在储气室左侧控制单元防护罩内　T121—121 芯插头

　　　　　　　T10w—10 芯插头，白色，在储气室左侧控制单元防护罩内

　　　Ⓐ121—连接点（high-bus），在仪表板线束内　T25—25 芯插头，ABS 及带 EDL 的 ABS 控制单元上

　　　Ⓐ122—连接点（low-bus），在仪表板线束内　T47—47 芯插头，带 EDL/TCS/ESP 的 ABS 控制单元（2000 年 7 月以前）

　　　　　　T47a—47 芯插头，ABS 及带 EDL/TCS/ESP 的 ABS 控制单元　 ------ 配备自动变速器的车型

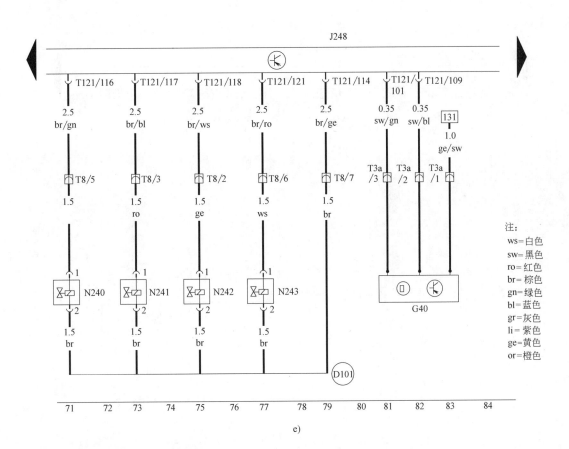

e)

柴油发动机电子控制系统电路（续）

e）注 G40—霍尔传感器（凸轮轴定位） T3a—3 芯插头，在发动机前端 J248—柴油直喷控制单元，在储气室中央

T8—8 芯插头，在发动机室左侧 N240—泵喷嘴电磁阀，1 缸 T121—121 芯插头

N241—泵喷嘴电磁阀，2 缸 N242—泵喷嘴电磁阀，3 缸 N243—泵喷嘴电磁阀，4 缸

⑩—搭铁点 1，在发动机室线束内

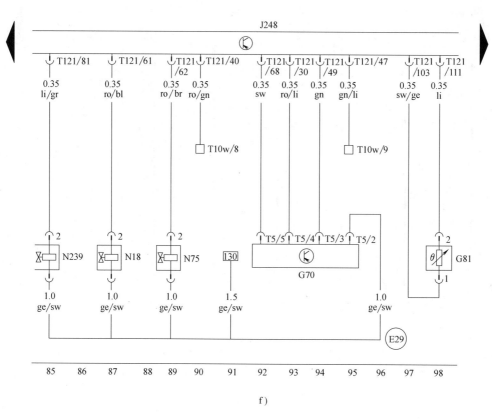

f)

图 5-13　一汽宝来轿车 TDI

f)　注　G70—空气流量传感器　T5—5 芯插头　G81—燃油温度传感器　T10w- 10 芯插头，白色，在储气室左侧插头防护罩内
　　　J248—柴油直喷系统控制单元，在储气室中央　T121—121 芯插头　N18—废气再循环阀
　　　N75—增压压力控制电磁阀　Ⓔ29—连接点，在发动机室线束内　N239—进气歧管翻版转换阀

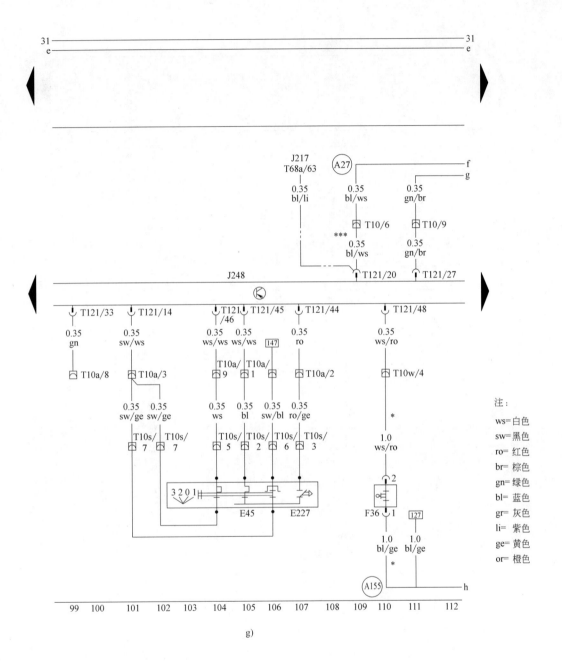

g)

柴油发动机电子控制系统电路（续）

g）注　E45—巡航车速控制系统开关＊＊　T68a—68 芯插头　E227—CCS 按钮（成套）＊＊　T121—121 芯插头

　　F36—离合器踏板开关　Ⓐ27—连接点（转速信号）在仪表板线束内　J217—自动变速器控制单元

　　J248—柴油直喷系统控制单元，在储气室中央　Ⓐ155—连接点 2（86），在仪表板线束内

　　T10—10 芯插头，橙色，在储气室左侧插头防护罩内　T10a—10 芯插头，黑色，在储气室左侧插头防护罩内

　　＊—手动变速车型　＊＊—带 CCS 车型　T10s—10 芯插头，在转向柱旁

＊＊＊—带手动变速器或 4 档自动变速器（AG5）的车型　T10w—10 芯插头，白色，在储气室左侧插头防护罩内

　　—·—·—5 档自动变速器（AG5）的车型

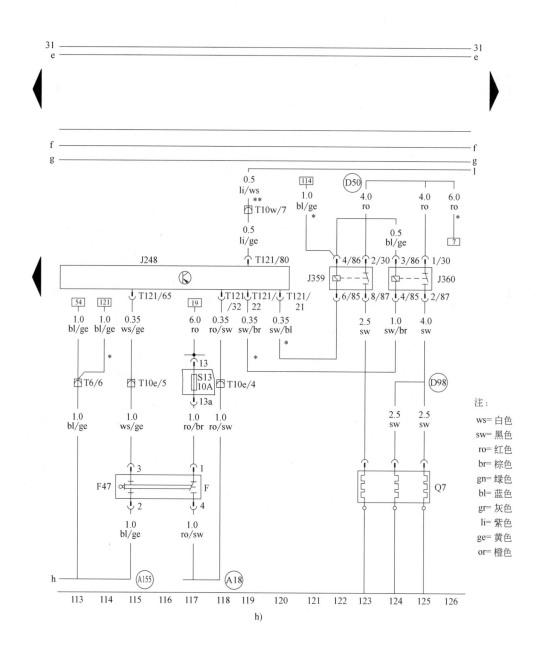

图 5-13　一汽宝来轿车 TDI

h）注　F—制动灯开关　121—121 芯插头　F47—CCS 制动踏板开关/柴油直喷系统　Ⓐ18—连接点（54），在仪表板线束内
J248—柴油直喷系统控制单元，在储气室中央　Ⓐ155—连接点 2（86），在仪表板线束内
J359—低热输出继电器＊发动机室左侧防护罩内（53）　J360—高热输出继电器＊发动机室左侧防护罩内（100）
Q7—冷却液加热元件＊　Ⓐ50—正极（+）接头（30），在仪表板线束内　S13—熔丝，在熔丝盒内
Ⓓ98—连接点（预热塞），在发动机室线束内　T10e—10 芯插头，黑色，在储气室左侧插头防护罩内
T10w—10 芯插头，白色，在储气室左侧插头防护罩内　T6—6 芯插头，棕色，在储气室左侧插头防护罩内
＊—配备手动变速器车型　＊＊—自 2000 年 9 月

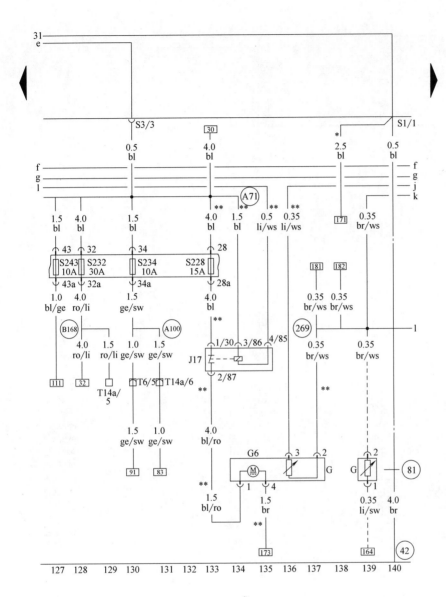

i)

柴油发动机电子控制系统电路（续）

i) 注　G—燃油表传感器 ＊＊＊　⑳—搭铁点（传感器搭铁）1，在仪表板线束内　G6—燃油泵（供油泵）

J17—燃油泵继电器，在继电器盒上部的辅助继电器支架上　Ⓐ71—连接点（86），在仪表板线束内

S228—熔丝 28，在熔丝盒内　S232—熔丝 32，在熔丝盒内　Ⓐ100—连接点 2（87），在仪表板线束内

S234—熔丝 34，在熔丝盒内　S243—熔丝 43，在熔丝盒内　Ⓑ168—连接点（86），在内部线束内

T6—6 芯插头，棕色，在储气室左侧控制单元防护罩内　＊＊—自 2000 年 9 月起　T14a—14 芯插头，在蓄电池旁

⑫—接地点，在转向柱旁　＊—自 2000 年 5 月起　— · —自 2000 年 4 月前　⑧1—搭铁点 1，在仪表板线束内

━ ━ ━ 自 2000 年 8 月前　＊＊＊＊—四轮驱动车型⇒电路图，四轮驱动

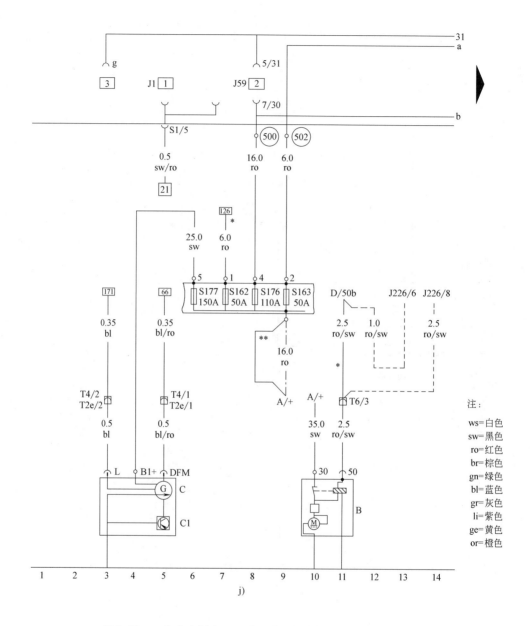

图 5-13　一汽宝来轿车 TDI 柴油发动机电子控制系统电路（续）

j)　注　A—蓄电池　S177—熔丝 5（30），在蓄电池熔丝盒内　B—起动机

T2e—2 芯插头，起动机附近（仅用于不带空调的车型）

C—发电机　T4—4 芯插头，起动机附近（仅用于带空调的车型）　C1—电压调节器

T6—6 芯插头，棕色，在储气室左侧控制单元防护罩内

D—点火/起动开关　⑤⓪⓪—螺纹联接 1（30），在继电器盒上　J4—双音喇叭继电器　J59—X 触点卸荷继电器

⑤⓪②—螺纹联接 1（30a），在继电器盒上　J226—起动锁止器及倒车灯继电器，在 13 位附加继电器支架上

*—带手动变速器车型　S162—熔丝 1（30），在蓄电池熔丝盒内　S163—熔丝 2（30），在蓄电池熔丝盒内

S176—熔丝 4（30），在蓄电池熔丝盒内　-------自 2000 年 9 月起

*＊—自 2000 年 8 月前　-------带自动变速器的车型

一、传感器输入装置电路图的识读

柴油发动机电控系统采用的传感器包括空气流量传感器 G70、发动机转速传感器 G28、霍尔传感器 G40、加速踏板位置传感器 G79、冷却液温度传感器 G62、进气歧管压力传感器 G71、进气温度传感器 G72、燃油温度传感器 G81 和海拔传感器 F96。输入的开关信号装置包括强制低档开关 F8、怠速开关 F60、离合器踏板开关 F36、制动灯开关 F 和制动踏板开关 F47。输入的辅助信号还包括车速信号、空调压缩机加入信号、巡航 CCS 信号、交流发电机电压信号。

1. 霍尔传感器 G40 电路

霍尔传感器 G40 安装在凸轮轴齿轮下面的同步齿形带导向轮上，用于检测安装在凸轮轴齿轮上的凸轮轴传感器轮上的 7 个凸齿位置，以确定各缸的工作状态。

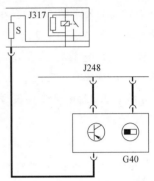

图 5-14　传感器 G40 的原理电路

霍尔传感器 G40 的原理电路如图 5-14 所示。霍尔传感器 G40 的电源为：蓄电池 A/+→熔丝 S176（图 5-13j，坐标 9）→继电器盒内 "b" 线→继电器盒⑤⓪⓪接柱（图 5-13a，坐标20）→6.0ro 导线→图中 d 线→4.0ro 导线（图 5-13b，坐标 30）→电源继电器 J317 触点→133→30→ 4.0bl 导线（图 5-13i，坐标 133）→1.5 bl 导线（图 5-13i，坐标 130）→熔丝 S234（10A）图 5-13i，坐标 130）→1.5 ge/sw 导线→1.0ge/sw 导线→83→131→1.0ge/sw 导线→霍尔传感器 G40 的插接器端子 T3a/1（图 5-13i，坐标 83），向霍尔传感器提供工作电流，霍尔传感器 G40 的输出信号→插接器端子 T3 a/3、T3 a/2→0.35 sw/gn 导线、0.35 sw/bl 导线→柴油直喷系统控制单元 J248 的端子 T121/101 及 T121/109，输入发动机柴油直喷系统控制单元。

2. 发动机转速传感器 G28 电路

发动机转速传感器是一个电磁感应式传感器，位于缸体上，用于检测位于曲轴上的传感器信号轮，以记录发动机转速和确切的曲轴位置。

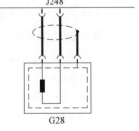

图 5-15　传感器 G28 的原理电路

发动机转速传感器 G28 的原理电路如图 5-15 所示，实际电路如图 5-13b 所示。发动机转速传感器 G28 线圈产生的交变电压信号→G28 的插接器端子 T3/2、T3/1→0.35sw 导线、0.35 br 导线→发动机控制单元 J248 的端子 T121/102、T121/110，输入发动机柴油直喷系统控制单元。传感器的端子 T3/3 与 0.35 sw 导线相连，是屏蔽线，于发动机室线束内搭铁。

3. 燃油温度传感器 G81 电路

燃油温度传感器是负温度系数热敏电阻（NTC），传感器 G81 安装在油泵到燃油冷却器间的回油管中，用于检测油流的温度。

燃油温度传感器 G81 的原理电路如图 5-16 所示，实际电路如图 5-13f 所示。G81 通过传感器接线端子 1、2→0.35sw/ge 导线、0.35li 导线与发动机柴油直喷系统控制单元的端子 T121/103、T121/111 相连。

4. 空气流量传感器 G70 电路

带反向空气流量识别的热膜式空气流量传感器用于测定进气量和返回的空气流量。空气流量传感器 G70 的实际电路如图 5-13f 所示，参考霍尔传感器 G40 的供电，空气流量传感器 G70 的供电电路为电源正极→1.5 bl 导线→熔丝 S234（10A）（图 5-13i，坐标 130）→1.5ge/sw 导线→发动机室线束内连接点㉙（图 5-13f，坐标 96）→1.0ge/sw 导线→空气流量传感器的端子 T5/2；空气流量传感器通过发动机控制单元搭铁，且信号直接输入发动机控制单元，电路为空气流量传感器 G70 的端子 T5/5、T5/4、T5/3→0.35sw 导线、0.35ro/li 导线、0.35gn 导线→发动机柴油直喷系统控制单元 J248 的 T121/68、T121/30、T121/49 端子。

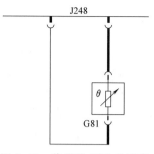

图 5-16　传感器 G81 的原理电路

5. 冷却液温度传感器 G62 电路

冷却液温度传感器与前述燃油温度传感器相同，也是负温度系数热敏电阻式传感器，安装在缸盖的冷却液接头上，将当前冷却液温度信号传递给发动机控制单元。

冷却液温度传感器 G62 实际电路如图 5-13c 所示。G62 通过插接器接线端子 3、4→0.35bl/ws 导线、0.35br/bl 导线与发动机柴油直喷系统控制单元的端子 T121/112、T121/104 相连。

6. 加速踏板位置传感器 G79 电路

加速踏板位置传感器安装在加速踏板控制臂上，发动机柴油直喷系统控制单元识别加速踏板位置。加速踏板位置传感器 G79 属于电位计式传感器，其电路如图 5-13b 所示。G79 的电位计通过其接线端子 T6a/3、T6a/2→0.5 gr/ro 导线、0.5gr/gn→0.35gr/ro 导线、0.35ge/gn 导线与发动机控制单元的端子 T121/50、T121/12 相连，发动机柴油直喷系统控制单元为 G79 提供工作参考电压，加速踏板位置信号通过 G79 的端子 T6a/4→0.5ws/bl 导线→0.35gr/bl 导线→发动机控制单元的 T121/69 端子输入发动机柴油直喷系统控制单元。

7. 进气歧管压力传感器 G71 和进气温度传感器 G72 电路

进气歧管压力传感器与进气温度传感器安装在进气歧管内，集成为一体。进气歧管压力传感器提供的信号用于检测增压压力，发动机柴油直喷系统控制单元将其用于增压压力控制。进气温度传感器检测进气温度，考虑到不同温度下增压空气密度不同的影响，发动机需要进气温度信号来修正增压压力。

进气歧管压力传感器和进气温度传感器电路如图 5-13c 所示。G72 通过接线端子 1、2→0.35br/bl 导线、0.35gr/gn 导线与发动机柴油直喷系统控制单元的端子 T121/52、T121/73 相连，输入进气温度信号，G71 通过接线端子 3、4→0.35li/ro 导线、0.35ge/sw 导线与发动机柴油直喷系统控制单元的端子 T121/31、T121/71 相连，输入进气压力信号。

8. 怠速开关 F60 和强制降档开关 F8 电路

怠速开关 F60 及强制降档开关 F8（自动变速器车型用）同加速踏板位置传感器 G79 安

装在一起，怠速开关 F60 用于确认怠速状态，强制降档开关 F8 用于确认加速踏板处于加速状态（加速踏板开度超过设定值）。

怠速开关电路如图 5-13b 所示，怠速开关 F60 通过传感器接线端子 T6a/6、T6a/5→1.0br/bl 导线、0.5gr/bl 导线→0.35gn/ro 导线、0.35gr/ws 导线与发动机柴油直喷系统控制单元的端子 T121/51、T121/70 相连。强制降档开关 F8 通过传感器接线端子 T6a/6、T6a/1→1.0br/bl 导线、0.5gr/ws 导线→0.35gn/ro 导线、0.35ws/bl 导线与发动机柴油直喷系统控制单元的端子 T121/51、T121/63 相连。

9. 海拔传感器 F96 电路

海拔传感器位于发动机柴油直喷系统控制单元 J248 内。海拔传感器向发动机控制单元传送一个瞬时环境空气压力信号，此信号取决于海拔。发动机柴油直喷系统控制单元根据海拔传感器信号，计算出一个控制增压压力和废气再循环的海拔修正值。

10. 交流发电机端子 DF 信号电路

三相交流发电机端子 DF 产生的信号通知发动机柴油直喷系统控制单元三相交流发电机的负载情况，依据发电机容量，发动机柴油直喷系统控制单元可通过低加热器输出继电器或高加热器输出继电器接通辅助加热器的 1 个、2 个或 3 个预热塞。

如图 5-13j、图 5-13d 所示，发电机 C 的 DF 信号→0.5 br/ro 导线→（图 5-13d）0.35br/ro 导线→发动机柴油直喷系统控制单元的端子 T121/38。

11. 离合器踏板开关 F36 电路

离合器踏板开关安装在脚控制板上，发动机柴油直喷系统控制单元利用该信号识别离合器是处于分离还是处于接合。若离合器分离，喷油量应短时减少，以防换档时发动机抖动。

离合器踏板开关 F36 电路如图 5-13g、图 5-13i 所示，电源正极→…→1.5bl 导线→熔丝 S243（10A）（图 5-13i，坐标 127）→1.0bl/ge 导线（图 5-13i，坐标 127）→"h"线→⑪⑮（图 5-13g，坐标 110）→F36→1.0ws/ro 导线→0.35ws/ro 导线→发动机柴油直喷系统控制单元的端子 T121/48，向发动机柴油直喷系统控制单元传送 F36 接通/断开信号。

12. 制动灯开关 F 和制动踏板开关 F47 电路

制动灯开关与制动踏板开关集成为一体，位于脚控制板上。这两个开关将"制动动作"信号提供给发动机柴油直喷系统控制单元。

如图 5-13h 所示，电源正极→…→1.5bl 导线（图 5-13j）、熔丝 S243（10A）（图5-13i，坐标 127）→1.0bl/ge 导线（图 5-13i，坐标 127）→h 线→⑪⑮（图 5-13h，坐标115）→F47→1.0ws/ge 导线→0.35ws/ge 导线→发动机柴油直喷系统控制单元的端子 T121/65，向发动机柴油直喷系统控制单元传送 F47 接通/断开信号。

如图 5-13a、图 5-13h 所示，电源正极→熔丝 S176（图 5-13j，坐标 8）→继电器盒内 b 线→继电器盒上⑩接柱（图 5-13a，坐标 20）→6.0ro 导线（图 5-13a，坐标 19）→⑪⑰→熔丝 S13（10A）（图 5-13h，坐标 117）→1.0ro/br 导线→制动灯开关 F→仪表线束内连接点⑭⑱→1.0ro/sw 导线→0.35ro/sw 导线→发动机柴油直喷系统控制单元的端子 T121/32，向发动机柴油直喷系统控制单元传送 F 接通/断开信号。

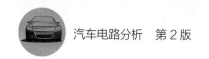

二、柴油直喷系统控制单元 J248 电路图的识读

近年来，ECU 不仅用于控制汽油发动机，而且还用于控制柴油发动机，ECU 控制柴油发动机电路如图 5-17 所示，由于柴油发动机的喷油压力很高，故目前柴油喷射泵的内部工作仍是机械式的居多。但喷射泵的机械喷油装置用 ECU 系统来控制，这样能更精确地控制喷油量和喷油时刻，从而提高了柴油机的效率。

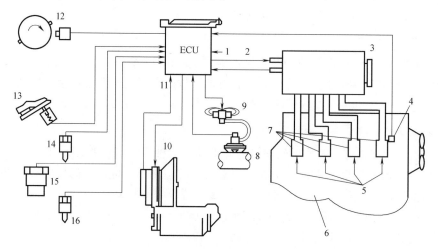

图 5-17　ECU 控制柴油发动机电路

1—ECU　2—喷油泵传感执行器　3—喷油泵　4—喷油泵传感器　5—喷雾的燃油　6—柴油发动机　7—喷油器
8—废气再循环传感器　9—废气再循环控制器　10—变速控制执行器　11—巡航车速传感器　12—转速传感器
13—节气门传感器　14—冷却液温度传感器　15—进气歧管压力传感器　16—进气温度传感器

大众捷达轿车发动机柴油直喷 TDI 系统如图 5-13a、图 5-13b、图 5-13i、图 5-13j 所示，电源正极（A/+）→16.0ro 导线→熔丝 S176（110A）→16.0ro 导线→继电器盒的⑤⓪⓪接线柱→继电器盒内"b"线→继电器盒⑤⓪①接线柱→6.0ro 导线→Ⓐ⑨⑧→d 线（图 5-13a）→Ⓐ⑨⑧→电源继电器 J317 触点→4.0bl 导线（图 5-13b）→⒀⒀→熔丝 S232（30A）→ 4.0ro/li 导线→⒊⒉→⒓⒏→⒝④→2.5ro/li 导线，输入发动机柴油直喷系统控制单元的端子 T121/1、T121/2（图 5-13b）。

如图 5-13a 所示，点火开关接通时，电源正极→点火开关（D/15）（图 5-13a，坐标 24）→21.5sw 导线→A2（正极接头，在仪表板线束内）→ 1.5sw 导线→熔丝 S229（10A）→ 1.5sw/li 导线→0.35sw/li 导线，输入发动机柴油直喷系统控制单元的端子 T121/37。

发动机柴油直喷系统控制单元 J248 的搭铁电路如图 5-13c 所示，发动机柴油直喷系统控制单元的端子 T121/4、121/5（图 5-13c，坐标 55、56）→2.5br/ro 导线→发动机室线束内搭铁点⒀①→搭铁（搭铁点⑥⓪⑧在储气室中央）。

三、发动机柴油直喷系统执行器电路图的识读

1. 喷嘴电磁阀电路

喷嘴电磁阀 N240、N241、N242、N243 用盖螺母安装在泵喷嘴单元上，这些电磁阀由

发动机柴油直喷系统控制单元控制，发动机控制单元通过喷嘴电磁阀控制泵喷嘴的喷射始点和喷射量。

喷嘴电磁阀的原理电路如图 5-18 所示，一旦发动机柴油直喷系统控制单元激活某一喷嘴电磁阀（由发动机柴油直喷系统控制单元控制电磁阀线圈电路搭铁），电磁阀电磁线圈通电，将电磁阀针阀压到阀座内，并切断供油管到泵喷嘴单元高压腔通道，喷射循环开始。

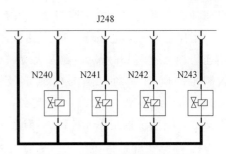

图 5-18 喷嘴电磁阀的原理电路

喷嘴电磁阀的实际电路如图 5-13e 所示，喷嘴电磁阀 N240、N241、N242、N243 分别通过 2.5br/gn 导线、2.5br/bl 导线、2.5br/ws 导线、2.5br/ro 导线及共用的 2.5br/ge 导线与发动机柴油直喷系统控制单元的端子 T121/116、T121/117、T121/118、T121/121、T121/114 相连。

2. 进气歧管翻板转换阀 N239 电路

进气歧管翻板转换阀安装在发动机室内空气流量传感器附近。发动机点火断开（发动机停机）时，进气歧管翻板切断进气，使少量空气被发动机压缩，使发动机不抖动直至停止运转。

进气歧管翻板转换阀 N239 的原理电路如图 5-19 所示，如果发动机熄火，发动机柴油直喷系统控制单元发送一个信号给进气歧管翻板转换阀，转换阀接通真空箱真空，真空箱真空操纵进气歧管翻板关闭。

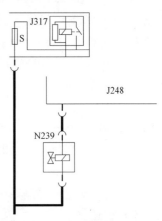

图 5-19 进气歧管翻板转换阀 N239 的原理电路

进气歧管翻板转换阀电路如图 5-13f 所示，图中 91 位置 1.5ge/sw 导线与电源正极相连，参见图 5-13j 所示电路及发动机柴油直喷系统控制单元供电电路中的说明。进气歧管翻板转换阀 N239 的电路为电源正极→…→1.5ge/sw 导线→发动机线束内连接点㉙→1.0ge/sw 导线→N239→0.35li/gr 导线→发动机柴油直喷系统控制单元 J248 的端子 T121/81，发动机柴油直喷系统控制单元控制 N239 的搭铁回路。

3. 燃油冷却继电器电路

燃油冷却继电器安装在控制单元壳体内，其原理电路如图 5-20 所示，当燃油油温达 70℃ 时，发动机控制单元将其激活（使继电器线圈搭铁而通电），接通燃油冷却泵 V166 的工作电流。

4. 增压压力控制电磁阀 N75 电路

一汽宝来轿车 TDI 发动机配有可变涡轮增压器，发动

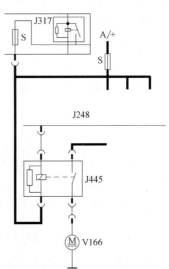

图 5-20 燃油冷却继电器原理电路

机柴油直喷系统控制单元控制增压压力控制电磁阀，按实际驾驶条件产生最佳增压压力。

增压压力控制电磁阀 N75 电路如图 5-13f 所示，图中 91 位置 1.5ge/sw 导线与电源正极相连，参见图 5-13i 所示电路及发动机柴油直喷系统控制单元供电电路中的说明。增压压力控制电磁阀 N75 的电路为电源正极→…→1.5ge/sw 导线→发动机线束内连接点⑱→1.0ge/sw导线→N75→0.35ro/br 导线→发动机柴油直喷系统控制单元的端子 T121/62，发动机柴油直喷系统控制单元控制 N75 的搭铁回路。

5. 预热塞继电器 J52 和预热塞 Q6 电路

预热塞系统使发动机在低温条件下容易起动。当冷却液温度低于9℃时，发动机控制单元起动预热塞系统。

预热塞继电器 J52 的电路如图 5-13b 所示，预热塞继电器供电电路如图 5-13i 所示：电源正极→…→0.5 bl 导线→继电器盒的端子 S3/3（图 5-13i，坐标 130）→继电器盒内 e 线→预热塞继电器 J52 线圈（图 5-13b，坐标 38）→继电器盒的端子 S3/6→0.5li/ws 导线→0.35li/ws 导线→发动机柴油直喷系统控制单元的端子 T121/42，发动机柴油直喷系统控制单元在冷却液温度低于+9℃时，接通预热塞继电器 J52 的线圈搭铁回路。

预热塞 Q6 电路如图 5-13a 所示，参考图 5-13b、图 5-13j 所示电路，电源正极（A/+）→16.0ro 导线→熔丝 S163（50A）→6.0ro 导线→继电器盒的⑳接线柱→继电器盒内 a 线。如图 5-13b 所示，预热塞继电器 J52 触点→继电器盒内 c 线→继电器盒的⑳接线柱→4.0ro 导线→预热塞 Q6→搭铁。

柴油发动机电子控制系统电路检查方法与汽油发动机电子控制系统电路检查方法基本相同，不再赘述。

6. 废气再循环（EGR）阀 N18 电路

废气再循环系统按一定比例将废气与新鲜空气混合提供给发动机，从而降低燃烧温度，减少氮氧化物 NO_x 的生成量。发动机柴油直喷系统控制单元通过控制 EGR 阀 N18 控制再循环的废气量。

EGR 阀 N18 电路如图 5-13f 所示，图中 91 位置 1.5ge/sw 导线与电源正极相连，参见图5-13i所示电路及发动机柴油直喷系统控制单元供电电路中的说明。EGR 阀 N18 的电路为电源正极→…→1.5ge/sw 导线→发动机线束内连接点⑱→1.0ge/sw 导线→N18→0.35ro/bl 导线→发动机柴油直喷系统控制单元的端子 T121/61，发动机控制单元控制 N18 的搭铁回路。

第六节　汽车自动变速器控制电路图的识读　◀◀◀

一、大众车系自动变速器控制电路图的识读

大众车系的宝来、捷达轿车采用 01M 自动变速器，其电子控制系统由传感器、自动变速器控制单元、执行器（电磁阀）、各种控制开关等组成，其控制电路如图 5-21 所示。

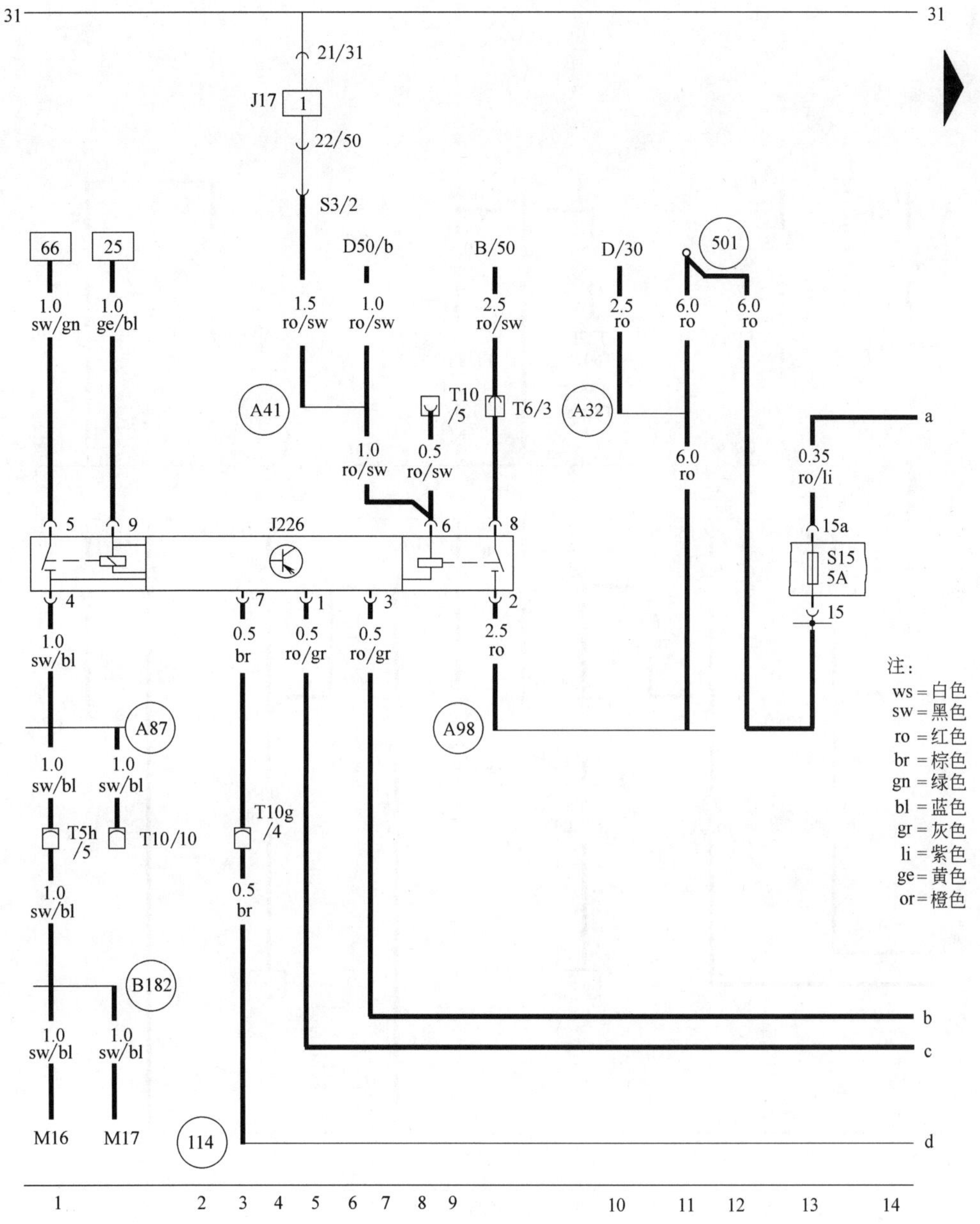

a)

图 5-21　大众车系 01M 自动变速控制电路

a）注　B—起动机　T10g—10 端子插头，灰色，在插头保护壳体内，流水槽右侧　D—点火开关　J17—燃油泵继电器　J226—起动锁止及倒车灯继电器，在附加继电器 13 的位置　M16—左侧倒车灯灯泡　M17—右侧倒车灯灯泡　S15—熔丝支架上 15 号熔丝　T5—5 端子插头，在左侧 A 柱下部附近，缠在线束内　T6—6 端子插头，棕色，在插头保护壳体内，流水槽左侧　T10—10 端子插头，棕色，在插头保护壳体内，流水槽左侧　⑪④—搭铁连接，在自动变速器线束内　⑤⓪①—螺纹联接 2（30），在继电器盒上　Ⓐ32—正极连接（30），在仪表板线束内　Ⓐ41—正极连接（50），在仪表线束内　A87—连接（RL），在仪表板线束内　Ⓐ98—正极连接 4（0），在仪表板线束内　Ⓑ182—连接（RL），在车内线束内

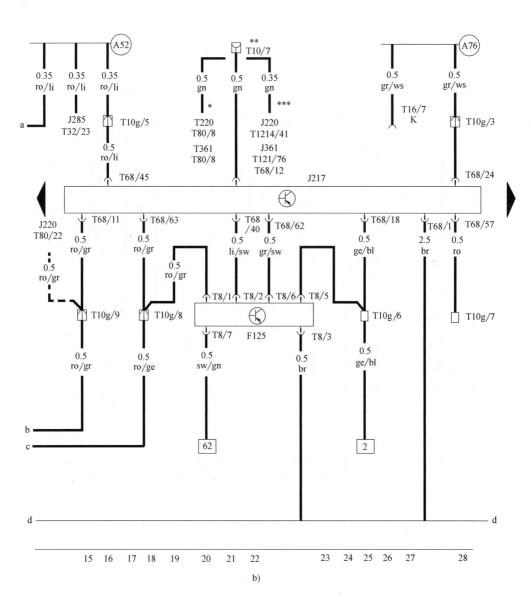

图 5-21　大众车系 01M

b）注　F125—多功能开关　T32—32 端子插头，蓝色　J217—自动变速器控制单元，在流水槽中部

T68—68 端子插头　J220—多点喷射控制单元　T80—80 端子插头　J285—带显示器控制单元，在组合仪表内

T121—121 端子插头　J361—Simos 控制单元　T8—8 端子插头　T10—10 端子插头，橙色，在插头保护壳内，流水槽左侧

T10g—10 端子插头，灰色，在插头保护壳内，流水槽左侧　T16—16 端子插头，在仪表板中部自诊断接口

Ⓐ52—正极连接（30a），在仪表板线束内　Ⓐ76—连接（自诊断 k 线）在仪表板线束内

＊—仅指 AGZ、AQY、APK、AGN、AEN、AKL 发动机

＊＊—空调接线　＊＊＊—仅指 APF、ARZ、ATF、AZH、AVU 发动机

▬▬▬—仅指 AQY、APK、AGZ 发动机

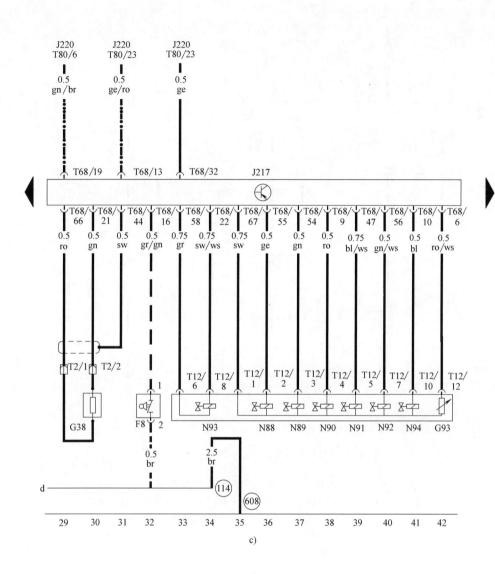

c）

自动变速器控制电路（续）

c）注　F8—强制降档开关　N94—电磁阀7　G38—变速器转速传感器　T2—2端子插头，在变速器上
　　　　G93—机油温度传感器　T12—12端子插头　J217—自动变速器控制单元，在流水槽中部
　　　　T68—68端子插头　J220—多点喷射控制单元　T80—80端子插头　N88—电磁阀1
　　　　N89—电磁阀2　N90—电磁阀3　N91—电磁阀4　N92—电磁阀5　N93—电磁阀6
　　　　⑭—搭铁连接，在自动变速器线束内　⑥⑧—搭铁点，在流水槽中部
　　　　—·—·—仅指 AGZ 发动机　　　　—仅指 AEH、ARL、AGZ、AQY、APK 发动机

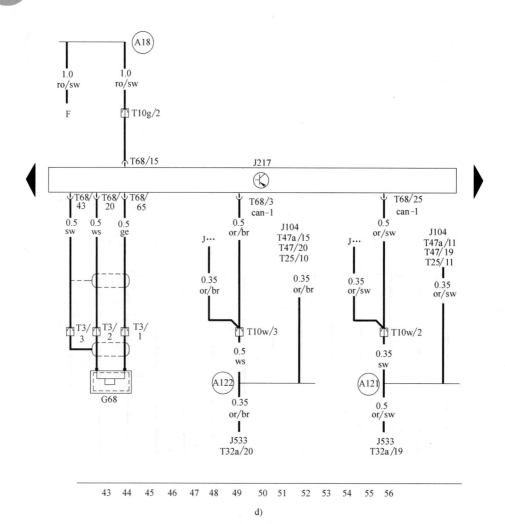

d)

图 5-21 大众车系 01M 自动变速器控制电路（续）

d）注 F—制动灯开关 G68—车速传感器 J104—ABS/ABS 以及 DEL 控制单元

J217—自动变速器控制单元，在流水槽中部

J533—数据总线自诊断接口，在组合仪表上

J…—发动机控制单元 T3—3 端子插头，在变速器上

T10g—10 端子插头，灰色，在插头保护壳内，在流水槽左侧

T10w—10 端子插头，白色，在插头保护壳内，在流水槽左侧

T25—25 端子插头上，ABS/ABS 以及 DEL 控制单元上

T32a—32 端子插头，绿色，在组合仪表上

T47—47 端子插头上，ABS/ABS 以及 DEL 控制单元上（2000 年 7 月前）

T47a—47 端子插头上，ABS/ABS 以及 DEL 控制单元上（2000 年 8 月前）

T68—68 端子插头 A18—连接（54），在仪表板线束内

A121—连接（high-bus）在仪表板线束内 A122—连接（Low bus），在仪表板线束内

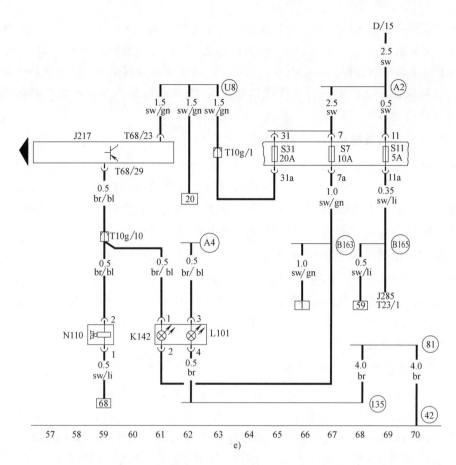

图 5-21　大众车系 01M 自动变速器控制电路（续）

e）注　D—点火开关　J217—自动变速器控制单元，在流水槽中部　J285—带显示器的控制单元，在组合仪表上

K142— 变速杆位置 P/N 警告灯　L101—变速杆档位照明　N110—变速杆锁止电磁铁　S7—熔丝支架上 7 号熔丝

S11—熔丝支架上 11 号熔丝　S31—熔丝支架上 31 号熔丝　T68—68 端子插头　T32—32 端子插头，蓝色

㊷—搭铁点，在转向柱附近　⑧①—搭铁连接 1，在仪表板线束内　⑬⑤—搭铁连接 2，在仪表板线束内

Ⓐ②—正极连接（15），在仪表板线束内　Ⓐ④—正极连接（58b），在仪表板线束内

Ⓑ⑯③—正极连接 2（15），在仪表板线束内　Ⓤ⑧—正极连接（15a），在自动变速器线束内

（一）传感器控制电路

该车系的 01M 自动变速器电子控制系统所使用的传感器包括节气门电位计 G69、车速传感器 G68、发动机转速传感器 G28、变速器转速传感器 G38、变速器油温度传感器 G93。发动机控制单元与自动变速器控制单元通过数据总线相连，这样节气门电位计、发动机转速传感器信号通过发动机控制单元、数据总线输入自动变速器控制单元。在此介绍 3 种传感器控制电路。

1. 车速传感器 G68 控制电路

车速传感器 G68 安装在自动变速器壳体内，属于电磁感应式传感器，如图 5-21d 所示。车速传感器 G68 在自动变速器输出轴转动时，其内部线圈产生交变电压，回路为线圈一端→车速传感器插接器 T3/2→0.5ws 导线→自动变速器控制单元 J217 的端子 T68/20；线圈另一端→车速传感器插接器端子 T3/1→0.5ge 导线→自动变速器控制单元 J217 的端子 T68/65。通过上述电路，车速传感器的电压信号输入自动变速器控制单元，作为换档和锁止离合器锁止的控制依据。电路中与车速传感器插接器 T3/3 相连的 0.5sw 导线为屏蔽线，通过 T68/43 与自动变速器控制单元 J217 相连（搭铁）。

2. 变速器油温度传感器 G93 控制电路

变速器油温度传感器位于浸在自动变速器油内的滑阀箱的传输线上，属于负温度系数热敏电阻式传感器，如图 5-21c 所示，用于检测自动变速器油（ATF）温度。自动变速器油温度传感器 G93 通过 12 脚插头端子 T12/1 及端子 T12/12、0.75sw 导线及 0.5ro/sw 导线与自动变速器控制单元 J217 的端子 T68/67 及 T68/6 相连。

3. 变速器转速传感器 G38 控制电路

变速器转速传感器 G38 原理与车速传感器 G68 相同，属于磁感应式传感器，如图 5-21c 所示。行星齿轮机构中大太阳轮转速经 G38 线圈产生电信号，线圈通过传感器插接器、0.5ro 导线、0.5gn 导线与自动变速器控制单元 J217 的端子 T68/66、T68/21 相连，电压信号通过上述电路输入自动变速器控制单元 J217。

（二）变速器控制单元 J217 电路

变速器控制单元 J217 电路如图 5-21a、b 所示。自动变速器控制单元 J217 的供电电路为电源正极→点火开关 30 接线柱→6.0ro 导线→熔丝 S15（5A）→0.35ro/li 导线→插接器端子 T10g/5→0.5ro/li 导线→自动变速器控制单元的端子 T68/45，如图 5-21e 所示，电源正极→点火开关 15 接线柱→2.5sw 导线→熔丝 S231（20A）→插接器端子 T10g/1→1.5sw/gn 导线→自动变速器控制单元端子 T68/23。自动变速器控制单元 J217 的搭铁电路如图 5-21b 所示，控制单元 J217 的端子 T68/1→2.5br 导线→自动变速器线束内搭铁点→流水槽中部搭铁点。

（三）自动变速器执行器控制电路

1. 电磁阀电路

1）如图 5-21c 所示，电磁阀 N88、N89、N90、N91、N92、N94 电路。以上电磁阀通过自动变速器控制单元的端子 T68/67→0.75sw 导线→插接器 T12/1 提供电压，自动变速器控制单元 J217 分别对电磁阀的搭铁回路进行控制，而相应的控制端子分别是电磁阀 N88→端子 T68/55；电磁阀 N89→端子 T68/54；电磁阀 N90→端子 T68/9；电磁阀 N91→端子 T68/47；电磁阀 N92→端子 T68/56；电磁阀 N94→端子 T68/10。

2）电磁阀 N93 是压力调节阀，如图 5-21c 所示，电路为自动变速器控制单元 J217 的端子 T68/58→0.75 gr 导线→12 脚插接器 T12/6→N93→12 脚插接器 T12/8→0.75sw/ws 导线→自动变速器控制单元 J217 的端子 T68/22。

2. 变速杆锁止电磁阀 N110 控制电路

变速杆锁止电磁阀 N110 位于变速杆上，其作用是锁止档位，如图 5-21e 所示，N110 电磁阀的电路为点火开关 15 接线柱→2.5sw 导线→0.5sw 导线→熔丝 S11（5A）→0.35sw/li 导线→0.5sw/li 导线→电磁阀 N110→0.5br/bl 导线→自动变速器控制单元 J217 的端子 T68/29，踩下制动踏板时，自动变速器控制单元 J217 使电磁阀 N110 搭铁，自动变速器变速杆锁止被解除。

（四）自动变速器控制开关电路的识读

自动变速器控制单元除接收来自传感器的信号之外，还接收来自各种控制开关传来的开关信号，这些控制开关包括多功能开关 F125、制动灯开关 F 和强制降档开关。

1. 多功能开关 F125 控制电路

多功能开关 F125 电路如图 5-21b、e 所示，其主要作用是向自动变速器控制单元提供变速杆（自动变速器操纵手柄）位置信号，电路为电源正极→点火开关 D/15 接线柱→2.5sw 导线→熔丝 S231（20 A）→1.5sw/gn 导线→自动变速器线束内 U8 连接点→0.5sw/gn 导线→多功能开关 F125 的端子 T8/7→端子 T8/3→0.5br 导线→自动变速器线束内搭铁点→流水槽中部搭铁点，以上为多功能开关 F125 的供电电路。

多功能开关的端子 T8/1、T8/2、T8/6、T8/5 分别与自动变速器控制单元 J217 的端子 T68/63、T68/40、T68/62、T68/18 相连，向控制单元发送变速杆位置信号。

2. 强制降档开关 F8 控制电路

强制降档开关与节气门拉索成一体，此开关工作电路如图 5-21c 所示。当加速踏板踏到底并超过节气门全开点而开关接通时，自动变速器控制单元 J217 的端子 T68/16→0.5gr/gn 导线→强制降档开关 F8→0.5br 导线→自动变速器线束内搭铁点→流水槽中部搭铁点，自动变速器控制单元收到强制降档信号。

3. 制动灯开关 F 控制电路

制动灯开关安装在制动踏板支架上，电路连接如图 5-21d 所示。当驾驶人踏下制动踏板时，制动灯开关 F 接通，一方面制动灯亮；另一方面，电源→制动灯开关 F→1.0ro/sw 导线→自动变速器控制单元的端子 T68/15，向自动变速器控制开关发送制动信号，此时变速杆解除。

二、广州本田雅阁轿车自动变速器控制电路图的识读

广州本田雅阁（ACCORD）轿车自动变速器控制电路如图 5-22 所示。

1. 自动变速器电控单元电路

（1）常电源电路 常电源电路如图 5-22a 所示，蓄电池"+"极→No.13 熔丝→制动踏板位置开关→PCM 端子 A8。

（2）主电源电路 蓄电池"+"极→No.22 熔丝→No.23 熔丝→点火开关（IG1 端子）

→ No.19 熔丝→PCM 端子 E5。
　　No.18 熔丝→PCM 端子 E10。

（3）搭铁电路 搭铁电路如图 5-22b 所示，电路从 PCM→端子 LG1、LG2、PG1、PG2→G101、G102 搭铁。

2. 自动变速器信号输入电路

1）PCM C5 端子→3 档离合器变速器油压开关→搭铁，如图 5-22b 所示。

2）PCM C13 端子→4 档离合器变速器油压开关→搭铁。

3）ATF 温度传感器、主轴转速传感器、副轴转速传感器、进气歧管压力传感器。

3. 自动变速器执行器工作电路

1）换档锁工作电路。如图 5-22a 所示，从蓄电池正极→No.22、No.23 熔丝→点火开关端子 IG1→No.21 熔丝→换档锁电磁线圈→PCM 端子 A22。

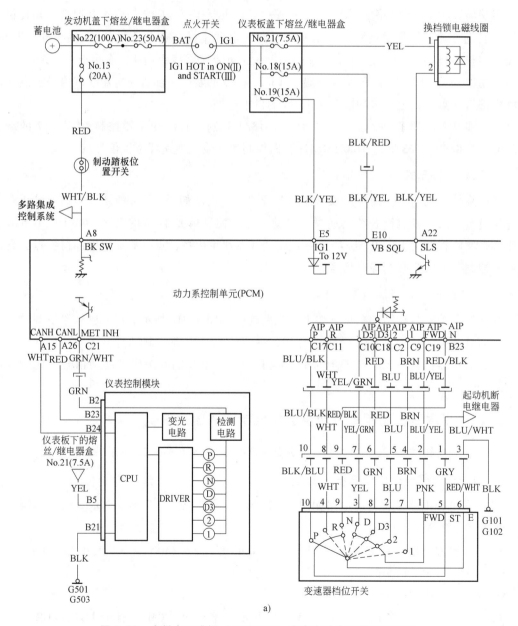

a)

图 5-22　广州本田雅阁（ACCORD）汽车自动变速器控制电路

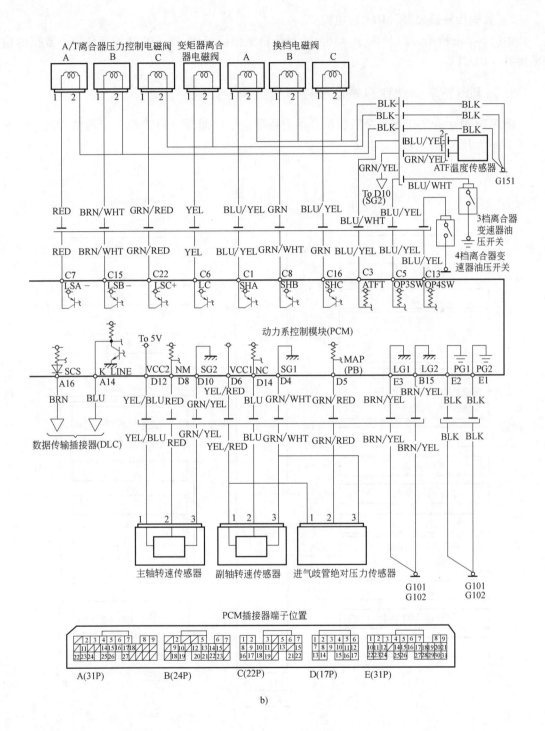

图 5-22 广州本田雅阁（ACCORD）汽车自动变速器控制电路（续）

2) A/T 离合器压力控制电磁阀 A、B、C,变矩器离合器电磁阀,换档电磁阀 A、B、C。

3) 数据传输插接器 (DLC) 电路。

如图 5-22b 所示,PCM 端子 A16→数据传输插接器 (DLC);PCM 端子 A14→数据传输插接器 (DLC)。

三、丰田轿车自动变速器电子控制器结构及接线

图 5-23 所示为丰田雷克萨斯轿车自动变速器电子控制器 (ECT ECU) 的结构框图,图 5-24 所示为其实际接线图。

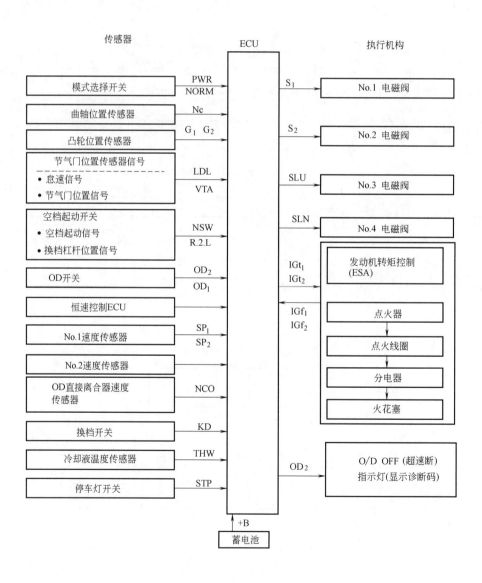

图 5-23 丰田雷克萨斯轿车自动变速器电子控制器 (ECT ECU) 结构框图

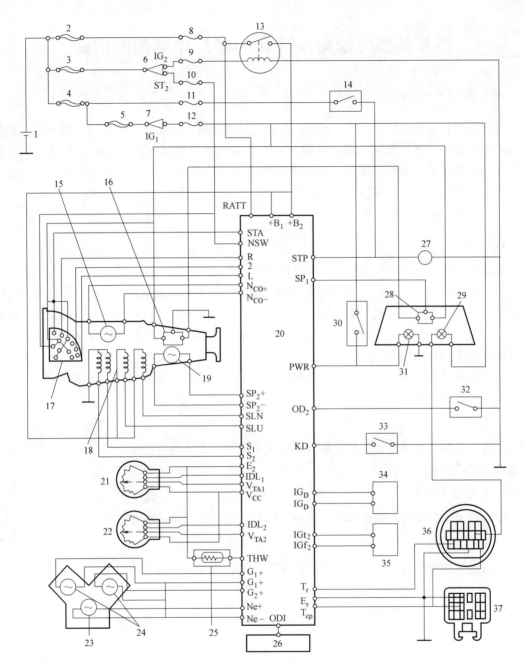

图 5-24　丰田雷克萨斯轿车自动变速器电子控制器（ECT ECU）装置电路

1—蓄电池　2—主易熔线　3—AM2 易熔线　4—交流发电机易熔线　5—AM1 易熔线　6—点火开关（IG2，ST2）

7—点火开关 IG2　8—电子喷射熔断器　9—点火开关 IG2　10—起动熔断器　11—停车熔断器　12—仪表电路熔断器

13—电子喷射（EFI）主继电器　14—停车开关　15—超速档（OD）直接离合器传感器　16—变速和控制开关

17—空档起动开关　18—No. 1、No. 2、No. 3、No. 4 电磁阀　19—车速传感器　20—发动机和变速器电子

控制装置（ECT ECU）　21、22—节气门位置与怠速传感器　23—曲轴位置传感器　24—凸轮位置传感器

25—冷却液温度传感器　26—巡行控制 ECU　27—停车指示灯　28—故障指示灯　29—模式选择开关　30—PWR 指示灯

31—OD/OFF 开关　32—自动跳合开关　33—1 号点火器　34—2 号点火器　35—TDCL 丰田诊断编码器

36—检查插接器　37—插接器端子

第七节 汽车防抱死制动系统（ABS）电路图的识读 ◀◀◀

一、汽车防抱死制动系统

汽车防抱死制动系统（ABS）可使汽车在制动时保持对行驶方向的控制，防止因车轮抱死而引起的侧滑、跑偏及甩头等。目前，ABS均采用电子控制方式。该电控系统由信号输入装置、电控单元、执行器组成，其电路以控制单元为中心，除控制单元本身的电源电路外，还有信号输入电路及执行器工作电路。

（一）信号输入装置

1. 轮速传感器

轮速传感器用于检测车轮转速，有电磁式和霍尔式两种。

（1）霍尔式轮速传感器　霍尔式轮速传感器由传感头和齿圈组成，传感头由永磁体、霍尔元件和电子电路等组成，永磁体的磁力线穿过霍尔元件通向信号齿轮，当信号齿轮旋转时，穿过霍尔元件的磁力线密度发生变化，引起霍尔电压的变化，然后经过整形和放大输出电压幅值为7~14V的电压信号。

（2）电磁式轮速传感器　电磁式轮速传感器由传感头和齿圈组成，传感头由永磁体、极轴和感应线圈组成。

2. 压力开关

压力开关装在储能器上，作用是监测储能器中的压力，向电控单元输入压力信号，从而控制液压泵电动机。

3. 制动开关信号

制动开关信号用于给电控单元提供制动信号，提示电控单元准备工作。

4. 制动减速度传感器

制动减速度传感器用于向电控单元提供制动强度信号，以调节制动力。

5. 横向加速度开关信号

部分车型有此装置，用于检测汽车横向运动情况，如跑偏、侧滑等。

（二）制动执行器

1. 制动压力调节器

制动压力调节器在接收了电控单元的信号后，通过操纵液压系统中的制动压力调节装置（由电磁阀、电动机、蓄能器等组成）来调节制动轮缸的液压。

2. 继电器

电控单元向继电器发出信号，而继电器则接通电源与ABS电磁阀及电动机的电源电路。

3. ABS警告灯

ABS警告灯用于检测ABS状态信息。

二、上海大众帕萨特轿车 ABS 电路图的识读

上海大众帕萨特轿车 ABS 控制电路如图 5-25 所示。

（一）ABS 电控单元与电源的连接电路

1. 常电源电路

常电源电路如图 5-25c 所示，其电流回路为 501D

$$30\ 常电源线 \rightarrow \begin{cases} \rightarrow S53A\ 熔丝 \rightarrow 电控单元\ J104\ 的端子\ T25/9。 \\ \rightarrow S53B\ 熔丝 \rightarrow 电控单元\ J104\ 的端子\ T25/25。 \end{cases}$$

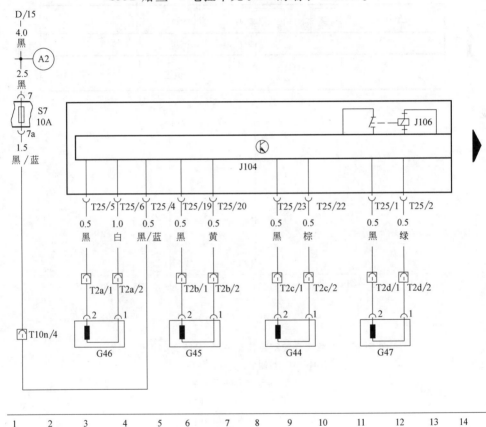

图 5-25　上海大众帕萨特轿车 ABS 控制电路

D—点火开关

G44—右后轮转速传感器

G45—右前后轮转速传感器

G46—左前轮转速传感器

G47—左后轮转速传感器

J104—ABS 控制单元，在液压单元上

J106—ABS 电磁阀继电器

S7—熔丝 7，10A，在熔丝架上

T2a—2 针插头，在后座椅下

T2b—2 针插头，在右前轮壳体内

T2c—2 针插头，在后座椅下

T2d—2 针插头，在左前轮壳体内

T10n—10 针插头，橙色，在左 A 柱处（15 号位）

T25—25 针插头在 ABS 控制单元上

Ⓐ2—正极连接点（15 号相线），在仪表板线束上

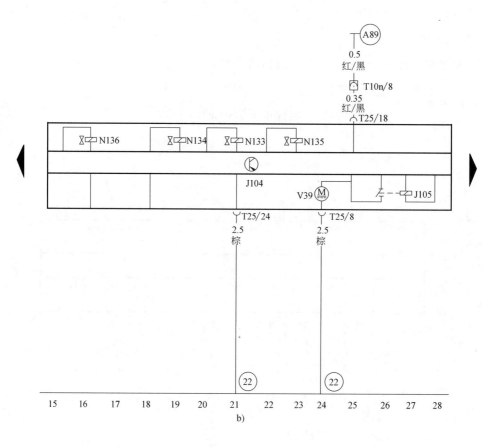

图 5-25　上海大众帕萨特轿车 ABS 电路图的识读（续）

J104—ABS 控制单元，在液压单元上

J105—ABS 液压泵继电器

N133—右后 ABS 进油阀

N134—左后 ABS 进油阀

N135—右后 ABS 出油阀

N136—左后 ABS 出油阀

t10n—10 针插头，橙色，在 A 柱处（15 号位）

T25—25 针插头，在 ABS 控制单元上

V89— ABS 液压泵

A89—连接点（54），在仪表板线束内（制动灯开关）

22—搭铁点，近液压泵处

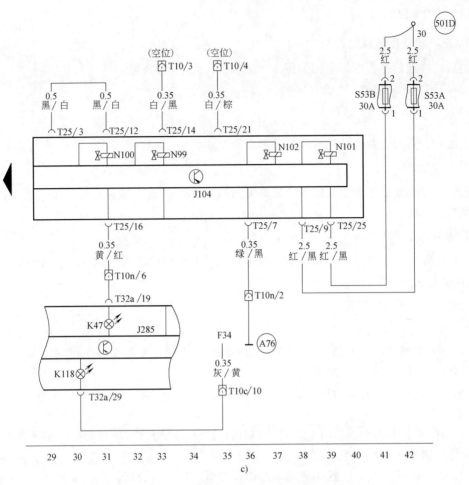

图 5-25　上海大众帕萨特轿车 ABS 电路图的识读（续）

F34—制动液位报警开关

J104—ABS 控制单元，在液压单元上

J285—组合仪表的控制单元

K47—ABS 警告灯

K118—制动系统警告灯

N99—右前 ABS 进油阀

N100—右前 ABS 出油阀

N101—左前 ABS 进油阀

N102—左前 ABS 出油阀

S53A—30A 熔丝，在附加继电器板上

S53B—30A 熔丝，在附加继电器板上

T10c—10 针插头，紫色，在 A 柱处（17 号位）

T10n—10 针插头，橙色，在 A 柱处（15 号位）

T25—25 针插头，在 ABS 控制单元上

T32a—32 针插头，蓝色，在组合仪表上

T32b—32 针插头，绿色，在组合仪表上

501D—螺钉连接点 2（30B 号相线），在继电器板上

A76—连接点（K 诊断线），在仪表板线束内

2. 主电源电路

主电源电路如图 5-25a 所示，其电流回路为点火开关 D/15 号脚→S7 熔丝→电控单元 J104 的端子 T25/4。

3. 搭铁电路

搭铁电路如图 5-25b 所示，其电流回路为 J104 电控单元的端子 T25/24→22 号搭铁点。

（二）信号输入电路

1. 左后轮转速传感器信号

左后轮转速传感器信号电路如图 5-25a 所示，其电流回路如下：

左后轮转速传感器（电磁式）G46 →电控单元端子 T25/5。

→电控单元端子 T25/6。

左前轮、右后轮及右前轮转速传感器电路基本同上，请自行识读分析。

2. 制动信号

制动信号电路如图 5-25b 所示，其电流回路为 A89 接点（接制动灯开关，图中略去）→ J104 的端子 T25/18。

3. 诊断触发信号

诊断触发信号（空位）电路如图 5-25c 所示，其电流回路为诊断座→J 104 的端子 T25/7→电控单元 J104。

（三）执行器工作电路

执行器工作电路如图 5-25b、c 所示。

1）ABS 电磁阀的继电器 J106 分为控制电路和主电路。8 个 ABS 电磁阀，四通道，每条通道各有一个进油阀和一个出油阀。

2）ABS 液压泵继电器 J105 分为控制电路和主电路。液压泵电动机 V39 处在其主电路中。

3）ABS 警告灯电路：J104 的端子 T25/16→J285 的端子 T32a/19→K47 ABS 警告灯→组合仪表的控制单元 J285。

另外，ABS 液压泵、电磁阀等的电路比较简单，请自行分析。

三、丰田雷克萨斯轿车 ABS 电路的识读

图 5-26 所示为丰田雷克萨斯 LS400 型轿车 ABS 电路原理图。该系统与 TRC（牵引力控制）系统共用一个 ECU，故又称为 ABS 和 TRC ECU。

（1）电源电路　ABS ECU 的端子 IG 为供电输入及检测端，该端子电压来自点火开关，经熔断器后得到，当该端子电压低于 9.5V 或高于 17V 时，自诊断系统就进入电源欠电压或过电压保护状态，并产生故障码，同时也使 ABS 警告灯亮。

ABS ECU 的端子 BAT 为备用电源输入端，该端子电压是经蓄电池正极、ALT FL 熔断器、ECU+B 电路保护元件后得到的，作为 ABS ECU 自诊断系统故障码存储器信息保持的电源，只要不拔下 ECU+B 熔断器或拆下蓄电池的负极接线，端子 BAT 就保持通电状态。

（2）电磁阀继电器电路　液压控制单元中三位三通电磁阀继电器的电磁线圈一端与 ECU 的 R-端子相连，属于继电器搭铁端；另一端接 SR 端子。当接通点火开关后，若系统自检结果正常，则 ABS ECU 控制 SR 端有电流输出，这一电流流过电磁阀继电器线圈后，就会使其内的 2、3 触点闭合，向 3 个三位三通电磁阀的线圈 $L_1 \sim L_3$ 供电。同时，经电阻 R_1 加至 ABS ECU 的 AST 端子作为检测信号。

ABS 工作时，ABS ECU 的自诊断系统经 AST 监测 ABS 液压单元电磁阀继电器的工

作。当 ABS ECU 向液压单元电磁阀继电器 KA1 发送 ON（接通）信号时，若 ECU 监测 AST 端子的电压为 0V，则产生故障代码 11，说明电磁阀继电器有断路故障；若 ECU 监测 AST 端子的电压为蓄电池电压，则产生故障码 12，说明 ABS 液压单元电磁阀继电器有短路现象。

若自检中发现 ABS 控制电路中有故障，则 ABS ECU 立即切断电磁阀继电器 KA1 线圈的电路，闭锁 ABS 的控制，使制动系统的工作情况与无 ABS 的工作情况相同。

（3）三位三通电磁阀电路　液压控制单元中有 3 个三位三通电磁阀，其电磁阀的线圈分别为 L_1、L_2、L_3。L_1 线圈受控于 ABS ECU 的端子 SFR，L_2 线圈受控于 ABS ECU 的端子 SFL，L_3 线圈受控于 ABS ECU 的端子 SRR。ABS ECU 输出不同的信号，对电磁阀线圈的电流强度（0、2A、5A）进行控制，从而改变滑阀的位置和制动液的通道，实现对车轮制动器的增压、保压、降压的调节，防止车轮抱死。同时，自诊断系统还监视各电磁阀的工作。

（4）回液泵电动机及其继电器电路　回液泵电动机继电器 KA2 线圈的一端接 ABS ECU 的 R-端；另一端接端子 MR，用以控制回液泵电动机的电源。当制动压力调节进入降压阶段时，ECU 经端子 MR 接通回液泵电动机继电器线圈电流的通路，使其内的触点闭合。这样，蓄电池正极输出的电流，经 ABS FL 熔断器、回液泵电动机继电器的触点后分成两路：一路加压回液泵驱动电动机上，使其运转；另一路经降压电阻 R_2，作为检测信号加至 ABS ECU 的端子 MT。

当自诊断系统流经 MT 端检测到回液泵电动机继电器电路出现故障时，ABS ECU 内的安全保护功能启动工作，切断回液泵电动机继电器 KA2 线圈的电流通路，闭锁 ABS 控制系统，从而达到自动保护的目的。

（5）车轮转速传感器电路　前、后车轮转速传感器共有 4 路：前左车轮转速传感器分别与 ABS ECU 的端子 FL+和 FL-相连；前右车轮转速传感器分别与 ABS ECU 的端子 FR+和 FR-相连；后左车轮转速传感器分别与 ABS ECU 的端子 RL+和 RL-相连；后右车轮转速传感器分别与 ABS ECU 的端子 RR+和 RR-相连。

（6）制动灯开关电路　制动灯开关 SA1 一端通过 STOP 熔断器与蓄电池正极相连，另一端与 ABS ECU 的端子 STP 相连。

当踩下制动踏板时，制动灯开关 SA1 接通，蓄电池经过 ALT FL、STOP 电路保护装置、制动灯开关 SA1 后分成两路；一路经制动灯故障传感器、制动灯 H1、搭铁至蓄电池负极，使制动灯 H1 亮；另一路经端子 STP 进入 ABS ECU 内，作为制动踏板是踩下还是放开的检测信号。

（7）驻车制动开关电路　驻车制动开关 SA2 连接在驻车警告灯与 ABS ECU 的端子 PKB 相接的连线上。

当驻车制动手柄拉起时，驻车制动开关 SA2 闭合，点火开关输出的蓄电池电压经熔断器 FU1、驻车制动和液位警告灯 H2、驻车制动开关 SA2 搭铁至蓄电池负极，使 H2 亮。

同时，驻车制动开关接通的信号也经 PKB 端进入 ABS ECU 内，作为驻车制动手柄拉起（或放开）的检测信号。

（8）ABS 警告灯　ABS 警告灯 H3 一端通过熔断器 FU1、点火开关、AM1 FL 易熔线、ALT FL 易熔线与蓄电池正极相连，另一端与 ABS ECU 的端子 WA 相连。

ABS 工作时，其自诊断系统监视各传感器和执行器的工作情况，若发现有故障，一方面从其端子 WA 输出低电平，使 ABS 警告灯亮，同时闭锁 ABS 控制作用，并将故障码存入存储器中。当 ABS 维修连接器脱开，诊断插头或 TDCL 的相应端子被短接后，ABS 警告灯立即闪烁，输出故障码。完成上述操作后，如果 ABS 警告灯不亮或持续亮，不输出故障码也不输出正常代码，则表明 ABS 警告灯电路有故障。

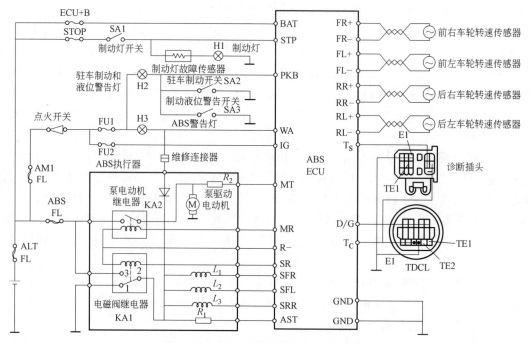

图 5-26　丰田 LS100 型轿车 ABS 电路

第八节　汽车安全气囊系统（SRS）电路图的识读 ◀◀◀

一、本田车系 DE 型 SRS 电路分析

本田车系 DE 型 SRS 电路如图 5-27 所示。

1. SRS 电控单元与电源的连接电路

（1）电源电路　电源电路分两路：

蓄电池正极→熔断器 15→熔断器 19→点火开关 IG 档→熔断器 2→N2/2 SRS 控制总成接线端子 VA。

蓄电池正极→熔断器 15→熔断器 19→点火开关 IG 档→熔断器 3→N2/2 SRS 控制总成接线端子 VB。

（2）搭铁电路　通过 SRS 电控单元接线端子 GNDA、GNDB 搭铁。此外，电控单元内有备用电路。

2. 信号输入电路

（1）左、右碰撞传感器　SRS 电控单元接线端子 4、11 给传感器提供搭铁，传感器经

SRS电控单元接线端子15、5将信号送至检测回路，同时，左、右碰撞传感器有一个闭合就可给安全气囊提供搭铁。

（2）内部的保护传感器 可以看出，当保护传感器闭合后，电源经熔断器接至安全气囊，若左、右碰撞传感器有一个闭合，则安全气囊电路被接通，安全气囊被引爆。

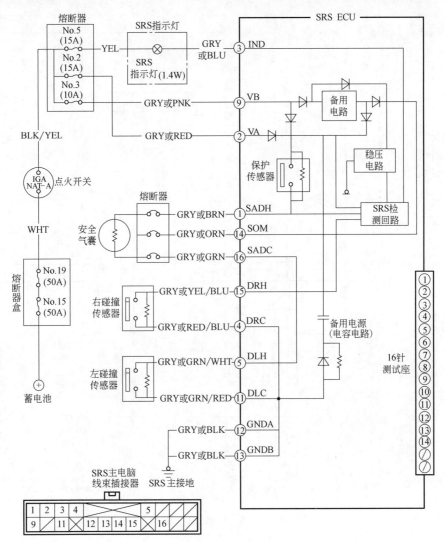

图 5-27 本田车系 DE 型 SRS 电路

二、奔驰车系 SRS 电路分析

奔驰轿车 SRS 由安全气囊系统与安全带收紧系统组成，安全气囊系统与安全带收紧系统由一个电控单元（ECU）控制。当安全气囊引爆时，安全带收紧器同时动作。奔驰轿车 SRS 电路如图 5-28 所示。

奔驰车系安全气囊系统与其他车系最大的区别，是气囊的引爆控制信号不是来自装在车前面的碰撞传感器，而是驾驶人侧及前排乘员座安全带扣开关，这两个安全带开关的功能就相当于前碰撞传感器的作用。碰撞时只有在驾驶人和前排乘员系好安全带的情况下，当安全带收紧并在安全带的拉力达到规定值时，安全带扣开关触点才闭合，气囊才可能被引爆充气。

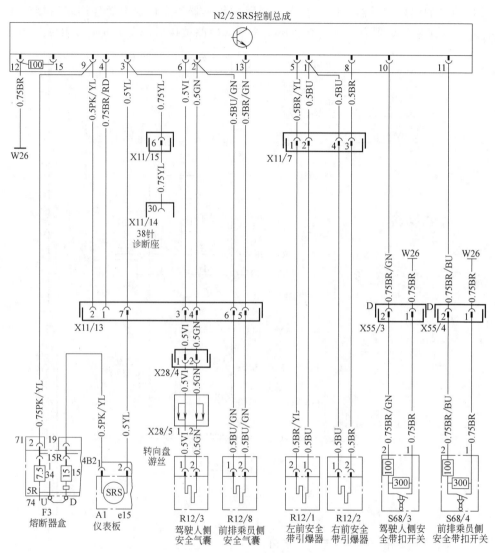

图 5-28　奔驰轿车 SRS 电路

W—搭铁　X—插接器

（1）N2/2 SRS 控制总成的电源电路　熔断器盒 F3 中 34 号熔断器→熔断器盒 F3 插接器的接线端子 2→0.75mm² 粉色/黄色导线→N2/2 SRS 控制总成插接器的接线端 9→N2/2 SRS控制总成→N2/2 SRS 控制总成插接器的接线端子 12→0.75mm² 棕色的导线→W26 搭铁点。

（2）SRS 故障指示灯电路　熔断器盒 F3 中 34 号熔断器→熔断器盒 F3 中 15 号熔断器→熔断器盒 F3 插接器的接线端子 19→0.5mm² 粉色/黄色导线→仪表板的 SRS 故障指示灯→0.5mm² 黄色导线→插接器 X11/13 的接线端子 7→0.5mm² 黄色导线→N2/2 SRS 控制总成插接器的接线端子 3→N2/2 SRS 控制总成。

（3）驾驶人侧安全气囊电路　N2/2 SRS 控制总成的接线端子 2→0.5mm² 绿色导线→插

接器 X11/13 的接线端子 4→0.5mm^2 绿色导线→插接器 X28/4 的接线端子 2→0.5mm^2 绿色导线→插接器 X28 /51→转向盘游丝→0.5mm^2 绿色导线→驾驶人侧安全气囊插接器的接线端子 2→驾驶人侧安全气囊 R12/3→驾驶人侧安全气囊插接器的接线端子 1→0.5mm^2 紫色导线→转向盘游丝→插接器 X28/51→0.5mm^2 紫色导线→插接器 X28/4 的接线端子 1→0.5mm^2 紫色导线→插接器 X11/13 的接线端子 3→0.5mm^2 紫色导线→N2/2 SRS 控制总成的接线端子 6→N2/2 SRS 控制总成。

（4）前排乘员侧安全气囊电路　N2/2 SRS 控制总成的接线端子 2→0.5mm^2 蓝色/绿色导线→插接器 X11/13 的接线端子 6→0.5mm^2 蓝色/绿色导线→前排乘员侧安全气囊插接器的接线端子 1→前排乘员侧安全气囊 R12 /8→前排乘员侧安全气囊插接器的接线端子 2→0.5mm^2 棕色/绿色导线→插接器 X11/13 的接线端子 5→0.5mm^2 棕色/绿色导线→N2/2 SRS 控制总成插接器的接线端子 13→N2/2 SRS 控制总成。

（5）左前安全带引爆器电路　N2/2 SRS 控制总成的接线端子 1→0.5mm^2 蓝色导线→插接器 X11/7 的接线端子 2→0.5mm^2 蓝色导线→左前安全带引爆器的插接器的接线端子 1→左前安全带引爆器 R12/1→左前安全带引爆器的插接器的接线端子 2→0.5mm^2 棕色/黄色导线→插接器 X11/7 的接线端子 1→0.5mm^2 棕色/黄色导线→N2/2 SRS 控制总成插接器的接线端子 5→N2/2 SRS 控制总成。

（6）右前安全带引爆器电路　N2/2 SRS 控制总成→N2/2 SRS 控制总成插接器的接线端子 1→0.5mm^2 蓝色导线→插接器 X11/7 的接线端子 4→0.5mm^2 蓝色导线→右前安全带引爆器的插接器的接线端子 1→右前安全带引爆器 R12/2→右前安全带引爆器插接器的接线端子 2→0.5mm^2 棕色导线→插接器 X11/7 的接线端子 3→0.5mm^2 棕色导线→N2/2 SRS 控制总成插接器的接线端子 8→N2/2 SRS 控制总成。

（7）驾驶人侧安全带碰撞传感器（驾驶人侧安全带扣开关）电路　N2/2 SRS 控制总成→N2/2 SRS 控制总成插接器的接线端子 10→0.75mm^2 棕色/绿色导线→插接器 X55/3 的接线端子 2→0.75mm^2 棕色/绿色导线→驾驶人侧安全带碰撞传感器的插接器的接线端子 2→驾驶人侧安全带碰撞传感器 S68/3→驾驶人侧安全带碰撞传感器的插接器的接线端子 1→0.75mm^2 棕色导线→插接器 X55/3 的接线端子 1→0.75mm^2 棕色导线→W26 搭铁点。

（8）前排乘员侧安全带碰撞传感器（前排乘员侧安全带扣开关）电路　N2/2 SRS 控制总成→N2/2 SRS 控制总成插接器的接线端子 11→0.75mm^2 棕色/蓝色导线→插接器 X55/4 的接线端子 2→0.75mm^2 棕色/蓝色导线→前排乘员侧安全带碰撞传感器的插接器的接线端子 2→前排乘员侧安全带碰撞传感器 S68/4→前排乘员侧安全带碰撞传感器的插接器的接线端子 1→0.75mm^2 棕色导线→插接器 X55/4 的接线端子 1→0.75mm^2 棕色导线→W26 搭铁点。

第九节　汽车电控主动悬架系统电路图的识读 ◀◀◀

一、奥迪 A6 轿车电控悬架系统电路的识读

奥迪 A6 轿车电控悬架系统电路如图 5-29 所示。

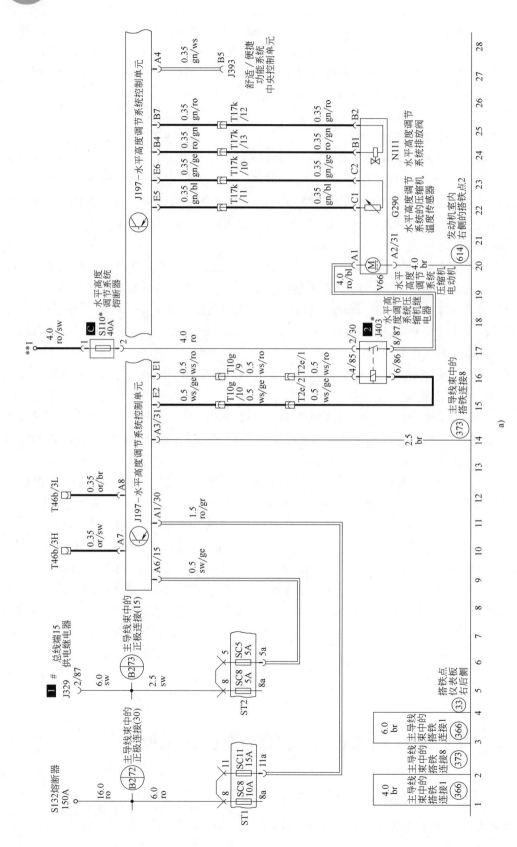

图 5-29　奥迪 A6 轿车电控悬架系统电路

图 5-29　奥迪 A6 轿车电控悬架系统电路

b)

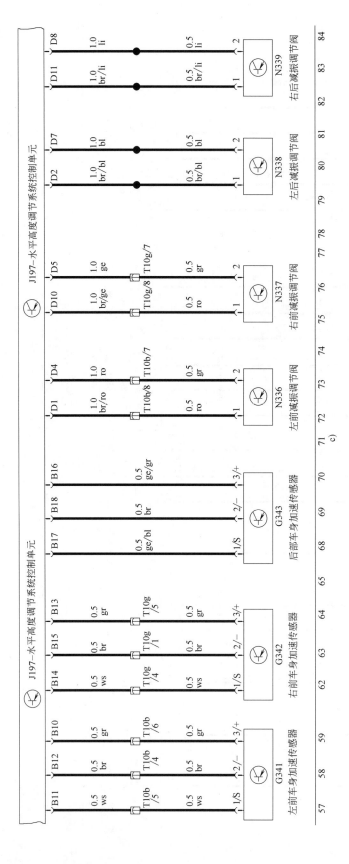

图 5-29 奥迪 A6 轿车电控悬架系统电路（续）

c)

（1）电控单元 J197 电路　电控单元 J197 接收传感器信号，控制压缩机的工作或蓄压器打开阀门，并通过控制减振支柱阀和减振调节阀的开启或关闭，调节进入空气弹簧的压缩空气，达到调节汽车悬架刚度和高度的目的。

1）常电源电路：蓄电池→熔断器 S132（150A）→熔断器 SC11（15A）→导线→J197 的端子 A1/30。

2）条件电源电路：点火开关接通时，电控单元 J197 条件电源电路导通供电，其电路为总线端 15 供电继电器端子 2/87→导线→熔断器 SC5（5A）→J197 的端子 A6/15。

（2）传感器电路　传感器主要有压缩机温度传感器、水平高度调节系统的压力传感器、汽车高度传感器和车身加速度传感器。

1）压缩机温度传感器：如图 5-29a 所示，电控单元 J197 的端子 E5、E6 外接水平高度调节系统的压缩机温度传感器 G290，该传感器接收的是压缩机气缸盖的温度。它是一个负温度系数（NTC）热敏电阻，电阻值随着温度的升高而减小。电控单元对这个电阻变化进行分析、计算，然后判断压缩机最长可以工作多长时间。

2）压力传感器：如图 5-29b 所示，电控单元 J197 的端子 C13、C14、C15 外接水平高度调节系统的压力传感器 G291，该传感器浇铸在电磁阀体内。测量前、后桥减振支柱的压力或蓄压器内的压力（取决于电磁阀的控制状态），压力传感器 G291 采用的是电容测量原理。传感器内部集成的电子装置会测量出这个电容值并将它转换成一个线性输出信号。T10n/10 为传感器电源输入端，T10n/9 为信号输出端，T10n/7 为搭铁端。

3）汽车高度传感器：如图 5-29b 所示，电控单元 J197 的端子 C1~C12 外接汽车高度传感器 G76、G77、G78、G289。这 4 个传感器是完全一样的，但支架和连接杆是不同的。传感器是以 800Hz（四轮驱动车 200Hz）的频率来工作的。传感器端子 2 为供电端，端子 3 为信号输出端，端子 1 为搭铁端。

4）车身加速度传感器：如图 5-29c 所示，电控单元 J197 的端子 B10~B18 外接车身加速度传感器 G341、G342、G343，传感器通过支架用螺栓固定在车身上。传感器端子 3 为供电端，端子 1 为信号输出端，端子 2 为搭铁端。

（3）执行器电路

1）压缩机电路：如图 5-29a 所示，压缩机由压缩机继电器控制，而压缩机继电器线圈由电控单元 J197 控制。

压缩机继电器线圈电路：电控单元 J197 的端子 E2→水平高度调节系统压缩机继电器线圈→电控单元 J197 的端子 E1。

压缩机工作电路：蓄电池电源通过主熔断器架→熔断器 S110→压缩机继电器的端子 2/30→压缩机继电器触点（闭合）→压缩机继电器的端子 8/87→导线→插接器的端子 A1→压缩机电动机 V66→插接器的端子 A2/31→搭铁。

2）水平高度调节系统排放阀：如图 5-29a 所示，电控单元 J197 的端子 B4、B7 外接水平高度调节系统排放阀 N111 的端子 B1、B2，N111 控制空气弹簧的排气。

3）水平高度调节系统蓄压器的阀门：如图 5-29b 所示，电控单元 J197 的端子 B1→水平高度调节系统蓄压器的阀门 N311→电控单元 J197 的端子 B8→N311 控制空气弹簧的充气。

4）减振调节阀和减振支柱阀门：控制减振器的阻尼系数和弹簧的刚度。

二、丰田雷克萨斯 LS400 轿车电控悬架系统电路的识读

丰田雷克萨斯 LS400 轿车的电控悬架系统可以对车身高度、弹簧刚度及减振器阻尼力进行综合控制，因此，具有良好的乘坐舒适性和操纵稳定性。它由空气压缩机、干燥器、排气电磁阀、高度控制电磁阀、高度控制开关、悬架电控单元、悬架控制开关、高度传感器、转向盘转角传感器、悬架控制执行器、空气弹簧、阻尼力可调减振器和节气门位置传感器等组成。丰田雷克萨斯 LS400 轿车电控悬架系统电路如图 5-30 所示。

1. 悬架 ECU 电源电路

（1）常电源电路　蓄电池正极→熔断器 ALT→熔断器 ECU-B→悬架 ECU 的端子BATT→悬架 ECU。

（2）条件电源电路　点火开关接通时，悬架 ECU 条件电源电路导通供电，其电路为蓄电池正极→熔断器 ALT→熔断器 AM1→点火开关 IG1→熔断器 ECU-IG→悬架 ECU 的端子IG-B→悬架 ECU。

（3）搭铁电路　悬架 ECU 的端子 GND 搭铁。

2. 传感器和开关的信号输入电路

（1）转向盘转角传感器电路　转向盘转角传感器电路包括电源电路、信号电路和搭铁电路。

1）电源电路：蓄电池正极→熔断器 ALT→点火开关 IG1→熔断器 ECU-IG→转向盘转角传感器。

2）信号电路：转向盘转角传感器通过导线与悬架 ECU 的端子 SS_1、SS_2 连接。

3）搭铁电路：转向盘转角传感器通过导线搭铁。

（2）高度控制传感器的信号电路　该车采用的是光电式高度控制传感器，共计 4 个，其信号分别通过悬架 ECU 的端子 SHFR、SHFL、SHRR、SHRL 传送给悬架 ECU。

（3）悬架模式控制电路　模式开关一端搭铁，另外 3 个端子分别与悬架 ECU 的端子 TSW、HSW、NSW 连接。

（4）制动信号电路　蓄电池正极→熔断器 ALT→熔断器 STOP→制动灯开关→悬架 ECU 的端子 STP→悬架 ECU。

（5）门控灯开关的信号电路　电路由悬架 ECU 的端子 DOOR→4 个门控灯开关及车门未禁闭警告灯等组成。当车门打开时，门控灯开关接通，悬架 ECU 的端子 DOOR 为低电平，车门未紧闭警告灯亮；当 4 个车门全关闭时，门控灯开关全断开，悬架 ECU 的端子 DOOR 为高电平，车门未紧闭警告灯熄灭。

3. 执行器工作电路

（1）空气压缩机电路　压缩机由 1 号高度控制继电器控制，而 1 号高度控制继电器由悬架 ECU 控制。

1 号高度控制继电器的电磁线圈电路为悬架 ECU 的端子 RCMP→1 号高度控制继电器的电磁线圈→悬架 ECU 的端子 RC-。

空气压缩机电动机工作电路：蓄电池正极→熔断器 ALT→熔断器 FL AIR SUS→1 号高度控制继电器的触点→压缩机电动机和降压电阻→搭铁。

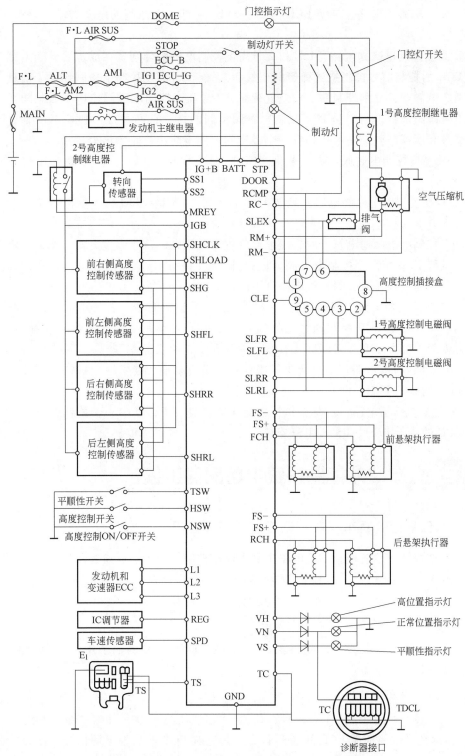

图 5-30　丰田雷克萨斯 LS400 轿车电控悬架系统电路

　　工作监测电路：悬架 ECU 的端子 RM+→压缩机内的降压电阻→悬架 ECU 的端子 RM-。当采样电阻超过设定值时，悬架 ECU 终止汽车高度、减振器、弹簧刚度的控制。

（2）排气电磁阀电路　悬架 ECU 的端子 SLEX→排气电磁阀的电磁线圈→悬架 ECU 的端子 RC−。

（3）高度控制电磁阀电路　1号和2号高度控制电磁阀分别装在前、后悬架上，其作用是根据 ECU 的控制信号控制空气弹簧的充气和排气。1号高度控制电磁阀作用于前悬架，此阀中有两个电磁阀，分别控制左、右空气弹簧。2号高度控制电磁阀作用于后悬架，它也是由两个电磁阀组成的，与1号高度控制电磁阀不同的是，它们不是单独控制，而是同时动作；在2号高度控制电磁阀中还装有一个溢流阀，用于防止管路中压力过高。

1）1号高度控制电磁阀电路：悬架 ECU 的端子 SLFR、SLFL→1号高度控制电磁阀→搭铁。

2）2号高度控制电磁阀电路：悬架 ECU 的端子 SLRR、SLRL→2号高度控制电磁阀→搭铁。

当高度控制电磁阀通电打开时，压缩空气进入气压缸，汽车高度升高。当需要降低汽车高度时，悬架 ECU 使高度控制电磁阀通电打开，同时使排气电磁阀通电，打开排气阀，将气压缸中的压缩空气排入大气，汽车高度下降。

（4）悬架执行器电路　悬架执行器安装在前、后悬架的左、右气压缸上，根据汽车运行状况的变化，悬架 ECU 控制通过悬架执行器的电流大小，使悬架执行器获得不同位置，从而使减振阻尼的大小和弹簧刚度具有软、中等和硬3种状态。

1）前悬架执行器电路：前悬架执行器有4个接线端子，其中一个搭铁，另外3个分别与悬架 ECU 的端子 FCH、FS+、FS−连接。

2）后悬架执行器电路：后悬架执行器有4个接线端子，其中一个搭铁，另外3个分别与悬架 ECU 的端子 RCH、RS+、RS−连接。

第十节　汽车巡航控制系统电路图的识读

一、本田奥德赛轿车巡航控制系统电路图的识读

本田奥德赛轿车巡航控制系统电路主要由巡航控制主开关、巡航控制设定/恢复/取消开关、空档开关、制动开关、巡航控制电控单元、巡航控制执行器、动力系统控制模块（PCM）以及巡航控制指示灯等组成，其电路如图5-31所示。

1. 巡航控制电控单元（ECU）电源电路

点火供电经6号熔断器（15A）→黑/黄色导线→巡航 ECU 的端子4、ECU 的端子3→黑色导线直接搭铁。

2. 巡航控制主开关电路

点火供电经6号熔断器（15A）→黑/黄色导线至巡航主开关→主开关触点→巡航主开关端子5→浅绿色导线→巡航 ECU 的端子13，作为巡航 ECU 的启控电源信号；同时使巡航主开关内的巡航（ON）指示灯亮。

3. 巡航控制开关电路

巡航控制开关有3个端子，端子1为开关的电源端子，经螺旋电缆→橙色导线→47号

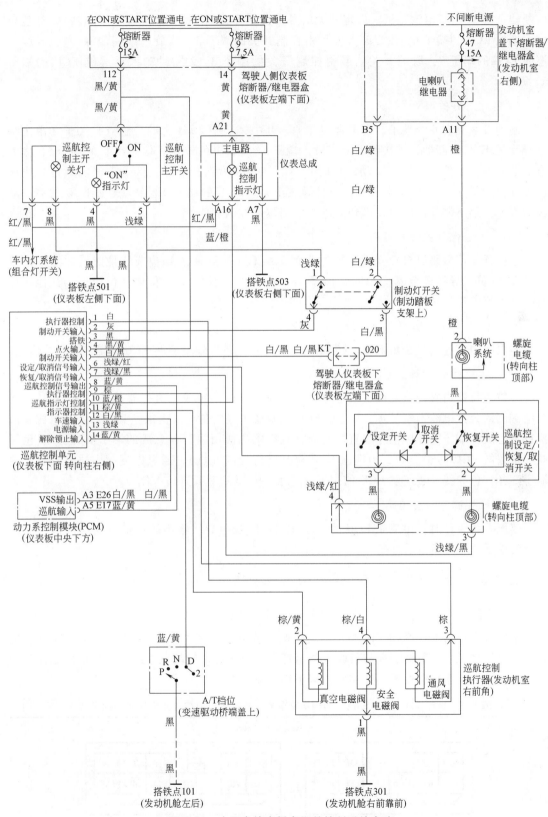

图 5-31 本田奥德赛轿车巡航控制系统电路

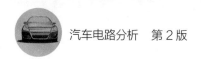

熔断器（15A）→蓄电池正极。设定开关信号由控制开关的端子3→螺旋电缆→浅绿/红色导线→巡航 ECU 的端子6；恢复开关信号由控制开关的端子2→螺旋电缆→浅绿/黑色导线→巡航 ECU 的端子7；取消开关信号由控制开关的端子3、2同时输入至巡航 ECU 的端子6、7。

4. 制动灯开关电路

制动灯开关有4个端子，为混合型开关，其中，端子2、3为动合触点，端子2由白绿色导线至47号熔断器，连接蓄电池正极，端子3经白/黑色导线至巡航 ECU 的端子5，作为取消巡航的一个信号（踏下制动踏板时）；端子1、4为动断触点，端子1经浅绿色导线连接主开关端子5（供电），端子4经灰色导线至巡航 ECU 的端子2，作为巡航 ECU 的另一电源输入，当踏下制动踏板时，可切断电源取消巡航控制功能。

5. A/T 空档开关信号电路

空档开关信号来自自动变速器档位开关，A/T 开关只有在 D 位或2位时，才能将搭铁信号经蓝/黄色导线送至巡航 ECU 的端子14；将 A/T 开关置于 D 位或2位以外的其他档位时，即可解除巡航功能。

6. 车速信号输入电路

本电路中车速信号是由 PCM 端子 A3E26 经白/蓝色导线至巡航 ECU 的端子12。

7. 巡航执行器电路

巡航执行器由真空电磁阀、安全电磁阀、通风电磁阀组成，执行器总成共4个端子。3个电磁阀的公共电源为端子4，由巡航 ECU 的端子1经白色导线提供，其中：安全电磁阀由执行器总成的端子1经黑色导线直接搭铁；真空电磁阀由执行器总成的端子2经棕/黄色导线连接巡航 ECU 的端子11，由巡航 ECU 对其进行控制（负）；通风电磁阀由执行器总成的端子3经棕色导线连接巡航 ECU 的端子9，由巡航 ECU 对其进行控制（负）。

8. 巡航控制指示灯电路

巡航系统工作时，由巡航 ECU 的端子10经蓝/橙色导线输出指示灯搭铁控制信号至仪表板的端子 A16，使指示灯亮。

二、丰田雷克萨斯 LS400 CUF10 轿车巡航控制系统电路图的识读

1. 丰田雷克萨斯 LS400 CUF10 轿车巡航控制系统的组成

丰田雷克萨斯 LS400 CUF10 轿车巡航控制系统主要包括主控开关、1 号车速传感器、巡航控制电控单元、执行器、巡航行驶主指示灯等。该车型巡航控制系统的工作电路如图5-32所示，巡航控制系统电控单元插接器的端子用途见表5-3。

表5-3　丰田雷克萨斯 LS400 CUF10 轿车巡航控制系统电控单元插接器的端子用途

巡航控制系统电控单元

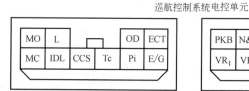

MO	L			OD	ECT
MC	IDL	CCS	Tc	Pi	E/G

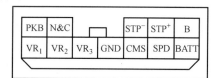

PKB	N&C			STP⁻	STP⁺	B
VR₁	VR₂	VR₃	GND	CMS	SPD	BATT

（续）

端子号	端子符号	用途	端子号	端子符号	用途
10-1	ECT	发动机和 ECT ECU	12-2	STP+	停车灯开关
10-2	OD	发动机和 ECT ECU	12-3	SPT-	停车灯开关
10-3	L	安全电磁离合器	12-4	N&C	空档起动开关
10-4	MO	电动机	12-5	PKB	驻车制动开关
10-5	E/G	发动机和 ECT ECU	12-6	BATT	备用电源
10-6	Pi	巡航主指示灯	12-7	SPD	转速传感器
10-7	Tc	TDCL	12-8	CMS	主开关
10-8	CCS	控制开关	12-9	GND	搭铁
10-9	IDL	节气门位置传感器	12-10	VR3	位置传感器
10-10	MC	电动机	12-11	VR2	位置传感器
12-1	B	电源	12-12	VR1	位置传感器

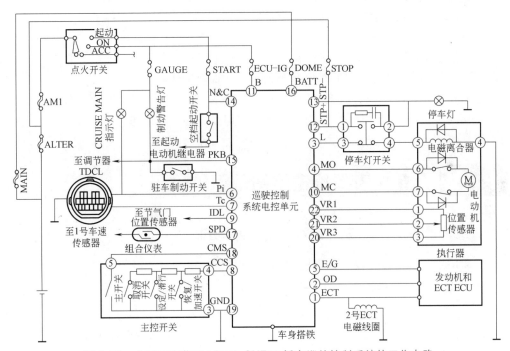

图 5-32　丰田雷克萨斯 LS400 CUF10 轿车巡航控制系统的工作电路

2. 巡航控制系统的工作过程

按下巡航控制系统主控开关上的开关后，电控单元的端子 CMS 搭铁，电控单元据此判断巡航控制系统进入工作状态，并控制仪表板上的 "CRUISE MAIN" 指示灯亮。

如图 5-32 所示，当通过设定/滑行开关设置巡航车速后，电控单元首先控制端子 3 输出高电位，电磁离合器通电，使驱动电动机和节气门控制臂结合。然后，从端子 20、21、22 接收位置传感器输出的信号，感知控制臂的初始位置，并将此初始位置作为控制的依据。此外，电控单元还通过端子 17 接收车速传感器输出的信号，以便对车速进行控制。

当实际车速低于设定的目标车速时，电控单元控制其端子4输出高电位、端子10输出低电位，由电动机带动控制臂增大节气门开度。当控制臂到达电控单元计算或储存的摇动角度时，电控单元控制取消端子4、10之间的电位差，电动机停止转动，节气门开度保持不变。如果电控单元检测到车速仍未上升，会继续控制驱动电动机转动，使节气门开度继续增大。

当实际车速高于设定的目标车速时，电控单元控制其端子10输出高电位、端子4输出低电位，驱动电动机向相反方向转动，带动节气门开度逐渐减小。

两个限位开关在一般情况下是闭合的，当控制臂到达最大加速或最大减速位置时断开。与限位开关并联的二极管的作用是在最大加速或减速位置、限位开关断开时保证驱动电动机能够通电退出工作状态。

在下列干预情况下巡航控制系统将退出工作状态：

1）取消开关接通时。

2）用驻车制动，与之联动的停车制动开关闭合时。

3）对于装有自动变速器的汽车，变速器换档杆位于空档位置，空档起动开关闭合时。

4）对于装有自动变速器的汽车，踏下离合器踏板，离合器开关闭合时。

在下列情况下巡航控制系统将自动取消：

1）车速低于40km/h时。

2）实际车速低于设定的巡航车速且差值大于16km/h时。

在巡航控制过程中，如果需恢复因扳动操纵手柄、踩制动踏板等而消失的设定车速时，将操纵手柄向上扳动，接通恢复/加速开关即可。但是，如果实际车速低于40km/h，汽车车速就不能恢复。

第十一节　汽车仪表系统电路图的识读

一、上海通用别克君威轿车仪表系统电路分析

上海通用别克君威轿车仪表板电路如图5-33~图5-36所示。

1. 仪表组件上的仪表、指示灯和开关

（1）气囊警告指示灯　充气保护装置诊断能量保存模块路径传感器（SDM）通过2级串行数据线控制气囊指示灯。如在发动机起动时执行灯泡检查，SDM将接通指示灯约3s以警告驾驶员附加充气保护装置电气系统功能失效，可能会影响辅助充气保护系统的操作。

（2）防抱死故障指示灯　电子制动控制模块/电子制动器牵引力控制模块（EBCM/EBTCM）通过2级串行数据线控制防抱死故障指示灯。若在发动机起动时执行灯泡检查，电子制动控制模块/电子制动器牵引力控制模块将接通指示灯约3s，警告驾驶人ABS功能失效，可能会降低基本的制动性能。若防抱死故障指示灯持续亮（不闪亮），警告驾驶人已探测到会影响ABS工作（ABS可能不能工作）的问题，但仍保留正常的制动性能。

（3）自动变速驱动机构控制位置指示灯　PCM驻车空档位置（PNP）开关执行下列功能：读出档位；通过2级串行数据总线向仪表组件发送档位信息。仪表组件显示档位。

（4）制动器警告指示灯　在下列情况下制动器警告指示灯亮：当总泵检测到制动液液

面过低时；当驻车制动开关关闭时；当电子制动控制模块/电子制动器牵引力控制模块设置一定的 ABS 诊断故障码时。制动器警告指示灯警告驾驶人出现制动问题。

（5）CHANGE OIL SOON（尽快更换机油）指示灯 PCM 发动机控制系统的传感器输入信号来决定机油的使用寿命。PCM 执行下列功能：计算机油的使用寿命；通过 2 级串行数据总线将计算出的结果发送给仪表组件。

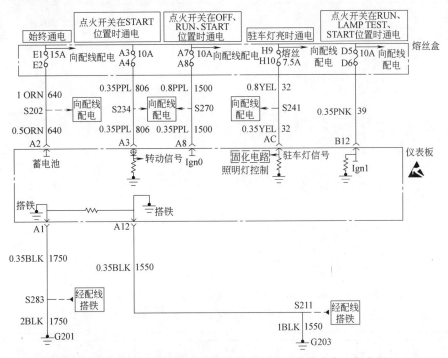

图 5-33 上海通用别克君威轿车仪表板电路（搭铁分布、仪表板）

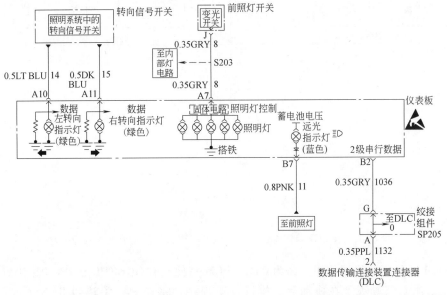

图 5-34 上海通用别克君威轿车仪表板电路（串行数据、转向信号开关和前照灯开关）

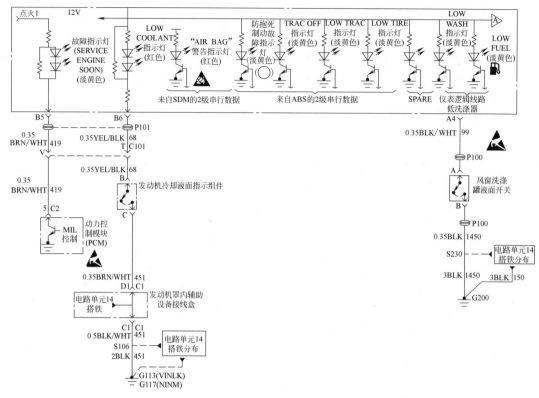

图 5-35　上海通用别克君威轿车仪表板电路（电路单元 81、PCM、
发动机冷却液面指示组件、风窗洗涤液面开关）

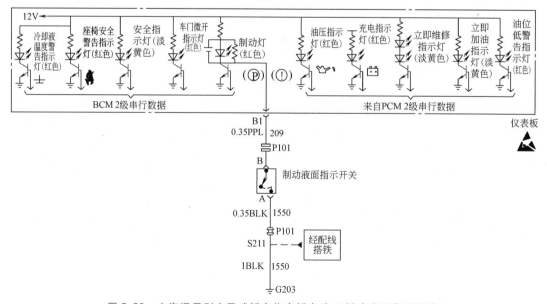

图 5-36　上海通用别克君威轿车仪表板电路（制动液面指示开关）

　　当 PCM 所确定的机油使用寿命为 0 时，PCM 将使 CHANGE OIL SOON（尽快更换机油）指示灯亮，通知驾驶人。在换油后，执行以下程序：将点火开关转到 RUN（运行）位置（发动机关闭），在 5s 内将加速踏板踩到底，然后松开踏板 3 次。若 CHANGE OIL SOON

（尽快更换机油）指示灯闪亮 2 次，表示系统重新设置。如果灯亮 5s，表示还未被重新设置，需要再次复原，重新设置系统。

（6）充电警告指示灯 PCM 通过 2 级串行数据线控制充电警告指示灯。在下列情况下，仪表组件使充电指示灯亮：在灯泡检查期间；当 PCM 探测到电压过低（11.2 V）或电压过高（16.5 V）时。

（7）变光控制 仪表组件显示变光应遵循收音机变光特性。在驻车灯激活后，显示应在变光模式下跳到不可透性最大状态。仪表变光控制的 PWM（脉冲宽度调制）变光将继续。在变光控制的最低变光要求下，显示也许会变成空白。

（8）冷却液温度指示灯 在 PCM 内计算冷却液温度数据。PCM 通过 2 级串行数据线控制冷却液温度指示灯。当 PCM 所确定的发动机冷却液温度已达到约 124℃ 时，仪表组件使冷却液温度指示灯亮。

（9）发动机冷却液温度表 PCM 通过 2 级串行数据线将冷却液温度传送到仪表组件中。仪表组件使用一个 16 点的查找表来对比温度数据，以决定针的变形。用平滑滤波器确保响应的连续性。在下列情况下，仪表组件会驱使温度表至 C（冷）：温度数据丢失；PCM 处于不正常状态。

（10）紧固安全带指示灯 由 BCM（车身控制模块）通过 2 级串行数据线发送座椅安全带数据。遇到如下两种情况时，BCM 发送信号使紧固安全带指示灯亮：BCM 探测到点火开关在 RUN（运行）位置上；座椅安全带未扣紧。

（11）燃油计量仪表 PCM 通过 2 级串行数据线向仪表组件传送燃油液面数据。仪表组采用 16 点查找表来对比温度数据，以决定针的变形。使用平滑滤波器确保响应的连续性。仪表组件可确定是否存在燃油液面过低情况。在燃油液面过低时，也许会发生下列情况：仪表组件激活 LOW FUEL（燃油液面过低）指示灯；向 BCM 发送警告信号。

在下列情况下，仪表组件可能会驱使燃油表至 E（空）位置：燃油液面数据丢失；PCM 处于不健康状态。

（12）远光灯指示灯 当搭铁信号发到电路 1200 中央仪表组件上时，远灯光指示灯亮。当前大灯开关在 HIGH BEAM（远灯光）或 FTP（闪亮到消逝）任一位置时，前大灯开关产生该信号。

（13）LOW COOLANT（冷却液液面过低）指示灯 当点火开关在 RUN（运行）、BULB TEST（灯泡测试）及 START（起动）位置时，LOW COOLANT（冷却液液面过低）指示灯接收蓄电池电压。

如果在发动机起动时执行灯泡检查，仪表组件将接通指示灯约 1s，当冷却液箱中的冷却液液面低于最低推荐液面时，发动机冷却液液面开关将指示灯搭铁。

（14）燃油液面过低指示灯 当燃油液面信号指示出燃油量少于燃油箱容积的 1/8 时，燃油液面过低指示灯亮。

（15）LOW OIL（机油液面过低）液面指示灯 PCM 通过 2 级串行数据线控制 LOW OIL（机油液面过低）液面指示灯。仅在功率上升时，PCM 在每次点火循环时检查机油液面一次。遇到如下情况之一时，在起动时检查机油液面是否过低：

1）如果在上一次点火开关关闭时，发动机冷却液温度在 15～90℃，确保发动机冷却液

温度在钥匙接通时比在断开时至少低 12℃。

2）如果在上一次点火开关关闭时，发动机冷却液温度大于 90℃，确保在上一次点火开关关闭和目前点火开关打开的间隔时间足够长，以使得油液流回储油槽。PCM 将保持功率上升 10s 以确保油液能流回储油槽。如果在 PCM 功率上升时，将点火开关打开，将不能检测到机油液面。

3）当 PCM 确定出现机油液面过低的情况，或为了灯泡测试而将点火装置调到 ON（接通）位置的时间段内时，LOW OIL（机油液面过低）液面指示灯亮。

（16）LOW TRAC（牵引力过低）指示灯 ABS 通过 2 级串行数据线传送牵引力过低数据。当 ABS 运行时，LOW TRAC（牵引力过低）指示灯向驾驶人发出警告。只要电子制动牵引力控制模块（EBTCM）确定车辆已进入 ABS 要求制动事件中，LOW TRAC（牵引力过低）指示灯将亮以显示 ABS 在运行。

（17）LOW WASHER FLUID（清洗器液面过低）指示灯 当风窗玻璃清洗器液面开关探测到液面过低时，LOW WASHER FLUID（清洗器液面过低）指示灯亮。当探测到清洗器液面低时，通过电路 99 搭铁。由风窗玻璃清洗器开关将清洗器液面过低信号输送到仪表组件。

（18）油压指示灯 PCM 通过 2 级串行数据线感应到油压。在灯泡测试期间，当 PCM 确定油压未达到发动机规定值时，仪表组件使油压指示灯亮。

（19）SECURITY（安全）指示灯 BCM 通过 2 级串行数据线发送安全数据。当钥匙确认系统检测到非法操作时，此灯亮。

（20）SERVICE ENGINE SOON（尽快维修发动机）指示灯 PCM 通过电路 419 控制 SERVICE ENGINE SOON（尽快维修发动机）指示灯。如果在发动机起动时执行灯泡检查，PCM 将使指示灯亮约 3s，PCM 使 SERVICE ENGINE SOON（尽快维修发动机）指示灯亮以警告驾驶人已探测到发动机控制功能失效。这种情况也许会影响发动机性能。

（21）SERVICE VEHICLE SOON（尽快维修车辆）指示灯 警告驾驶人至少有车辆的 ABS、PCM 系统和 BCM 系统之一有功能失效的现象，需要尽快对车辆进行维修。

（22）车速表和里程表 车速传感器（VSS）是安装在变速驱动机构中的齿轮驱动永磁发电型传感器。传感器产生一个频率与车速成正比的正弦输出。使用该信号（电路 817）的车辆部件有多个。信号电路 817 驱动车速表、里程表。

里程表显示车辆总累积公里（英里）数。该值永久保存在仪表组件的可擦可编程只读存储器（EEPROM）中。如果遇到里程表功能失效、仪表组件需要更换等情况时，与授权 Delco 维修中心联系，为仪表组件编制适当的车辆参数（包括里程）程序。

行程表显示从上次回零后累积的公里（英里）数，其精确度为 0.1km。该值保存在仪表组件的保存记忆存储器（RAM）中。按压 TRIP RESET 按钮可在组件上使行程表回零，行程表将滚动显示下列值：999.9km、回零、行走公里值。

（23）转速表 转速表以 RPM 显示发动机转速，转速单位为 r/min（RPM），发动机转速 RPM 通过 2 级串行数据线从 PCM 中读取。仪表组件使用 16 点查找表，对比发动机转速 RPM 值，以决定针的变形。用平滑滤波器确保响应的连续性。遇到如下情况时，仪表组件将转速表复零：发动机转速 RPM 数据丢失；PCM 处于不健康状态。

（24）TRAC OFF（牵引力关闭）指示灯 ABS 通过 2 级串行数据线传送牵引力关闭的数据。遇到如下情况之一时，指示灯可能会接通：电子制动牵引力控制模块（EBTCM）探测到导致牵引力控制系统受抑制的情况时牵引力控制断开。

（25）转向信号指示灯　仪表组件通过电路 14（左转向）及电路 15（右转向）接收使转向信号指示灯亮的信号。

出现下列情况且当点火装置在 RUN（运行）位置时，仪表组件和相应的转向信号灯将开始闪亮：危险警告开关在正常位置；转向信号开关在左或右位置。

如果危险警告开关在 HAZARD（危险）位置，2 个转向信号灯、2 个指示灯将开始闪亮。

2. 声响警报系统

BCM 控制有如下提示：

（1）接通点火装置提示　其声响警报是为了提醒驾驶人点火钥匙已插入。BCM 会为该提示发出每分钟 150 次的鸣叫声。

当满足下列条件时，BCM 就会发出接通点火提示：

1）驾驶人车门开着（电路 49 的搭铁信号）。

2）钥匙完全插入点火心内（电路 80 的搭铁信号）。

3）点火开关在 LOCK（锁闭），或 OFF（断开），或 ACC（附件）位置。

（2）系好座椅安全带提示　其声响警报是为了提醒驾驶人其座椅安全带未系好。BCM 会为该提示发出每分钟 50 次的鸣叫声。

当满足下列条件时，BCM 接通系好座椅安全带提示（6±2）s：

1）点火开关从 LOCK（锁住）或 OFF（断开）转到 RUN（运行）位置，或从 CRANK（起动）转到 RUN（运行）位置。

2）驾驶人座椅安全带没有系紧（电路 238 的搭铁信号）。

如果驾驶人座椅安全带未系紧，那么当驾驶人座椅安全带系紧时，BCM 停止发出鸣叫声。如果驾驶人座椅安全带松了，BCM 恢复 6s 提示鸣响。

（3）系紧安全带指示灯控制　其指示警报是为了提醒驾驶人其座椅安全带还未系好。BCM 会为该提示发出每分钟 50 次的鸣叫声。

（4）驻车制动器提示　其声响警报是为了提醒驾驶人当变速驱动机构被移出 PARK（驻车）档时，驻车制动器还在运作。BCM 会为该提示发出每分钟 200 次的鸣叫声。

（5）转向信号提示　其声响警报提醒驾驶人当车辆驶过 1.2Km 时，转向信号仍然亮着。BCM 会为该提示发出每分钟 90 次的可变速率（与亮灯一致）鸣叫声。

（6）低燃油液面提示　其声响警报是为了在燃油液面过低指示灯亮时，将驾驶人注意力吸引到仪表组件上。BCM 为该提示每 10min 发出一次鸣响。

（7）前大灯亮着的提示　其声响警报提醒驾驶人前照灯还亮着。BCM 为该提示发出每分钟 200 次的鸣叫声。

（8）最后关门锁闭确认　其声响警报向驾驶人反馈最后关门锁闭确认功能还在运行。BCM 为该提示发出每分钟 200 次的鸣叫声。

（9）功能定制和诊断反馈　当改变功能定制模式时，使用声音反馈。在功能定制期间，BCM 会发出鸣叫声。

二、一汽丰田花冠车系组合仪表系统电路

一汽丰田花冠车系组合仪表系统电路如图 5-37 所示。

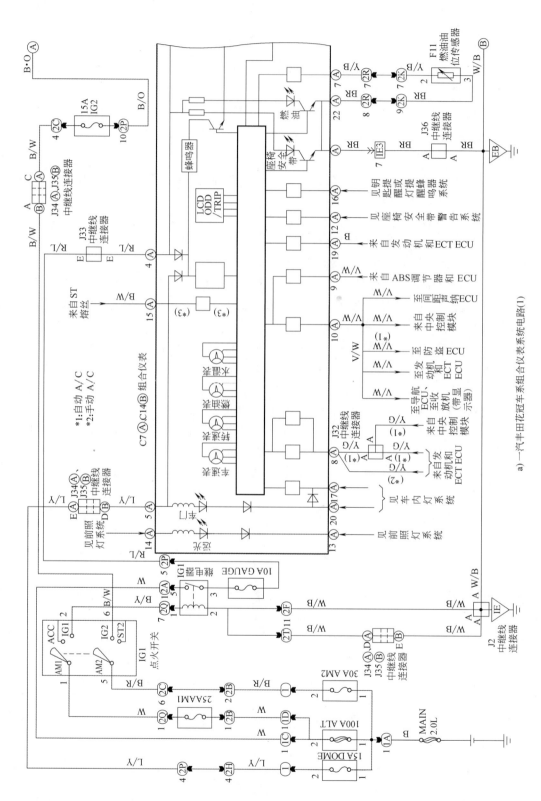

a) 一汽丰田花冠车系组合仪表系统电路(1)

汽车电路分析 第2版

198

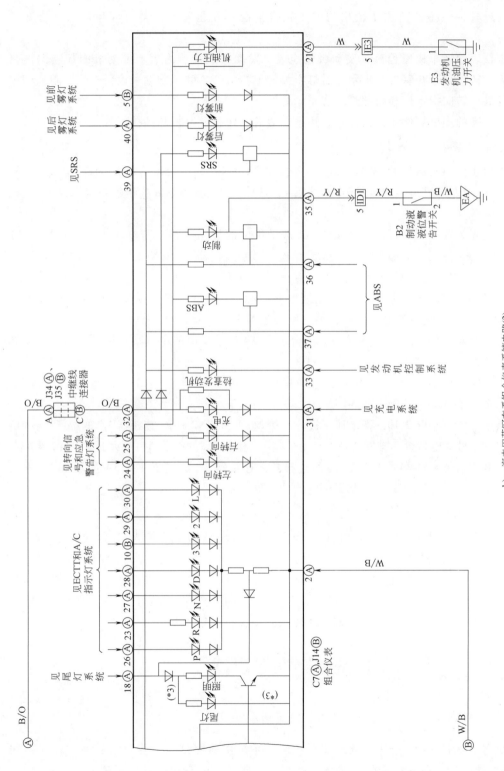

b) 一汽丰田花冠车系组合仪表系统电路(2)

图 5-37　一汽丰田花冠车系组合仪表系统电路

汽车电路分析　第2版

　　汽车组合仪表系统的作用是帮助了解汽车主要部件的工作情况，及时发现和排除出现的故障，通过各种传感器监测车辆出现的不正常情况，并通过各种警告灯和指示灯告知驾驶人。

　　组合仪表包括车速里程表、发动机转速表、发动机机油压力表、发动机冷却液温度表等。此外，还包括一些警告和提示信号灯，如充电指示灯、驻车制动未放警告灯、阻风门未回位警告灯、转向指示灯和前照灯状态指示灯等。

　　组合仪表的主要部件还包括面罩、边框、表芯、印制电路板和插接器等。

　　1. 组合仪表供电电路

　　蓄电池正极→易熔丝 FL MAIN2.0L→连接器 1A 的端子 1→15A 熔丝 DOME→1 号继电器盒→连接器 2H 的端子 4→连接器 2P 的端子 4→J34Ⓐ、J35Ⓑ中继线连接器→组合仪表 A5 端子供电。

　　当点火开关置于 IG1 时，组合仪表 A4 端子供电的控制电路：蓄电池正极→易熔丝 FL MAIN2.0L→连接器 1A 的端子 1→100A 易熔丝 ALT→连接器 1D 的端子 1→连接器 2B 的端子 1→25A 熔丝 AM1→连接器 2Q 的端子 1→点火开关 AM1 端子→点火开关 IG1 端子→连接器 2Q 的端子 7→IG1 继电器的端子 1→IG1 继电器线圈→IG1 继电器端子 2，一路经连接器 2F 的端子 11→IE 端搭铁→蓄电池负极；另一路经连接器 2T→组合仪表 A2 端子供电。此时线圈得电，IG1 继电器的端子 3、5 接通。组合仪表 A4 端子供电的主电路：蓄电池正极→易熔丝 FL MAIN2.0L→连接器 1A 的端子 1→100A 易熔丝 ALT→连接器 1C 的端子 1→连接器 2A 的端子 1→IG1 继电器端子 5→IG1 继电器端子 3→10 A 熔丝 GAUCE→连接器 2P 的端子 5→J33中继线连接器→组合仪表 A4 端子供电。

　　当点火开关位于 IG2 时，蓄电池正极→易熔丝 FL MAIN2.0L→连接器 1A 的端子 1→30A 熔丝 AM2→1 号继电器盒→连接器 2B 的端子 2→连接器 2C 的端子 6→点火开关 AM2 端子→点火开关 IG2 端子→J34Ⓐ、J35Ⓑ中继线连接器→连接器 2C 的端子 4→15A 熔丝 IG2→连接器 2P 的端子 10→组合仪表 A32 端子供电。

　　2. 组合仪表信号电路

　　组合仪表 A14 端子输入前照灯信号；组合仪表 A17、A20 端子输入车内灯信号；组合仪表 A12 端子输入安全带警告信号，当未系安全带时，警告灯亮；组合仪表 A7、A22 端子外接燃油油位传感器，当燃油量低于警戒线时，组合仪表中的低油量警告灯亮；组合仪表 A31 端子输入充电指示信号；组合仪表 A33 端子输入发动机故障指示信号；组合仪表 A35 输入制动液液位警告开关信号；组合仪表 A21 输入发动机机油压力开关信号。

第十二节　汽车照明系统电路图的识读　◀◀◀

一、广州本田雅阁轿车照明系统电路图的识读

　　广州本田雅阁（ACCORD）轿车照明和信号系统由前照灯（多点反射整体式卤素前照灯）、前侧转向灯、前侧标志灯、尾灯、倒车灯、制动灯、高位制动灯、牌照灯、车内灯、转向灯、转向信号/危险警告灯、仪表灯以及门控灯等组成。它们由组合灯开关控制，组合

灯开关控制电路如图 5-38 所示。

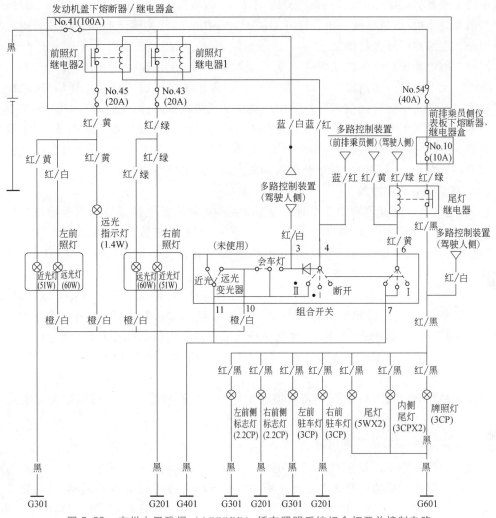

图 5-38　广州本田雅阁（ACCORD）轿车照明系统组合灯开关控制电路

1. 前照灯控制电路

当需要使用前照灯时，可将点火开关转到点火档（或车辆正常行驶时），控制电路中的电流由蓄电池正极→黑色导线→发动机盖下熔断器/继电器盒中的熔断器 No.41（100A）→No.54（40A）→驾驶座右侧仪表板下熔断器/继电器盒 No.10（10A）→尾灯继电器→红/黑色导线→多路控制装置（驾驶人侧）。

当组合灯开关转到Ⅱ档时，接通前照灯继电器 1、前照灯继电器 2 线圈电路，即多路控制装置（驾驶人侧）→蓝/白色导线→前照灯继电器 1、前照灯继电器 2 线圈→蓝/红色导线→组合开关→G401→蓄电池负极。此时，前照灯继电器 1、前照灯继电器 2 触点吸合接通前照灯电路。

（1）左前照灯控制电路

这里所指左前照灯控制电路包括左前照近光、远光、远光指示灯的控制电路。使用时，当远、近光变光器转到远光时，其电流由蓄电池正极→黑色导线→发动机盖下熔断器→继电器盒中的熔断器 No.41（100A）→前照灯继电器 2→熔断器 No.45（20A）→红/黄色导线→左前照灯远光灯→橙/白色导线→组合灯开关端子 10→组合灯开关端子 11→G401→蓄电池负极构成回路，左前照灯远光灯丝亮。

同时，蓄电池正极→黑色导线→发动机盖下熔断器/继电器盒中的熔断器 No.41（100A）→前照灯继电器 2→熔断器 No.45（20A）→红/黄色导线→前照灯远光指示灯→橙/白色导线→组合灯开关→远近光变光器→G401→蓄电池负极构成回路，前照灯远光指示灯亮。

当远近光变光器转到近光时，蓄电池正极→黑色导线→发动机盖下熔断器/继电器盒中的熔断器 No.41（100A）→前照灯继电器 2→熔断器 No.45（20A）→红/黄色导线→左前照灯近光灯丝→黑色导线→G301→蓄电池负极构成回路，左前照灯近光灯丝亮。

（2）右前照灯控制电路

1）当远、近光变光器转到远光时，控制电路的电流由蓄电池正极→黑色导线→发动机盖下熔断器/继电器盒中的熔断器 No.41（100A）→前照灯继电器 1→熔断器 No.43（20A）→红/绿色导线→右前照灯远光灯→橙/白色导线→组合灯开关→远近光变光器→G401→蓄电池负极构成回路，右前照灯远光灯亮。

2）当远、近光变光器转到近光时，蓄电池正极→黑色导线→发动机盖下熔断器/继电器盒中的熔断器 No.41（100A）→前照灯继电器 1→熔断器 No.43（20A）→红/绿色导线→右前照灯近光灯→黑色导线→G201→蓄电池负极构成回路，右前照灯近光灯丝亮。

当会车时，将变光器开关转到近光位置，就将远光的搭铁电路切断。此时，只有左、右近光灯亮。

当需要超车时，按下超车灯开关，将远光灯电路同时接通，左、右远近光灯电路同时接通。

2. 标志灯、牌照灯的控制电路

广州本田雅阁轿车需使用标志灯、尾灯、停车灯及牌照灯时，可将点火开关转到点火挡，其控制电路中的电流回路为蓄电池正极→黑色导线→发动机盖下熔断器/继电器盒中的熔断器 No.41（100A）→No.54（40A）→驾驶座右侧仪表板下熔断器/继电器盒中的 No.10（10A）熔断器→尾灯继电器→红/黑色导线→多路控制装置（驾驶座）。

1）当组合开关转到 Ⅰ、Ⅱ 档位时，多路控制装置→红/绿色导线→尾灯继电器线圈→红/黄色导线→组合开关→黑色导线→G401→蓄电池负极构成回路。尾灯继电器触点吸合，此时，工作电路中的电流由蓄电池正极→黑色导线→发动机盖下的熔断器/继电器盒中的熔断器 No.41（100A）→熔断器 No.54→熔断器 No.10→尾灯继电器→红/黑色导线→牌照灯（3CP）、内侧尾灯（3CP×2）、尾灯（5W×2）→黑色导线→G601→蓄电池负极构成回路，上述灯亮。

2）尾灯继电器→红/黑色导线→左前驻车灯（3CP）→黑色导线 G301→蓄电池负极构成回路，左前驻车灯（3CP）亮。

3）尾灯继电器→红/黑色导线→右前驻车灯（3CP）→黑色导线→G201→蓄电池负极构成回路，右前驻车灯（3CP）亮。

4）尾灯继电器→红/黑色导线→左前侧标志灯（2.2CP）→黑色导线→G301→蓄电池负极构成回路，左前驻车标志灯（2.2CP）亮。

5）尾灯继电器→红/黑色导线→右前侧标志灯（2.2CP）→黑色导线→G201→蓄电池负极构成回路，右前驻车标志灯（2.2CP）亮。

3. 室内灯控制电路

广州本田雅阁（ACCORD）轿车室内灯控制电路如图5-39所示。

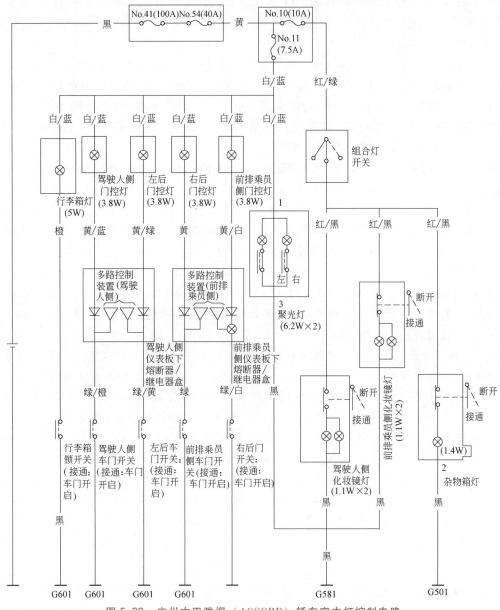

图5-39　广州本田雅阁（ACCORD）轿车室内灯控制电路

（1）门控灯控制电路

1）当将车门开启，驾驶人侧车门开关接通时，控制电路中的电流由蓄电池正极→黑色导线→发动机盖下熔断器/继电器及熔断器No.41（100A）→No.54（40A）→黄色导线→前排乘员侧仪表板下熔断器/继电器盒熔断器 No. 11（7.5A）→白/蓝色导线→驾驶人侧门控灯（3.8 W）→黄/蓝色导线→多路控制装置（驾驶人侧）→绿/橙色导线→驾驶人侧车门开关→G601→蓄电池负极构成回路，驾驶座侧门控制灯亮。

2）当将车门开启，左后车门开关接通时，电路中的电流由蓄电池正极→黑色导线→发动机盖下熔断器/继电器盒熔断器 No. 41（100A）→No. 54（40A）→黄色导线→前排乘员侧仪表板下熔断器/继电器盒熔断器 No. 11（7.5A）→白/蓝色导线→左后门控灯（3.8W）→黄/绿色导线→多路控制装置（驾驶座侧）→绿/黄色导线→左后车门开关→G601→蓄电池负极构成回路，左后门控灯亮。

3）当将车门开启，右后车门开关接通时，电路中的电流由蓄电池正极→黑色导线→发动机盖下熔断器/继电器盒中的熔断器 No. 41（100A）→No. 54（40A）→黄色导线→前排乘员侧仪表板下熔断器/继电器盒中的熔断器 No. 11（7.5A）→白/蓝色导线→右后门控灯（3.8W）→黄色导线→多路控制装置（前排乘员侧）→绿色导线→前排乘员侧车门开关→G601→蓄电池负极构成回路，右后门控灯亮。

4）当将车门开启，行李箱锁开关接通时，电路中的电流由蓄电池正极→黑色导线→发动机盖下熔断器/继电器盒中的熔断器 No. 41（100A）→No. 54（40A）→黄色导线→前排乘员侧仪表板下熔断器/继电器盒的熔断器 No. 11（7.5A）→白/蓝白色导线→行李箱灯（5W）→橙色导线→行李箱锁开关→黑色导线→G601→蓄电池负极构成回路，行李箱灯亮。

5）当接通左（右）聚光灯开关时，电路中的电流由蓄电池正极→黑色导线→发动机盖下熔断器/继电器盒中的熔断器 No. 41（100A）→No. 54（40A）→黄色导线→前排乘员侧仪表板下熔断器/继电器盒中的熔断器 No. 11（7.5A）→白/蓝色导线→左（右）聚光灯（6.2W×2）→左（右）聚光灯开关→G581→蓄电池负极构成回路，左（右）聚光灯亮。

（2）化妆镜灯等的控制电路

1）当将组合开关接通，驾驶人侧化妆镜灯开关（前排乘员侧化妆镜灯开关）打开时，控制电路中电流由蓄电池正极→黑色导线→发动机盖下熔断器/继电器盒中的熔断器 No. 41（100A）→No. 54（40A）→黄色导线→前排乘员侧仪表板下熔断器/继电器盒中的熔断器 No. 10（10A）→红/绿色导线→组合开关→红/黑色导线→驾驶人侧化妆镜灯开关（前排乘员侧化妆镜灯开关）→驾驶人侧化妆镜灯（前排乘客座侧化妆镜灯）（1.1W×2）→黑色导线→G581→蓄电池负极构成回路，驾驶座侧化妆镜灯（前排乘员侧化妆镜灯开关）亮。

2）当将组合开关、杂物箱灯开关接通时，控制电路中的电流由蓄电池正极→黑色导线→发动机盖下熔断器/继电器盒中的熔断器 No. 41（100A）→No. 54（40A）→黄色导线→前排乘员侧仪表板下熔断器/继电器盒中的熔断器 No. 10（10A）→红/绿色导线→组合开关→红/黑色导线→杂物箱灯开关→杂物箱灯（1.4W）→黑色导线→G501→蓄电池负极构成回路，杂物箱灯亮。

二、宝马轿车照明系统电路图的识读

宝马（BMW）轿车前照灯控制电路如图 5-40 所示。

1. 主控制电路

（1）远光灯主控制电路　从端子 30 常通电→远光灯继电器端子 30→继电器端子 87→1、2 号熔丝→左、右远光灯（4 灯）端子→远光灯丝→S100、S114 接点→G104。仪表盘远光

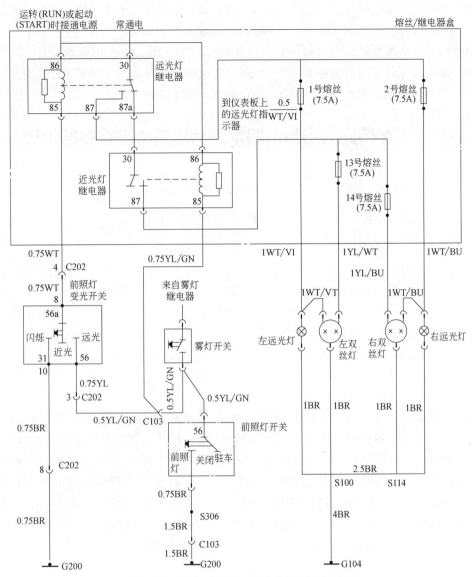

图 5-40　宝马（BWM）轿车前照灯控制电路

指示灯由 1 号熔断器供电。

（2）近光灯主控制电路　从端子 30 常通电→远光灯继电器端子 30→触点→继电器端子 87a→近光灯继电器端子 30→触点→继电器端子 87→13、14 号熔丝→左、右近光灯（两灯）端子→近光灯丝→S100、S114 交接点→G104。

2. 工作电路控制

（1）远光灯电路控制　当点火开关转到 RUN、START 时，电流由电源→远光灯继电器端子 86→继电器电磁线圈→继电器端子 85→C202 插接器端子 4→变光开关端子 56a（变光开关远光档）→变光开关端子 56→C202 插接器端子 3→C103 插接器→前照灯开关端子 56→前照灯开关→前照灯档→S306 接点→C103 插接器→G200。

（2）远光灯变光电路控制　当点火开关转到 RUN、START 时，电流由电源→远光灯继

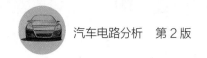

电器端子86→继电器电磁线圈→继电器端子85→C202插接器端子4→前照灯变光开关端子56a→闪烁档触点→变光开关端子31→C202插接器端子8→G200。

（3）近光灯电路控制 当点火开关转到RUN、START时，电流由电源→近光灯继电器端子86→继电器电磁线圈→继电器端子85→C103插接器（变光开关近光档）→前照灯开关端子56→前照灯开关→前照灯档→S306接点→C103插接器→G200。

第十三节 汽车转向信号与危险报警信号系统电路图的识读 ◀◀◀◀

一、广州本田雅阁轿车转向信号与危险报警信号电路识读

广州本田雅阁轿车转向信号与危险报警信号电路如图5-41所示。

1. 左转向信号灯控制电路

当点火开关转到点火档，转向开关扳到左边位置时，控制电路中的电流由蓄电池正极→黑色导线→发动机盖下熔断器/继电器盒中的熔断器No.41（100A）→No.42（50A）→白色导线→点火开关→黑/黄色导线→驾驶人侧仪表板下熔断器/继电器盒中的熔断器No.10（7.5A）→黄/红色导线→危险报警开关端子10→危险报警开关端子5→绿/白色导线→转向信号/危险报警继电器端子2→转向信号/危险报警继电器端子3→绿/蓝色导线→转向灯开关端子13→转向灯开关端子12→绿/蓝色导线→转向指示灯（1.4W）→黑色导线→G501→蓄电池负极。左侧转向指示灯（1.4W）亮。

此时，蓄电池正极→黑色导线→发动机盖下熔断器/继电器盒中的熔断器No.41（100A）、→No.42（50A）→点火开关→黑/黄色导线→驾驶人侧仪表板下熔断器/继电器盒中的熔断器No.10（7.5A）→黄/红色导线→危险警告灯开关端子10→危险警报灯开关端子5→绿/白色导线→转向信号/危险报警继电器端子2→转向信号/危险报警继电器端子3→绿/蓝色导线→转向灯开关端子13→转向灯开关12号端子→绿/蓝色导线→左前转向灯（24W）→黑色导线→G301→蓄电池负极，左前转向灯亮。左侧转向灯（5W）、左后转向灯（21W）分别通过G301、G601搭铁，也同时亮，提示车辆要向左行驶。

2. 右转向信号灯控制电路

当将点火开关转到点火档，或车辆正常行驶时，将转向开关扳到右侧位置。控制电路中的电流由蓄电池正极→黑色导线→发动机盖下的熔断器/继电器盒中的熔断器No.41（100A）→No.42（50A）→点火开关→黑/黄色导线→驾驶人右侧仪表板下熔断器/继电器盒熔断器No.10（7.5A）→黄/红色导线→危险警告灯开关端子10→危险警告灯开关端子5→绿/白色导线→转向信号/危险报警继电器端子2→转向信号/危险报警继电器端子3→绿/蓝色导线→转向灯开关端子13→转向灯开关端子14→绿/黄色导线→转向指示灯（1.4W）→黑色导线→G501→蓄电池负极构成回路，右转向指示灯亮。

此时电流通路为蓄电池正极→黑色导线→发动机盖下熔断器/继电器盒中的熔断器No.41（100A）→No.42（50A）→点火开关→黑/黄色导线→驾驶人右侧仪表板下熔断器/继电器盒中的熔断器No.10（7.5A）→黄/红色导线→危险警告灯开关端子10→危险警告灯开关端子5→绿/白色导线→转向信号/危险报警继电器端子2→转向信号/危险报警继电器端子

3→绿/蓝色导线→转向灯开关端子 13→转向灯开关端子 14→绿/黄色导线→右前转向灯（24W）→黑色导线→G301→蓄电池负极，右前转向灯亮。右侧转向灯（5W）、右后转向信号灯（21W）分别通过 G301、G601 搭铁，同时亮。

3. 危险报警信号控制电路

需要时，按下危险警告灯开关，接通报警控制电路。电路中的电流由蓄电池正极→黑色导线→发动机盖下熔断器/继电器盒中的熔断器 No.49（15A）→白/绿色导线→危险警告灯开关端子 9→危险警告灯开关端子 5→转向信号/危险报警继电器端子 2→转向信号/危险报警继电器端子 3→危险警告灯开关端子 1→危险警告灯开关端子 2、3 和 4，通过绿/蓝色导线将左侧所有转向灯、警告灯亮。同时，通过绿/黄色导线使右侧所有转向灯、警告灯亮，提示行人和车辆注意。

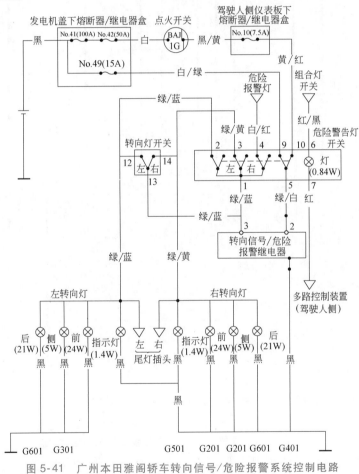

图 5-41　广州本田雅阁轿车转向信号/危险报警系统控制电路

二、大众车系转向灯/危险警告灯控制电路图的识读

大众轿车转向灯/危险警告灯控制电路如图 5-42 所示。

1. 转向灯控制电路

（1）控制电路　电流从 30 号常相线、点火开关（ON）→15 号相线→中央接线盒 S19 熔丝→

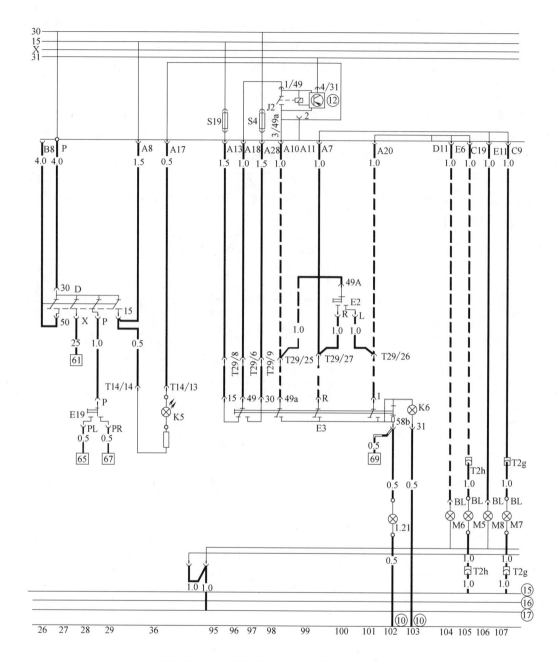

图 5-42 大众轿车转向灯/危险警告灯控制电路

D—点火开关（25~29）　　　　E2—转向灯开关（100）　　　　M6—后左转向灯灯泡（105）

E19—驻车灯开关（27，28）　　E3—危险警告灯开关（99~102）　M7—前右转向灯灯泡（106）

K5—转向灯指示灯（36）　　　　L21—暖风开关照明灯（102）　　M8—后右转向灯灯泡（107）

S4—危险警告灯熔丝（97）　　　L21—暖风开关照明灯（102）　　T—插接器

S19—转向信号灯熔丝（95）　　M5—后左转向灯灯泡（104）　　⑮⑯⑰—线束中搭铁点

J2—危险报警继电器（98~100）

图上部中央接线盒插头代号：A—仪表板线束Ⅰ插头　B—仪表板线束Ⅱ插头　C—发动机室左侧线束插头

D—发动机室右侧线束插头　E—车身后部线束插头

中央线路板 A 插接器 13 号针→T29 插接器第 8 号针→危险警告灯开关 E3 的 15 号接线柱→E3 的 49 号接线柱→T29 插接器 6 号针→中央接线盒 A 插接器 18 号针→中央接线盒上继电器 12 号位→危险警告灯继电器 J2→电子控制电路→31 号线（搭铁）。

（2）工作电路　转向灯的工作状态是一亮一灭。

1）转向灯亮时的工作电路。将转向灯开关 E2 合上，给危险警告灯继电器 J2 内电子控制电路一个低电位信号，使电磁线圈两端产生电位差，吸合触点，从而使转向灯亮。其电路为 J2 上触点→下触点→中央接线盒 A 插接器 10 号针→转向灯开关 E2（左转向灯）→中央接线盒 A 插接器 20 号针，然后分为 3 路：

① C 插接器 19 号针→T2h 插接器→前左转向灯（M5）→T2h 插接器→搭铁。

② E 插接器 6 号针→后左转向灯（M6）→搭铁。

③ D 插接器 11 号针（空）。

2）转向灯灭时的工作电路。危险警告灯继电器内触点闭合时，给电子控制电路一个高电位信号，使电磁线圈失电，触点断开，从而转向灯熄灭。其电路为电流从上触点→下触点→电子控制电路→31 号线→搭铁（电磁线圈失电，触点断开）。

3）转向指示灯工作电路：30 号常相线→点火开关（ON）→T14 插接器 14 号针→电阻→发光二极管（K5）→T14 插接器 13 号针→中央接线盒 A 插接器 17 号针→中央接线盒 A 插接器 10 号针→转向灯开关 E2（左转或右转）→转向灯→搭铁。

当继电器触点闭合时，发光二极管的两端电位相等，转向灯熄灭。

2. 危险警告灯控制电路

（1）控制电路　电流从 30 号常相线→中央接线盒 S4 熔丝→中央接线盒 A 插接器 28 号针→T29 插接器 9 号针→危险警告灯开关 E3。

（2）工作电路　当合上危险警告灯开关 E3 时，危险警告灯开始闪烁，其电路为危险警告灯开关 E3→T29 插接器 6 号针→中央接线盒 A 插接器 18 号针→中央接线盒上继电器 12 号位→危险警告灯继电器→电子控制电路→31 号线（搭铁）。

电流从上触点→下触点→中央接线盒 A 插接器 10 号针→T29 插接器 25 号针→E3 第 49a 接线柱→危险警告灯开关 E3（合上），然后分为 3 路：

① E3 的 R 接线柱→T29 插接器 27 号针→右前后转向灯→搭铁。

② E3 的 L 接线柱→T29 插接器 26 号针→左前后转向灯→搭铁。

③ 危险警告灯 K6→搭铁。

第十四节　汽车空调系统电路图的识读　

一、一汽大众捷达轿车空调系统电路图的识读

一汽大众捷达 CL 型轿车空调鼓风机与散热风扇电路如图 5-43 所示。当点火开关在 ON 档时，①点火开关由 X 接线得电经卸荷继电器 J59 端子 1→线圈→卸荷继电器端子 4→搭铁，卸荷继电器工作、触点闭合；②蓄电池正极 30 号线→卸荷继电器 J59 端子 3→触点→卸荷继电器端子 2→X 号线得电。

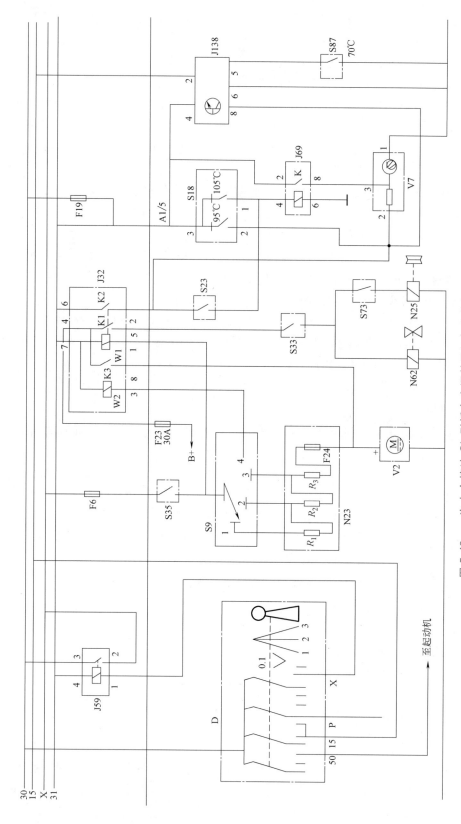

图 5-43　一汽大众捷达 CL 型轿车空调鼓风机与散热风扇风扇电路

D—点火开关　J59—卸荷继电器　S35—空调开关　S9—鼓风机档位开关　N23—串联电阻　F24—过热熔丝（位于串联电阻上）

V2—鼓风机　B⁺—接蓄电池正极（30 号线）　F23—空调总熔丝　J32—空调继电器　S33—蒸发器温度开关　S73—空调低压开关

N62—急速提升阀　N25—空调电磁离合器　S23—空调高压开关　S18—双温开关　J69—散热风扇高速继电器

V7—散热器风扇　J138—散热器风扇风扇起动控制器　S87—风扇起动温度开关

1. 鼓风机各档控制电路

1）鼓风机档位开关 S9 置于 1 档时，鼓风机 V2 的工作电路是蓄电池正极 30 号线→卸荷继电器触点 3、2→X 号线→熔丝 F6→空调开关 S35→鼓风机档位开关 S9 的正接线柱→触点 1→鼓风机串联电阻 R_1、R_2、R_3、过热熔丝 F24→鼓风机正接线柱→鼓风机 V2→蓄电池负极，鼓风机 V2 以设定的最低转速运转。

2）鼓风机档位开关 S9 置于 2 档时，鼓风机 V2 的工作电路是 X 号线→熔丝 F6→空调开关 S35→鼓风机档位开关 S9 的正接线柱→触点 2→鼓风机串联电阻 R_2、R_3、过热熔丝 F24→鼓风机的正接线柱→鼓风机→蓄电池负极，鼓风机 V2 以略高于最低转速运转。

3）鼓风机档位开关 S9 置于 3 档时，鼓风机 V2 的控制电路是 X 号线→熔丝 F6→空调开关 S35→鼓风机档位开关 S9 的正接线柱→触点 3→鼓风机串联电阻 R_3、过热熔丝 F24→鼓风机的正接线柱→鼓风机→蓄电池负极，鼓风机 V2 以较高转速运转。

4）鼓风机档位开关 S9 置于 4 档时，鼓风机 V2 的控制电路是 X 号线→熔丝 F6→空调开关 S35→鼓风机档位开关 S9 的正接线柱→触点 4→空调继电器 J32 的端子 3→空调继电器 W2 线圈→空调继电器端子 7→搭铁，空调继电器触点 K3 吸合，鼓风机 V2 供电电路为蓄电池的正极 B^+→熔丝 F23→空调继电器端子 4→继电器触点 K3→继电器端子 8→鼓风机正接线柱→鼓风机→蓄电池负极，此时鼓风机 V2 以设定的最高转速运转。

2. 空调电磁离合器和怠速提升阀控制电路

1）空调电磁离合器 N25 的控制电路：电源 X 号线→熔丝 F6→空调开关 S35→空调继电器端子 1→线圈→空调继电器端子 7→搭铁，空调继电器 K1、K2 触点闭合。

空调电磁离合器 N25 的供电电路：蓄电池正极 B^+→熔丝 F23→空调继电器端子 4→空调继电器触点 K1→空调继电器端子 5→蒸发器温度开关 S33→空调低压开关 S73→空调电磁离合器 N25→蓄电池负极，空调电磁离合器吸合工作。

2）怠速提升阀控制电路：X 号线→熔丝 F6→空调开关 S35→空调继电器端子 1→线圈→空调继电器端子 7→搭铁，空调继电器 K1、K2 触点闭合。

怠速提升阀 N62 的供电电路：蓄电池正极 B^+→熔丝 F23→空调继电器端子 4→空调继电器触点 K1→空调继电器端子 5→蒸发器温度开关 S33→怠速提升阀 N62→蓄电池负极，怠速提升阀工作。

3. 散热器风扇控制电路

1）散热器风扇低速控制电路。散热器风扇低速控制电路：X 号线→熔丝 F6→空调开关 S35→空调继电器端子 1→线圈→空调继电器端子 7→搭铁，空调继电器 K1、K2 触点闭合。

其供电电路为蓄电池正极 30 号线→熔丝 F19→空调继电器端子 6→触点 K2→空调继电器端子 2→散热器风扇 V7 的端子 2→散热器风扇电阻→散热器风扇电动机→蓄电池负极，散热器风扇电动机以低速运转。

2）散热器风扇高速控制电路。控制电路分为两路：一路由 X 号线→熔丝 F6→空调开关 S35→空调继电器端子 1→线圈→空调继电器端子 7→搭铁，空调继电器 K1、K2 触点闭合；另一路由蓄电池正极 30 号线→熔丝 F19→空调继电器端子 6→触点 K2→空调继电器端子 2→空调高压开关 S23 闭合→散热风扇高速档继电器 J69 的端子 4→线圈→散热风扇高速档继电器端子 6→蓄电池负极，散热风扇高速档继电器 J69 的触点 K 闭合。

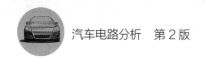

其供电电路为蓄电池正极 30 号线→熔丝 F19→中央接线盒 A1/5 号线→散热风扇高速档继电器 J69 的端子 2→触点 K→散热风扇高速档继电器端子 8→散热器风扇电动机 V7 端子 3→散热器风扇电动机→蓄电池负极，散热器风扇电动机高速运转。

4. 发动机室温度控制电路

当点火开关 D 置于 OFF 档时，风扇起动控制器 J138 的端子 2 失电，风扇起动温度开关 S87 探测到室内温度在 70℃后，开关闭合。其供电电路为蓄电池正极 30 号线→熔丝 F19→中央接线盒 A1/5 号线→风扇起动控制器 J138 的端子 4→端子 8→散热器风扇电动机端子 2→散热器风扇电阻→电动机→蓄电池负极，散热器风扇电动机低速运转。

5. 发动机冷却液温度控制电路

1）散热器风扇电动机低速控制电路：蓄电池正极 30 号线→熔丝 F19→中央接线盒 A1/5 号线→双温开关 S18 的 95℃触点→散热器风扇 V7 端子 2→散热器风扇电阻→电动机→蓄电池负极，散热器风扇电动机低速运转。

2）散热器风扇电动机高速控制电路：蓄电池正极 30 号线→熔丝 F19→中央接线盒 A1/5 号线→双温开关 S18 的 105℃触点→散热风扇高速档继电器的端子 4→线圈→端子 6→蓄电池负极，散热风扇高速档继电器 J69 的触点 K 闭合。

3）供电电路：蓄电池正极 30 号线→熔丝 F19→中央接线盒 A1/5 号线→散热风扇高速档继电器 J69 的端子 2→触点 K→端子 8→散热风扇 V7 端子 3→电动机→蓄电池负极，散热风扇电动机高速运转。

二、一汽大众宝来轿车自动空调系统电路图的识读

一汽大众宝来轿车自动空调系统电路如图 5-44 所示。

1. 信号输入传感器电路

一汽大众宝来轿车的自动空调系统由阳光强度光敏电阻 G107、环境温度传感器 G17、新鲜空气进气温度传感器 G89、仪表板温度传感器 G56、出风口温度传感器 G192 组成。

（1）光照强度光敏电阻 G107　光照强度光敏电阻 G107 测量从车前及左、右侧照射到乘员身上的日光强度，并把日光强度转变为电信号，控制单元根据该信号调节车内温度。如图 5-44d 所示，电路为 G107 的端子 3→0.35ws/gn→空调控制单元 J255 的端子 T20/18，向控制单元传送信号，G107 的端子 2→0.35br/ws 导线→图中 a 线。如图 5-44c 所示，a 线与控制单元 J255 的端子 T12/12 及 T12/9 相连，是传感器的参考地线。

（2）环境温度传感器 G17　环境温度传感器 G17 给空调控制单元传送环境温度信号（车外温度信号）。如图 5-44d 所示，电路为 G17 端子 1→0.35br/ge 导线→控制单元 J255 的端子 T12/8，G17 通过 a 线与控制单元相连并搭铁。

（3）新鲜空气进气温度传感器 G89　新鲜空气进气温度传感器 G89 给空调控制单元传送新鲜空气（非循环空气）的进气温度信号。如图 5-44c 所示，电路为 G89 端子 1→0.35gr/gn导线→控制单元 J255 的端子 T12/7，G89 通过 a 线与控制单元相连并搭铁。

（4）仪表板温度传感器 G56　仪表板温度传感器 G56 给空调显示和控制单元 E87 传递仪表板处温度信号。如图 5-44a 所示，G56 位于 E87 内，其电路请自行分析识读。

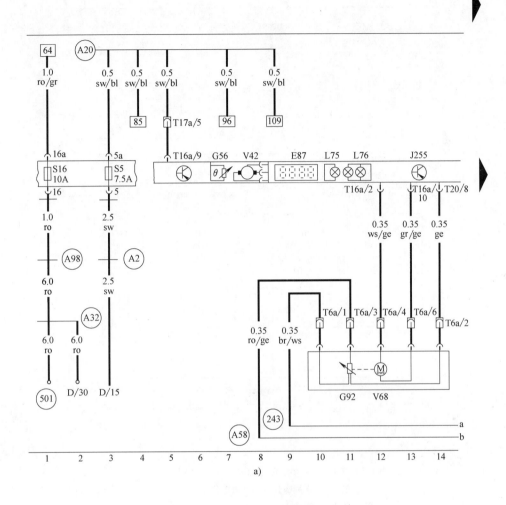

图 5-44　一汽大众宝来轿车自动空调系统电路

a 注)　D—点火开关　　　　　　　　　　V42—新鲜空气鼓风机

E87—自动空调控制和显示单元　　　V68—温度翻板伺服电动机

G56—仪表板温度传感器　　　　　　㉔₃—搭铁连接 1 ，在自动空调线束内

G92—温度翻板伺服电动机电位计　㊿₁—螺栓连接 2（30），在继电器盒上

J255—自动空调控制单元　　　　　　Ⓐ2—正极连接（15），在仪表板线束内

L75—数字显示屏照明　　　　　　　Ⓐ20—连接（15a）在仪表板线束内

L76—按钮照明　　　　　　　　　　Ⓐ32—正极连接（30），在仪表板线束内

S5—熔丝支架上 5 号熔丝　　　　　Ⓐ58—连接（5V）在仪表板线束内

S16—熔丝支架上 16 号熔丝　　　　Ⓐ98—正极连接 4（30），在仪表板线束内

T6a—插头，6 端子，在仪表板中后部　T20—插头 20 端子

T16a—插头，16 端子　　　　　　　T17a—插头，17 端子，在仪表板中后部

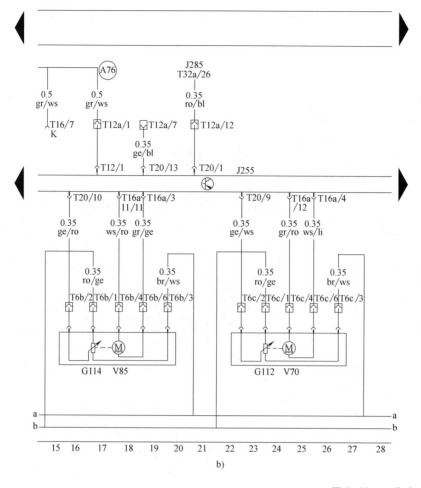

b)

图 5-44 一汽大众宝来轿车

b）注 G112—中央翻板伺服电动机电位计

G114—脚坑/除霜翻板伺服电动机电位计

J255—自动空调控制单元

J285—带显示器的控制单元，在组合仪表内

T6b—插头，6 端子，在仪表板中后部

T6c—插头，6 端子，在仪表板中后部

T12—插头，12 端子

T12a—插头，12 端子，在仪表板中后部

T16—插头，16 端子，在仪表板中部，自诊断接口

T16a—插头，16 端子

T20—插头，20 端子

T32a—插头，22 端子，绿色，在组合仪表板上

V70—中央翻板伺服电动机

V85—脚坑/除霜翻板伺服电动机

Ⓐ76—连接（自诊断 K 线），在仪表板线束内

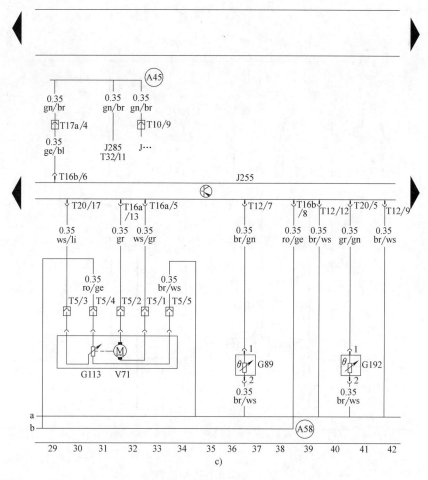

c)

自动空调系统电路（续）

c）注　G89—新鲜空气进气温度传感器，在仪表板右下

G113—通风翻板伺服电动机电位计

G192—出风口温度传感器，脚坑

J255—自动空调控制单元

J285—带显示器的控制单元，在组合仪表板内

J…—发动机控制单元

T5—插头，5 端子，在组合仪表板中后部

T10—插头，10 端子，橙色，在插头保护壳体内，流水槽左侧

T12—插头，12 端子

T16a—插头，16 端子

T16b—插头，16 端子

T17a—插头，17 端子，在仪表板中后部

T20—插头，20 端子

T32—插头，32 端子，蓝色，在组合仪表板上

V71—通风翻板伺服电动机

Ⓐ45—连接（转速信号），在仪表板线束内

Ⓐ58—连接（5V），在仪表板线束内

T12—插头，12 端子

215

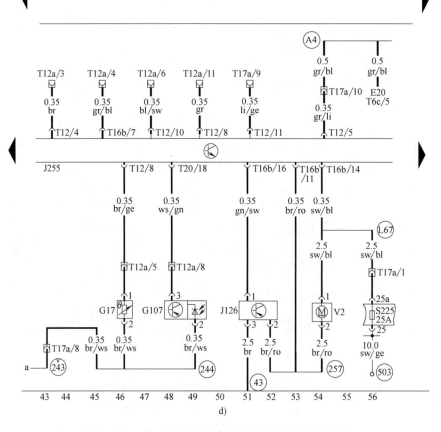

图 5-44　一汽大众宝来轿车自动空调系统电路（续）

d）注　E20—开关和仪表照明调节器

G17—环境温度传感器，在前保险杠左侧

G107—阳光强度光敏电阻，在仪表板中部

J126—新鲜空气鼓风机控制单元，在仪表板右下

J225—自动空调控制单元

S225—熔丝支架上 25 号熔丝

T6c—插头，6 端子

T12—插头，12 端子

T12a—插头，12 端子，在仪表板中后部

T16b—插头，16 端子

T17a—插头，17 端子，在仪表板中后部

T20—插头，20 端子

V2—新鲜空气鼓风机

㊸—搭铁点，右侧 A 柱下部

㉔③—搭铁连接 1，在自动空调线束内

㉔④—搭铁连接（传感器搭铁），在自动空调线束内

㉕⑦—搭铁连接 2，在自动空调线束内

⑤⑩③—螺栓连接（75X），在继电盒上

Ⓐ④—正极连接（58b），在仪表板线束内

Ⓛ⑥⑦—正极连接（75X，）在自动空调线束内

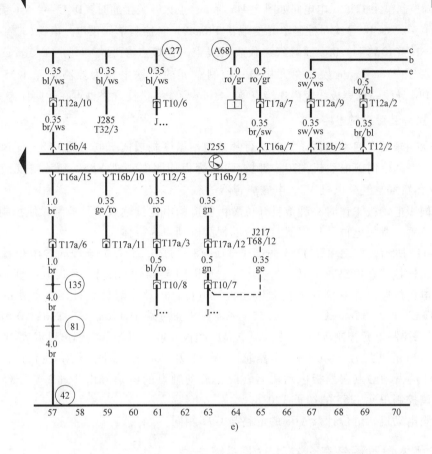

图 5-44 一汽大众宝来轿车自动空调系统电路（续）

e）注 J217—自动变速器控制单元

J255—自动空调控制单元

J285—带显示器的控制单元，在组合仪表上

J…—发动机控制单元

T10—插头，10 端子，橙色，在插头保护壳内，流水槽左侧

T12—插头，12 端子

T12a—插头，12 端子，在仪表板中后部

T16a—插头，16 端子

T16b—插头，16 端子

T17a—插头，17 端子，在仪表板中后部

T32—插头，32 端子，在仪表板上

T68—插头，68 号端子

㊷—搭铁点，在转向柱旁

⑧⑴—搭铁连接 1，在仪表板线束内

⑬⑸—搭铁连接 2，在仪表板线束内

Ⓐ㉗—连接（车速信号），在仪表板线束内

Ⓐ㊽—连接（30，空调），在仪表板线束内

------仅指 ABZ 发动机

（5）出风口温度传感器 G192　出风口温度传感器 G192 给空调控制单元提供出风口的温度信号（脚坑位置）。如图 5-44c 所示，电路 G192 的端子 1→0.35gr/gn 导线→空调控制单元的端子 T20/5，G192 通过 a 线与控制单元相连并搭铁。

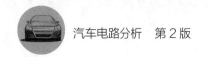

2. 控制单元 J255 供电电路

自动空调控制单元 J255 供电电路如图 5-44a 所示，点火开关接通时，D/15→2.5sw 导线→熔丝 S5（7.5A）→0.5sw/bl 导线→控制单元的端子 T16a/9，向控制单元供电；电源（+）→D/30→6.0ro 导线→S16（10A）→1.0ro/gr 导线→仪表板线束内连接点⑭（图 5-44e）→0.5ro/gr 导线→控制单元的端子 T16a/7，向控制单元供电；控制单元的搭铁电路为控制单元 J255 的端子 T16a/15→1.0br 导线→仪表板线束内连接点⑬→4.0br 导线→搭铁（搭铁点在转向柱旁）。

3. 空调执行装置控制电路

一汽大众宝来轿车自动空调系统的执行部件包括温度翻板伺服电动机 V68、通风翻板电动机 V71、中央翻板伺服电动机 V70、脚坑/除霜翻板伺服电动机 V85、新鲜空气鼓风机控制单元 J126 和新鲜空气鼓风机 V2、电磁离合器等。

当翻板伺服电动机工作时，翻板打开位置由相应的电位计输入信号控制，使控制单元精确控制翻板位置。翻板电位计传感器与相应的伺服电动机为一体。

如图 5-44c 所示，控制单元 J255 的端子 T16b/8 通过 0.35ro/ge 导线向各电位计输入工作参考电压，连接线在电路图中以 b 线表示。这里以图 5-44a 所示温度翻板电动机 V68 及温度翻板伺服电动机电位计 G92 说明伺服电动机及电位计电路：温度翻板伺服电动机 V68 端子 T6a/4、T6a/6 经 0.35ws/ge 导线、0.35 gr/ws 导线通过端子 T16a/2 及 T16a/10 与控制单元 J255 相连，控制单元控制 V68 运转，调节温度翻板开度，以调节空调出风温度。

电位计 G92 的电路为：G92 的电阻器通过 T6a/3 及 T6a/1 与图中 a、b 线相连，即电阻器通电，G92 的滑动触点在翻板电动机运转时，滑动触点的电信号由 T6a/2 端子经 0.35ge 导线输入空调控制单元 J255 的端子 T20/8。

其他伺服电动机、电位计及 V68 的电路与 G92 相同。

三、广州本田雅阁轿车全自动空调系统电路

广州本田雅阁轿车空调系统电路如图 5-45 所示。

1. 散热器风扇电路

（1）控制电路：蓄电池正极→熔断器/继电器盒（发动机盖下）100A 熔丝 No.41→熔断器/继电器盒（发动机盖下）50A 熔丝 No.42→点火开关 IG2 档→熔断器/继电器盒（驾驶人侧仪表板下）7.5A 熔丝 No.3→散热器风扇继电器端子 3→散热器风扇继电器线圈→散热器风扇继电器端子 4，然后分为两路：一路经 ECM/PCM 端子 A20→ECM/PCM，另一路经散热器风扇开关→搭铁端子 G101→蓄电池负极。此时当点火开关接通，按下空调压力开关或散热器温度高于 93℃ 时，电路接通，散热器风扇继电器得电闭合，散热器风扇继电器端子 1、2 接通。当散热器温度高于 93℃ 时，即使不按下空调压力开关，散热器风扇开关也会闭合。

（2）主电路：蓄电池正极→熔断器/继电器盒（发动机盖下）100A 熔丝 No.41→熔断器/继电器盒（发动机盖下）20A 熔丝 No.57→散热器风扇继电器端子 1→散热器风扇继电器电磁开关→散热器风扇继电器端子 2→散热器风扇电动机端子 2→散热器风扇电动机端子 1→搭铁端子 G201→蓄电池负极。

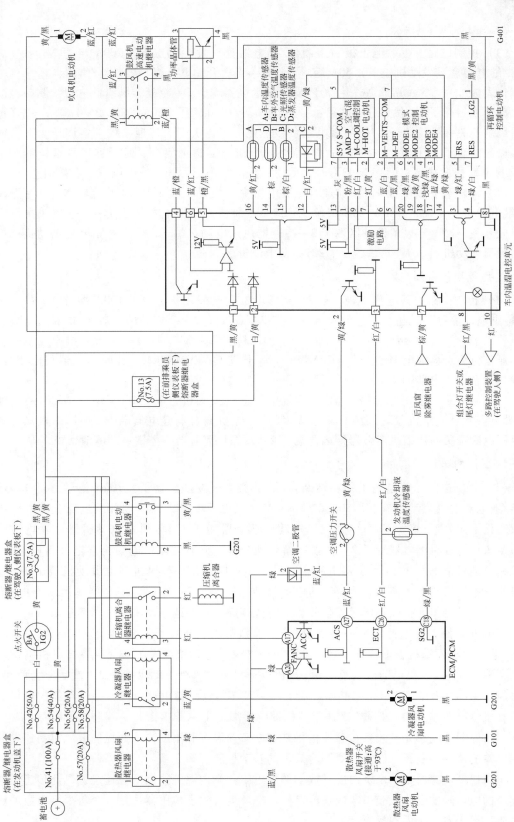

图 5-45 广州本田雅阁轿车空调系统电路

2. 冷凝器风扇电路

(1) 控制电路：蓄电池正极→熔断器/继电器盒（发动机盖下）100A 熔丝 No.41→熔断器/继电器盒（发动机盖下）50A 熔丝 No.42→点火开关 IG2 档→熔断器/继电器盒（驾驶人侧仪表板下）7.5A 熔丝 No.3→冷凝器风扇继电器端子 3→冷凝器风扇继电器线圈→冷凝器风扇继电器端子 4，然后分为两路：一路经 ECM/PCM 端子 A20→ECM/PCM；另一路经散热器风扇开关→搭铁端子 G101→蓄电池负极。此时当点火开关接通，按下空调压力开关或散热器温度高于 93℃时，电路接通，冷凝器风扇继电器得电闭合，冷凝器风扇继电器端子 1、2 接通。当散热器温度高于 93℃时，即使不按下空调压力开关，此电路也会接通。

(2) 主电路：蓄电池正极→熔断器/继电器盒（发动机盖下）100A 熔丝 No.41→熔断器/继电器盒（发动机盖下）20A 熔丝 No.58→冷凝器风扇继电器端子 1→冷凝器风扇继电器电磁开关→冷凝器风扇继电器端子 2→冷凝器风扇电动机端子 2→冷凝器风扇电动机→冷凝器风扇电动机端子 1→搭铁端子 G201→蓄电池负极。

3. 压缩机离合器电路

(1) 控制电路：蓄电池正极→熔断器/继电器盒（发动机盖下）100A 熔丝 No.41→熔断器/继电器盒（发动机盖下）50A 熔丝 No.42→点火开关 IG2 档→熔断器/继电器盒（驾驶人侧仪表板下）7.5A 熔丝 No.3→压缩机离合器继电器端子 4→压缩机离合器继电器电磁线圈→压缩机离合器继电器端子 3→ECM/PCM 端子 A17→ECM/PCM。此时继电器得电闭合，压缩机离合器继电器端子 1、2 接通。

(2) 主电路；蓄电池正极→熔断器/继电器盒（发动机盖下）100A 熔丝 No.41→熔断器/继电器盒（发动机盖下）20A 熔丝 No.58→压缩机离合器继电器端子 1→压缩机离合器继电器电磁开关→压缩机离合器继电器端子 2→压缩机离合器→搭铁→蓄电池负极。

4. 鼓风机电动机电路

(1) 控制电路　蓄电池正极→熔断器/继电器盒（发动机盖下）100A 熔丝 No.41→熔断器/继电器盒（发动机盖下）50A 熔丝 No.42→点火开关 IG2→熔断器/继电器盒（驾驶人侧仪表板下）7.5A 熔丝 No.3→鼓风机电动机继电器端子 1→鼓风机电动机继电器电磁线圈→鼓风机电动机继电器端子 2→搭铁→蓄电池负极。此时鼓风机电动机继电器得电接通，鼓风机电动机继电器 3、4 端子得电闭合。另一路控制电路为鼓风机高速电动机端子 1→鼓风机高速电动机电磁线圈→鼓风机高速电动机继电器端子 2→车内温湿电控单元端子 4。此时车内温湿控制单元接收各传感器信号，适时控制鼓风机高速电动机继电器的通断。

(2) 主电路　蓄电池正极→熔断器/继电器盒（发动机盖下）100A 熔丝 No.41→熔断器/继电器盒（发动机盖下）20A 熔丝 No.56→鼓风机电动机继电器端子 4→鼓风机电动机继电器端子 3→吹风机电动机端子 1→吹风机电动机→吹风机电动机端子 2，然后分为两路：一路经功率晶体管端子 3→功率晶体管端子 4→G401 搭铁→蓄电池负极，另一路经鼓风机高速电动机继电器端子 3→鼓风机高速电动机继电器端子 4→G401 搭铁→蓄电池负极。

车内温湿控制单元接收各传感器信号来判断车内温度和湿度，从而控制鼓风机高速电动机继电器的接通和断开，以达到对制冷效果的自动控制。

车内温度传感器是一个负温度系数的热敏电阻，车内温湿控制单元通过检测此传感器两个端子的电压降的变化来获得车内温度信号。车外空气温度传感器也是一个负温度系数的热敏电阻，用于检测车外空气温度。

第十五节　汽车电动后视镜控制系统电路图的识读 ◀◀◀

一、现代索纳塔轿车的电动后视镜控制电路图的识读

现代索纳塔轿车电动后视镜控制电路如图 5-46 所示，主要由控制开关，左、右后视镜，左、右后视镜的上下、左右驱动电动机及相关配线等组成。

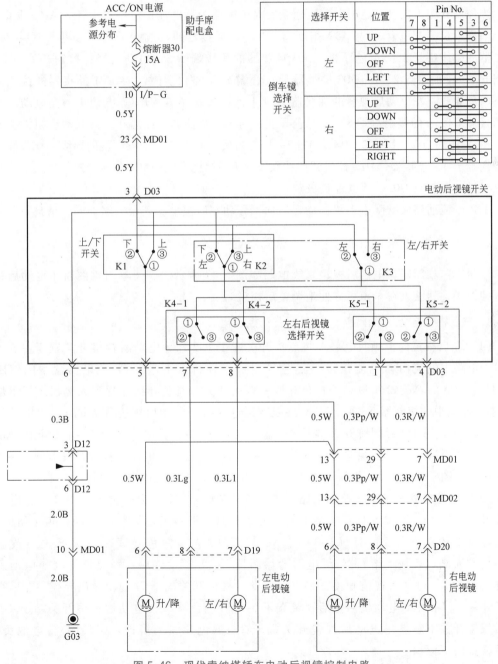

选择开关	位置	Pin No.						
		7	8	1	4	5	3	6
左	UP							
	DOWN							
	OFF							
	LEFT							
	RIGHT							
右	UP							
	DOWN							
	OFF							
	LEFT							
	RIGHT							

图 5-46　现代索纳塔轿车电动后视镜控制电路

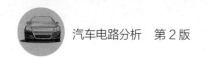

每个后视镜有两个可以正、反转的电动机，一个电动机控制后视镜的上下移动，另一个电动机控制后视镜的左右移动。当点火开关处于 ACC 或 ON 档位时，就可通过电动后视镜开关控制后视镜上/下、左/右调整后视镜的位置。

左、右后视镜转换电路主要由左、右后视镜选择开关控制，当选择开关 K4-1、K 4-2 的 1、2 触点接通时，操纵控制开关 K1、K2、K3 可使左侧后视镜形成如下电路：向上调整的控制电路、向下调整的控制电路、向左调整的控制电路、向右调整的控制电路。在此只对左侧后视镜向下调整的控制电路进行分析。

当控制开关 K1、K2 处于向左接通状态时，电路为蓄电池正极→点火开关 ACC 或 ON 档位→前排乘员侧配电盒 30 号 15A 熔断器→I/P-G 插接器的接线端子 10→黄色导线→MD01 插接器的接线端子 23→黄色导线→D03 插接器的接线端子 3→电动后视镜控制开关→上/下控制开关 K1 的触点 2、1→D03 插接器的接线端子 5→白色导线→MD01 插接器的接线端子 13→白色导线→左电动后视镜的插接器 D19 上的接线端子 6→升/降电动机→左电动后视镜的插接器 D19 上的接线端子 8→浅绿色导线→D03 插接器的接线端子 7→电动后视镜控制开关→K4-1 的触点 2、1→K2 的触点 1、2→D03 插接器的接线端子 6→黑色导线→D12 插接器的接线端子 3→连接器→D12 插接器的接线端子 6→黑色导线→MD01 插接器的接线端子 10→黑色导线→搭铁点 G03→蓄电池负极。

上述电流通路使升降电动机起动运转向下移动左后视镜。其余电路类同，请自行分析。

二、广州本田雅阁轿车电动后视镜电路图的识读

广州本田雅阁轿车电动后视镜系统电路如图 5-47 所示。广州本田雅阁轿车电动后视镜为可伸缩式，驾驶人在车内可方便地调整后视镜。

1. 左后视镜向上、下倾斜，向左、右转控制电路

（1）左后视镜向上倾斜电路　将点火开关置于 IG2 档，电动后视镜开关置于左、上位置时，电路中电流由蓄电池正极→黑色导线→发动机盖下熔断器/继电器盒中的熔断器 No. 41（100A）→No. 42（50A）→白色导线→点火开关→黄色导线→驾驶人侧仪表板下熔断器/继电器盒中的熔断器 No. 4（7.5A）→黄/黑色导线→电动后视镜开关端子 1→电动后视镜开关上触点→电动后视镜开关端子 4→蓝/白色导线→左后视镜端子 5→上、下移动电动机→左后视镜端子 4→蓝/绿色导线→电动后视镜开关端子 7→电动后视镜开关上触点→电动后视镜开关端子 2→黑线→搭铁点 G551→蓄电池负极，左后视镜向上倾斜。

（2）左后视镜向下倾斜控制电路　如图 5-47 所示，将点火开关置于 IG2 档，电动后视镜开关置于左、下位置时，电路中电流由蓄电池正极→黑色导线→发动机盖下熔断器/继电器盒中的熔断器 No. 41（100A）、No. 42（50A）→白色导线→点火开关→黄色导线→驾驶人侧仪表板下熔断器/继电器盒熔断器 No. 4（7.5A）→黄/黑色导线→电动后视镜开关端子 1→电动后视镜开关下触点→电动后视镜开关端子 7→蓝/绿色导线→左后视镜端子 4→上、下移动电动机→左后视镜端子 5→蓝/白色导线→电动后视镜开关端子 4→电动后视镜开关下触点→电动后视镜开关端子 2→黑色导线→搭铁点 G551→蓄电池负极，左后视镜向下倾斜。

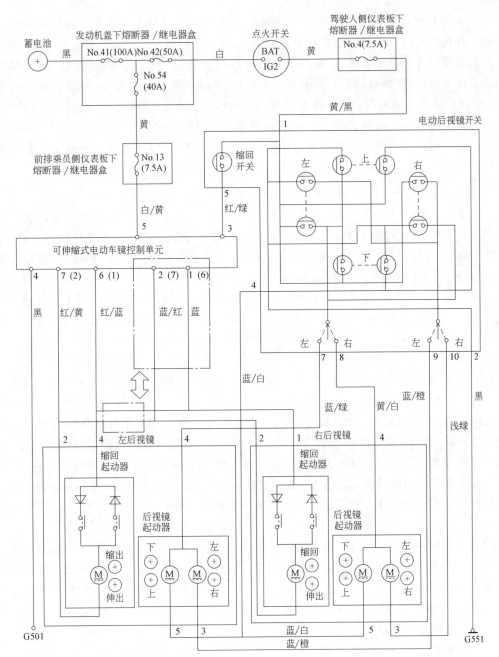

图 5-47　广州本田雅阁轿车电动后视镜系统电路

（3）左后视镜向左转电路　如图 5-47 所示，将点火开关置于 IG2 档，电动后视镜开关置于左、左转位置时，电路中电流由蓄电池正极→黑色导线→（发动机盖下熔断器/继电器盒中的熔断器）No.41（100A）→No.42（50A）→白色导线→点火开关→黄色导线→（驾驶人侧仪表板下熔断器/继电器盒）熔断器 No.4（7.5A）→黄/黑色导线→电动后视镜开关端子 1→电动后视镜开关左移触点→电动后视镜开关端子 7→蓝/绿色导线→左后视镜端子 4→左、右回转电动机→左后视镜端子 3→蓝/橙色导线→电动后视镜开关端子 9→电动后视镜开关左移触点→电动后视镜开关端子 2→黑色导线→搭铁点 G551→蓄电池负极，左后视镜向左转。

（4）左后视镜向右转电路　如图 5-47 所示，将点火开关置于 IG2 档，电动后视镜开关置于左、右转位置时，电路中电流由蓄电池正极→黑色导线→（发动机盖下熔断器/继电器盒中的熔断器）No.41（100A）、No.42（50A）→白色导线→点火开关→黄色导线→（驾驶人侧仪表板下熔断器/继电器盒）熔断器 No.4（7.5A）→黄/黑色导线→电动后视镜开关端子 1→电动后视镜开关右移触点→电动后视镜开关端子 9→蓝/橙色导线→左后视镜端子 3→左、右回转电动机→左后视镜端子 4→蓝/绿色导线→电动后视镜开关端子 7→电动后视镜开关左移触点→电动后视镜开关端子 2→黑色导线→搭铁点 G551→蓄电池负极，左后视镜向右转。

2. 右后视镜向上、下倾斜，向左、右转控制电路

（1）右后视镜向上倾斜电路　如图 5-47 所示，将点火开关置于 IG2 档，电动后视镜开关置于右、上位置时，电路中电流由蓄电池正极→黑色导线→发动机盖下熔断器/继电器盒中的熔断器 No.41（100A）、No.42（50A）→白色导线→点火开关→黄色导线→驾驶人侧仪表板下熔断器/继电器盒中的熔断器 No.4（7.5A）→黄/黑色导线→电动后视镜开关端子1→电动后视镜开关上触点→电动后视镜开关端子 4→蓝/白色导线→右电动后视镜端子 5→右后视镜上、下移动电动机→右电动后视镜端子 4→黄/白色导线→电动后视镜开关端子 8→电动后视镜开关上触点→电动后视镜开关端子 2→黑色导线→搭铁点 G551→蓄电池负极，右后视镜向上倾斜。

（2）右后视镜向下倾斜电路　如图 5-47 所示，将点火开关置于 IG2 档，电动后视镜开关置于右、下位置时，电路中电流由蓄电池正极→黑色导线→发动机盖下熔断器/继电器盒中的熔断器 No.41（100A）、No.42（50A）→白色导线→点火开关→黄色导线→驾驶人侧仪表板下熔断器/继电器盒中的熔断器 No.4（7.5A）→黄/黑色导线→电动后视镜开关端子1→电动后视镜开关下触点→电动后视镜开关端子 8→黄/白色导线→右后视镜端子 4→右后视镜上、下移动电动机→右后视镜端子 5→蓝/白色导线→电动后视镜开关端子 4→电动后视镜开关下触点→电动后视镜开关端子 2→黑色导线→搭铁点 G551→蓄电池负极，右后视镜向下倾斜。

（3）右后视镜向左转电路　如图 5-47 所示，将点火开关置于 IG2 档，电动后视镜开关置于右、左转位置时，电路中电流由蓄电池正极→黑色导线→发动机盖下熔断器/继电器盒中的熔断器 No.41（100A）、No.42（50A）→白色导线→点火开关→黄色导线→驾驶人侧仪表板下熔断器/继电器盒中的熔断器 No.4（7.5A）→黄/黑色导线→电动后视镜开关端子 1→电动后视镜开关左移触点→电动后视镜开关端子 8→黄/白色导线→右后视镜端子 4→右后视镜左、右回转电动机→右后视镜端子 3→浅绿色导线→电动后视镜开关端子 10→电动后视镜开关左移触点→电动后视镜开关端子 2→黑色导线→搭铁点 G551→蓄电池负极，右后视镜向左转。

（4）右后视镜向右转电路　如图 5-47 所示，将点火开关置于 IG2 档，电动后视镜开关置于右、右转位置时，电路中电流由蓄电池正极→黑色导线→发动机盖下熔断器/继电器盒中的熔断器 No.41（100A）、No.42（50A）→白色导线→点火开关→黄色导线→驾驶人侧仪表板下熔断器/继电器盒中的熔断器 No.4（7.5A）→黄/黑色导线→电动后视镜开关端子 1→电动后视镜开关右触点→电动后视镜开关端子 10→浅绿色导线→右后视镜端子 3→右后视镜左、右回转电动机→右后视镜端子 4→黄/白色导线→电动后视镜开关端子 8→电动后视镜开

关右移触点→电动后视镜开关端子2→黑色导线→搭铁点G551→蓄电池负极，右后视镜向右转。

3. 左、右电动后视镜伸出/缩回控制电路

（1）左、右电动后视镜从伸出位置缩回电路　如图5-47所示，将点火开关置于IG2档，按下电动后视镜开关伸缩开关时，电路中电流由蓄电池正极→黑色导线→发动机盖下熔断器/继电器盒中的熔断器No.41（100A）、No.42（50A）→白色导线→点火开关→黄色导线→驾驶人侧仪表板下熔断器/继电器盒中的熔断器No.4（7.5A）→黄/黑色导线→电动后视镜开关端子1→电动后视镜开关端子5→可伸缩式电动车镜控制单元端子3→左/右后视镜伸缩执行机构电磁阀动合触点接通。

此时，电路中的电流由蓄电池正极→黑色导线→发动机盖下熔断器/继电器盒中的熔断器No.41（100A）、No.54（40A）→黄色导线→前排乘员侧仪表板下熔断器/继电器盒中的熔断器No.13（7.5A）→白/黄色导线→可伸缩式电动车镜控制单元端子5→可伸缩式电动车镜控制单元端子1→蓝色导线→右后视镜端子1→右后视镜伸缩执行机构电磁阀动合触点接通→右后视镜伸缩执行机构电动机→右后视镜端子2→红/黄色导线→可伸缩式电动车镜控制单元端子2→可伸缩式电动车镜控制单元端子4→黑色导线→搭铁点G501→蓄电池负极，右电动后视镜从伸出位置缩回。

同时，电流由蓄电池正极→黑色导线→发动机盖下熔断器/继电器盒中的熔断器No.41（100A）、No.54（40A）→黄色导线→前排乘员侧仪表板下熔断器/继电器盒中的熔断器No.13（7.5A）→白/黄色导线→可伸缩式电动车镜控制单元端子5→可伸缩式电动车镜控制单元端子6→红/蓝色导线→左后视镜端子4→左后视镜伸缩执行机构电磁阀动合触点接通→左后视镜伸缩执行机构电动机→左后视镜端子2→红/黄色导线→可伸缩式电动车镜控制单元端子7→可伸缩式电动车镜控制单元端子4→黑色导线→搭铁点G501→蓄电池负极，左电动后视镜从伸出位置缩回。

（2）左、右电动后视镜从缩回位置伸出电路　如图5-47所示，将点火开关置于IG2档，按下电动后视镜开关伸缩开关，开关弹起时，左/右后视镜伸缩执行机构电磁阀动断触点接通。

此时，电流由蓄电池正极→黑色导线→发动机盖下熔断器/继电器盒中的熔断器No.41（100A）、No.54（40A）→黄色导线→前排乘员侧仪表板下熔断器/继电器盒中的熔断器No.13（7.5A）→白/黄色导线→可伸缩式电动车镜控制单元端子5→可伸缩式电动车镜控制单元端子2→蓝/红色导线→右后视镜端子2→右后视镜伸缩执行机构电动机→右后视镜伸缩执行机构电磁阀动断触点→右后视镜端子1→蓝色导线→可伸缩式电动车镜控制单元端子1→可伸缩式电动车镜控制单元端子4→黑色导线→搭铁点G501→蓄电池负极，右电动后视镜从缩回位置伸出。

第十六节　汽车中控门锁控制系统电路图的识读 ◀◀◀

一、汽车自动门锁电路图的识读

汽车自动门锁带有自动闭锁系统，当车速升至某一规定值（如20km/h）时自动闭锁系

统将自动锁死车门，即使按动开锁开关，门锁也打不开；当车速降低至某一规定值（如10km/h）时，自动闭锁系统将自动解除控制，此时按下开锁开关，门锁便可打开。汽车自动门锁系统控制电路如图5-48所示。汽车自动门锁系统主要由门锁电磁阀、门锁开关、电子闭锁控制器及车速信号传感器等组成。

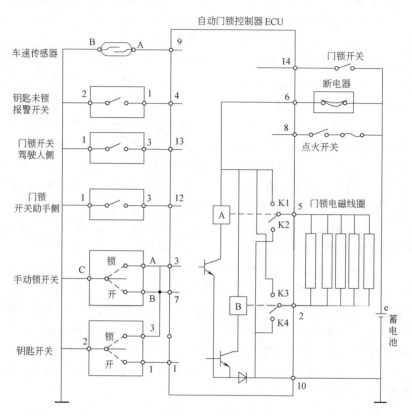

图 5-48　汽车自动门锁系统控制电路

1. 闭锁控制过程电路

当手动门锁开关或门锁钥匙开关位于闭锁档位时，自动门锁控制器端子 3 经手动门锁开关或门锁钥匙开关搭铁，导通了控制继电器电路，触点 K1 与 K4 闭合，全部门锁执行机构电磁线圈通电，活动铁心运动，各车门闭锁。基本电路如下：蓄电池正极→断电器→端子 6→触点 K1→端子 5→门锁执行机构电磁线圈→端子 2→触点 K4→端子 10→蓄电池负极。

2. 开锁控制过程电路

当手动门锁开关或钥匙门锁开关位于开锁档位时，门锁控制器端子 1 或 7 经手动门锁开关或钥匙门锁开关搭铁，导通门锁继电器控制电路，触点 K2、K3 闭合，各门锁执行机构的电磁线圈反向通电，活动铁心运动，各车门开锁。基本电路如下：蓄电池正极→断电器→端子 6→触点 K3→门锁执行机构电磁线圈→端子 5→触点 K2→端子 10→蓄电池负极。

3. 自动闭锁控制过程电路

当门锁处于开锁状态，车速升至规定值时，门锁控制器的端子 12 或 13 检测来自门锁开关的开锁信号，门锁控制器端子 9 检测速度传感器的速度信号，继电器电路运转，触点 K1、K4 闭合，门锁电磁线圈通电，全部门锁自动闭锁。门锁电磁线圈电路如下：蓄电池正极→断电器→端子 6→触点 K1→端子 5→门锁电磁线圈→触点 K4→端子 10→蓄电池负极。

4. 钥匙限定防止系统电路

该系统的作用是当点火开关钥匙未从点火锁上取下来时，驾驶人侧车门不能闭锁，以免将点火钥匙锁在车内。当点火开关钥匙在钥匙孔中未取下，打开驾驶人侧车门，用手动门锁开关或门锁钥匙闭锁车门时，钥匙未锁报警开关的信号通过端子 4 输入门锁控制器，继电器内部电路运转，触点 K3、K2 闭合，门锁电磁线圈通电，门锁处于开锁状态，故不能将车门锁死。门锁电磁线圈电路如下：蓄电池正极→断电器→端子 6→触点 K3→门锁电磁线圈→端子 5→触点 K2→端子 10→蓄电池负极。

二、马自达轿车门锁电路图的识读

如图 5-49 所示，马自达 929 型轿车门锁由主熔断器（40A）、30A 熔断器、车门锁开关、4 只车门锁电动机组成。4 只车门锁电动机组件用字母表示，其中，FL 为前左侧车门锁电动机组件，FR 为前右侧车门锁电动机组件，RL 为后左侧车门锁电动机组件，RR 为后右侧车门锁电动机组件。

车门锁电路首先经过如下电路：蓄电池正极→X-01 插接器→主熔断器座中的 40A 熔断器→白/红色导线（汽车前部配线）→JB-7 插接器的接线端子 A→配电盒 2 号 30A 熔断器→JB-4 插接器的接线端子 D→白/绿色导线（第 1 车门配线）→J-03 插接器→白/绿色导线（地板配线）→车门锁开关插接器 J-14→车门锁开关。依据车门锁开关 SA1、SA2 处于不同档位，然后经过不同电路。

（1）车门锁开关触点 1 与 2 接通　当车门锁开关的 1、2 触点接通时，门锁电动机正转，电流由车门锁开关 SA1 闭合的 1、2 触点→车门锁开关插接器 J-14→蓝色导线（地板配线），之后分成 4 路：FL 电动机电路、FR 电动机电路、RL 电动机电路和 RR 电动机电路。在此只分析 FL 电动机电路，其他电路不再赘述。

前左侧车门锁电动机 FL 的电路：车门锁开关 SA1 闭合的 1、2 触点→车门锁开关插接器 J-14→蓝色导线（地板配线）→J-04 插接器→蓝色导线（第 1 车门配线）→J-16 插接器→前左侧车门锁电动机 M1→车门锁开关 SA3（当该开关拨至另一端时，电动机 M1 反转）→隔离二极管 VD1→J-15 插接器→绿色导线（第 1 车门配线）→J-03 插接器→绿色导线（地板配线）→J-14 插接器→车门锁开关 SA2 的触点 2、1→J-01 插接器→黑色导线（地板配线）→X-28 插接器→蓄电池负极。

（2）车门锁开关触点 3 与 2 接通　当车门锁开关的 3、2 触点接通时，门锁电动机反转，电流由车门锁开关 SA2 闭合的 3、2 触点→车门锁开关插接器 J-14→绿色导线（地板配线），之后分成 4 路：FL 电动机电路、FR 电动机电路、RL 电动机电路和 RR 电动机电路。在此只分析 FL 电动机电路，其他电路不再赘述。

前左侧车门锁电动机 FL 的电路：车门锁开关 SA2 闭合的 3、2 触点→车门锁开关插接器 J-14→绿色导线（地板配线）→J-03 插接器→绿色导线（第 1 车门配线）→J-15 插接器→隔离二极管 VD2→车门锁开关 SA3 闭合触点→前左侧车门锁电动机 M1→J-16 插接器，蓝色

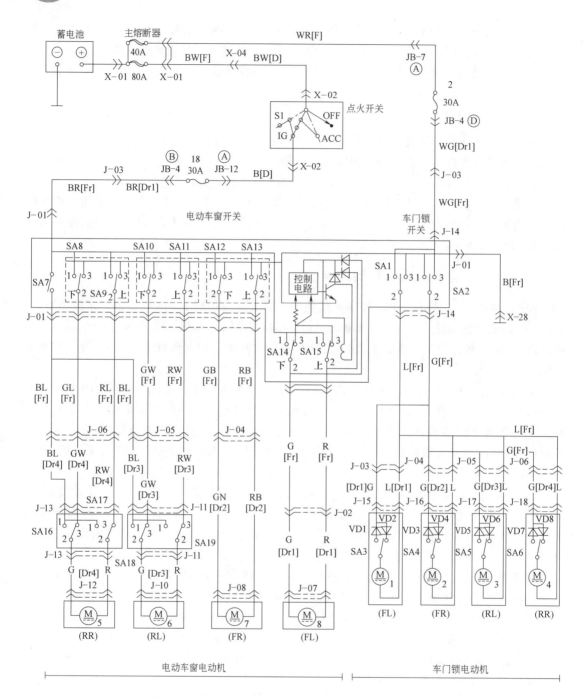

图 5-49 马自达 929 型轿车电动车窗、电动车门锁电路

导线（第 1 车门配线）→J-04 插接器→蓝色导线（地板配线）→J-14 插接器→车门锁开关 SA1 的触点 2、3→ J-01 插接器→黑色导线（地板配线）→X-28 插接器→蓄电池负极。

三、上海通用雪佛兰轿车中央门锁控制系统电路图的识读

上海通用雪佛兰轿车遥控门锁控制系统电路如图 5-50 所示。

1. 电控单元与电源的连接电路

（1）常电源电路　常电源电路如图 5-50b 所示，8 号熔丝→S210 接点→遥控门锁电控单元 C2 插接器端子 F→电控单元。

（2）工作电路　9 号熔丝→S206 接点→遥控门锁电控单元 C1 插接器端子 D→电控单元。

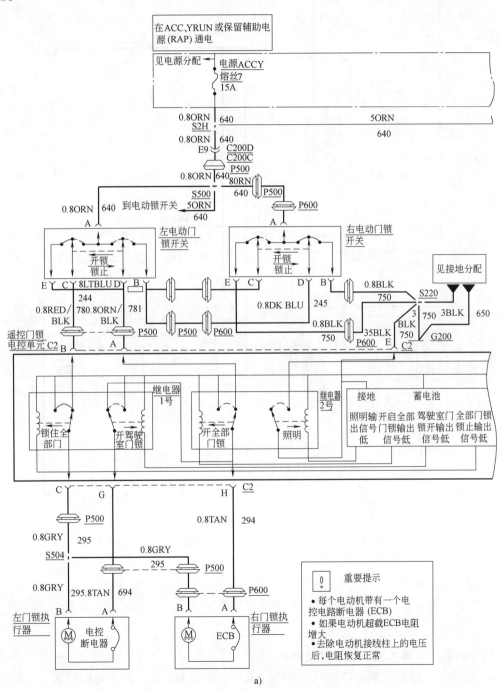

a)

图 5-50　上海通用雪佛兰轿车遥控门锁控制系统电路

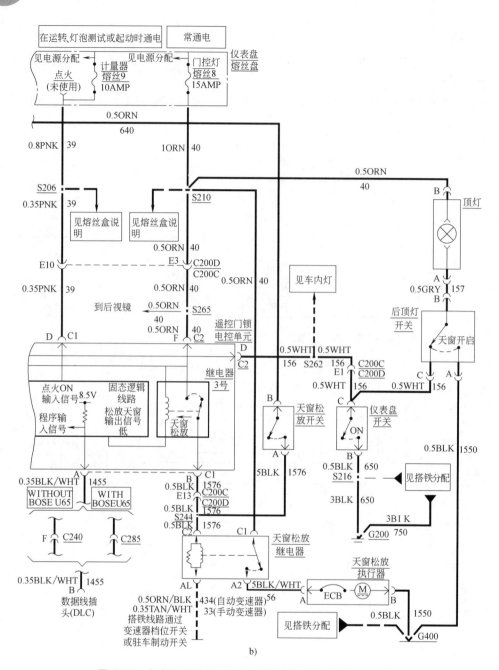

图 5-50 上海通用雪佛兰轿车遥控门锁控制系统电路（续）

2. 信号输入电路

DLC 程序输入信号接口→电控单元 C1 插接器端子 A。

3. 执行器工作电路

（1）门锁执行器（左、右）锁止电路

1）手动控制过程。手动控制时，电动门锁左、右开关锁止，开关逆时针转动，端子 C 接通电源。其电路为 7 号熔丝→S500 接点→左电动门锁开关端子 A→左侧开关、端子 C→遥控门锁电控单元 C2 插接器端子 B→1 号继电器触点→S504 接点→左、右门锁执行器、遥控门锁电控单元插接器插脚 G、H→1、2 号继电器触点→遥控门锁电控单元 C2 插接器端子 A、左电动门锁开关端子 D→左侧开关端子 B→右电动门锁开关端子 D→右侧开关端子 B→S220 接点→搭铁点 G200。

2）电控单元的控制。当车门遥控器向电控单元发出锁止信号时，电控单元中"全部门锁锁止输出信号低"的端子经电控单元搭铁。

①控制电路。8 号熔丝→S210→S265→遥控门锁电控单元的端子 F→1 号继电器左侧电磁线圈→电控单元的"全部门锁锁止输出信号低"端子经电控单元搭铁。

②主电路。8 号熔丝→S210→电控单元端子 F→1 号继电器左侧触点（闭合）→左、右门锁执行器→C2 插接器端子 G、H→1 号继电器右侧触点→2 号继电器左侧触点→C2 插接器端子 A→左电动门锁开关端子 D→左侧开关端子 B→右电动门锁开关端子 D、右侧开关端子 B→S220 接点→搭铁点 G200。

说明：开锁电流与锁止电流方向相反，电动机转向也相反。

（2）门锁执行器开锁电路

1）手动控制。门锁手动控制如图 5-50a 所示，7 号熔丝→左电动门锁开关端子 A→端子 D→C2 插接器端子 A→2 号继电器左侧触点→1 号继电器右侧触点→左、右门锁执行器→遥控门锁电控单元 C2 插接器端子 C→1 号继电器左侧触点→C2 插接器端子 B→左电动门锁开关端子 C→左侧开关端子 E→右电动门锁开关端子 C→右侧开关端子 E→S220 接点→搭铁点 G200。

2）电控单元控制。

① 驾驶室门开启控制电路。8 号熔丝→1 号继电器右侧电磁线圈→驾驶室门开输出低信号端子→搭铁。

② 驾驶室门开启主电路。8 号熔丝→1 号继电器右侧触点→遥控门锁电控单元 C2 插接器端子 G→左门锁执行器→C2 插接器端子 C、1 号继电器左侧触点端子 B→左电动门锁开关端子 C→端子 E→右电动门锁开关端子 C→右电动门锁开关的端子 E→S220 接点→搭铁点 G200。

③ 全部车门开启控制电路。8 号熔丝→2 号继电器左侧电磁线圈→全部门锁开启输出低信号端子→搭铁。

④ 全部车门开启主电路。8 号熔丝→2 号继电器左侧触点→1 号继电器右侧触点→C2 插接器端子 H→左、右门锁执行器→遥控门锁电控单元 C2 插接器端子 C→1 号继电器左侧触点→端子 B→左电动门锁开关端子 C→左侧开关的端子 E→右电动门锁开关端子 C→右侧开关端子 E→S220 接点→搭铁点 G200。

第十七节　汽车电动座椅控制系统电路图的识读

一、电动座椅电路的基本组成

电动座椅系统主要由座椅调整开关和座椅电动机等组成，按座椅移动的方向数目不同可分为 2 方向、4 方向、6 方向、8 方向以及更多方向等。具有 8 种调节功能的电动座椅，其动作方式有座椅的前后调节、上下调节、座椅前部的上下调节、靠背的倾斜调节、侧背支撑调节、腰椎支撑调节以及靠枕上下、前后调节。

座椅调整开关一般采用换向开关，内部结构与工作原理类似电动车窗升降开关，其主要目的是对座椅电动机电源极性进行换向控制；座椅电动机一般采用可逆性永磁直流电动机，受控于调整开关或控制器，分别驱动某个调整方向的传动部件，实现座椅的不同调整。

电动座椅电路一般分为调整开关直接控制和具有记忆功能的控制电路两大类型，个别车辆还具有座椅加热功能。

二、座椅位置非电脑调节系统

座椅位置非电脑调节系统又称为不带存储功能的座椅调节系统，通过操纵座椅控制开关，可以调节座椅的前后滑移、前垂直、后垂直位置，靠背和头枕的倾斜位置以及腰垫的位置。由于系统没有存储功能，座椅位置不能存储和一键复位。

汽车座椅位置非电脑调节系统由调节电动机、控制机构和传动机构组成。座椅前后滑移和靠背仰合控制电路如图 5-51 所示。

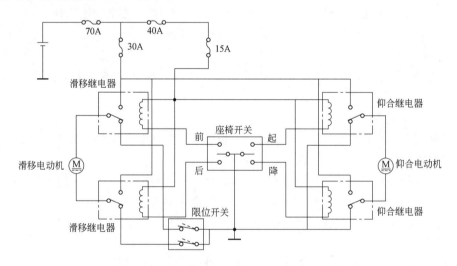

图 5-51　座椅前后移动和仰合控制电路

现以座椅前后滑移为例说明其控制原理。当需要座椅向前移动时，座椅（操作）开关置于"前"位置，上面一个滑移继电器线圈电路接通，其电路为蓄电池正极→熔断器（70A）→熔断器（40A、15A）→上滑移继电器线圈→座椅开关"前"触点→座椅开关→蓄电池负极。

继电器线圈通电后，产生电磁吸力将滑移继电器动合触点吸合，使滑移电动机电路接通，其电路为蓄电池正极→熔断器（70A）→熔断器（30A）→上滑移继电器动合触点→滑移电动机→下滑移继电器动断触点→限位开关→蓄电池负极。

三、座椅位置电脑调节系统

座椅位置电脑调节系统又称为带存储功能的座椅调节系统，其显著特点是通过操纵座椅控制开关，可将座椅的前后滑移、前垂直、后垂直位置参数，靠背和头枕的倾斜参数，以及腰垫的位置参数存储在存储器中；当存储与复位开关输入控制信号后，座椅在 ECU 的控制下，将自动存储和复位。

下面以丰田雷克萨斯 LS400 轿车座椅位置电脑调节系统为例说明其结构原理。图 5-52 所示为丰田雷克萨斯 LS400 轿车电动座椅系统控制电路，具有存储记忆功能，主要包括电动座椅 ECU、倾斜和伸缩 ECU、电动座椅开关、驾驶人位置储存和复位开关、腰垫开关、位置传感器和电动机等。该控制系统可使座椅获得 5 个调节自由度。进行调节时，可由按钮控制调节量，然后利用存储功能和开关控制某一位置的数据存储；座椅位置信号取自滑动变阻器上获得的电压降，根据每 1 个自由度电动机驱动座椅，从而使滑动变阻器随动，由此改变变阻器上电压降的数值，由控制装置识别座椅的运动机构是否到达止点，到达止点位置时，控制装置及时切断供给电动机的电源，保护电动机和座椅驱动机构。

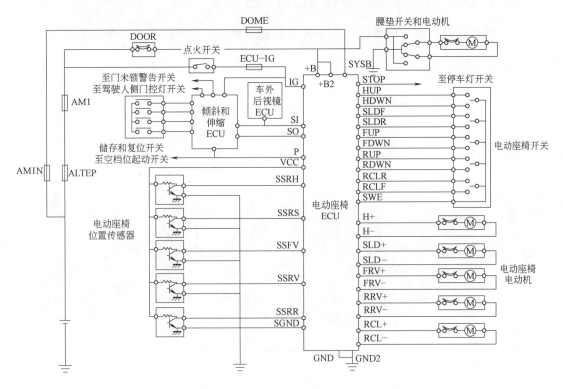

图 5-52　带储存功能的电动座椅系统控制电路（丰田雷克萨斯 LS400 轿车）

各主要部件功能如下。

1）电动座椅 ECU：控制电动座椅的电源通断、存储执行和复位动作。当收到来自电动座椅开关的输入信号后，在 ECU 内的继电器动作，控制电动座椅运动。座位的存储和复位由倾斜和伸缩 ECU 与座椅 ECU 之间的相互联系进行控制。

2）电动座椅开关：主要功能是向 ECU 输入滑动、前垂直、后垂直、倾斜或头枕位置信号。

3）驾驶人位置储存和复位开关：该开关将储存或复位信号送给倾斜和伸缩 ECU 后将记忆和复位信号输送给座椅 ECU。

4）腰垫开关：该开关直接控制腰部电动机，不具备储存记忆或复位功能。

5）位置传感器：用于检测每个电动机位置信号并送至座椅 ECU，用作存储、记忆和复位。

6）电动机：电动机由来自电动座椅 ECU 或腰垫开关的电流驱动，用来驱动座椅的动作机构；每个电动机内部均设有热保护触点，以防止电动机过载损坏。

当电动座椅开关接通后，开关的位置信号送至电动座椅 ECU，ECU（内部继电器）控制相应的电动机运转，各个电动机使座椅实现滑动、前垂直、后垂直、倾斜、头枕位置的调整动作。同时，系统增加了存储记忆和位置复位功能，座椅滑动、前垂直、后垂直、倾斜、头枕位置的信号通过位置传感器送至电动座椅 ECU，电动座椅 ECU 将这些位置信号送至倾斜与伸缩 ECU 中储存记忆并可复位。

四、广州本田雅阁轿车座椅加热控制电路

图 5-53 所示为广州本田雅阁轿车座椅加热控制电路，系统主要由座椅加热器继电器、

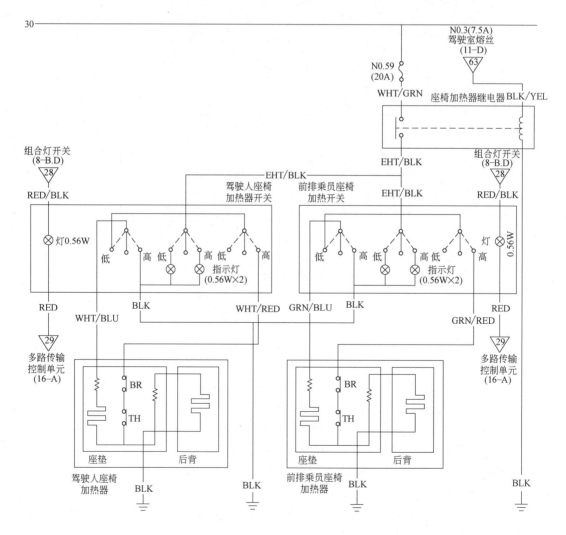

图 5-53　广州本田雅阁轿车座椅加热控制电路

驾驶人座椅加热器开关、乘客室前座椅加热器开关、驾驶人座椅加热器、前排乘员座椅加热器等组成。

第十八节　汽车电动天窗电路图的识读　◀◀◀

一、索纳塔轿车电动天窗电路

索纳塔轿车电动天窗基本控制电路如图 5-54 所示。电动天窗基本控制系统由天窗控制开关、限位开关、继电器和天窗驱动电动机等组成。系统工作原理与电动车窗基本相同，利用开启和关闭两个继电器，改变电动机电流方向，驱动电动机实现正、反转，使天窗实现不同状态下的工作。

1. 开启天窗

按压天窗开关打开键，天窗继电器控制电路为点火开关控制电源→熔丝（15A）→天窗继电器端子 M98/7→打开继电器线圈→天窗继电器端子 M98/4→天窗开关端子 M97/2→蓄电池负极，继电器线圈磁化吸合触点接通。天窗电动机电路为 +B 电源→熔丝（15A）→天窗继电器端子 M98/2→端子 1→天窗电动机端子 M96/8→天窗电动机端子 A→端子 B→天窗电动机端子 M96/3→天窗继电器端子 M98/3→关闭继电器动断触点→天窗继电器端子 M98/5→蓄电池负极。此时，天窗电动机端子 A 正、端子 B 负，电动机工作，开启天窗。

2. 关闭天窗

按压天窗开关关闭键，天窗继电器控制电路为点火开关控制电源→熔丝（15A）→天窗继电器端子 M98/7→关闭继电器线圈→天窗继电器端子 M98/8→天窗电动机端子 M96/4→限位开关打开天窗触点→天窗电动机端子 M96/7→天窗开关端子 M97/6→蓄电池负极，继电器线圈磁化吸合触点接通。天窗电动机电路为 +B 电源→熔丝（15A）→天窗继电器端子 M98/2→端子 3→天窗电动机端子 M96/3→天窗电动机端子 B→端子 A→天窗电动机端子 M96/8→天窗继电器端子 M98/1→打开继电器动断触点→天窗继电器端子 M98/5→蓄电池负极。此时，天窗电动机端子 B 正、端子 A 负，电动机工作，关闭天窗。

3. 倾斜上升

按压天窗开关倾斜上升键，天窗继电器控制电路为点火开关控制电源→熔丝（15A）→天窗继电器端子 M98/7→关闭继电器线圈→天窗继电器端子 M98/8→天窗电动机端子 M96/4→限位开关关闭天窗触点→天窗电动机端子 M96/6→天窗开关端子 M97/5→倾斜上升开关触点→搭铁→蓄电池负极，关闭继电器线圈磁化吸合触点。天窗电动机电路：+B 电源→熔丝（15A）→天窗继电器端子 M98/2→端子 3→天窗电动机端子 M96/3→天窗电动机端子 B→端子 A→天窗电动机端子 M96/8→天窗继电器端子 M98/1→打开继电器动断触点→天窗继电器端子 M98/5→蓄电池负极。此时，天窗电动机端子 B 正、端子 A 负，电动机工作，天窗倾斜上升。

4. 倾斜下降

按压天窗开关倾斜下降键，天窗继电器控制电路为点火开关控制电源→熔丝（15A）→

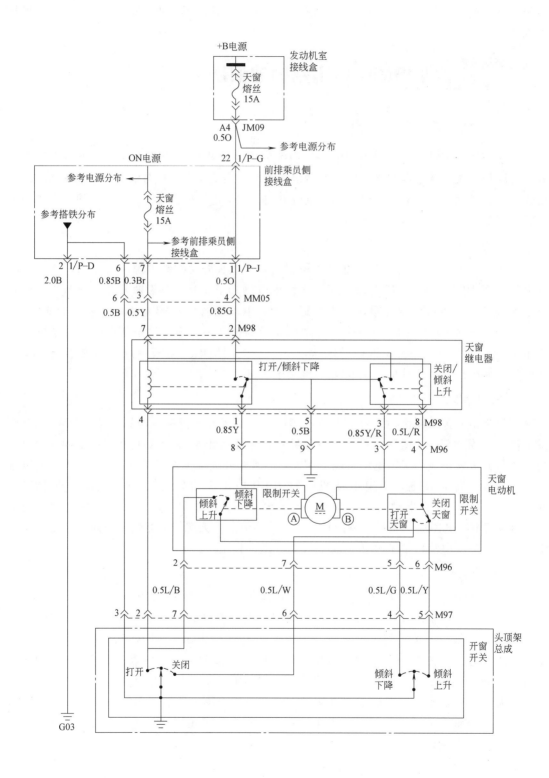

图 5-54 索纳塔轿车电动天窗基本控制电路

天窗继电器端子 M98/7→打开继电器线圈→天窗继电器端子 M98/4→天窗开关端子 M97/2→天窗开关端子 M97/7→天窗电动机端子 M96/2→限位开关倾斜上升触点→天窗电动机端子 M96/5→天窗开关端子 M97/4→倾斜下降开关触点→蓄电池负极，继电器线圈磁化吸合触点接通。天窗电动机电路为+B 电源→熔丝（15A）→天窗继电器端子 M98/2→端子 1→天窗电动机端子 M96/8→天窗电动机端子 A→端子 B→天窗电动机端子 M96/3→天窗继电器端子 M98/3→关闭继电器动断触点→天窗继电器端子 M98/5→蓄电池负极。此时，天窗电动机端子 A 正、端子 B 负，电动机工作，天窗倾斜下降。

二、丰田雷克萨斯 LS400 轿车滑移车顶窗系统控制电路

图 5-55 所示为丰田雷克萨斯 LS400 轿车滑移车顶窗系统控制电路，系统主要由滑移车顶窗控制继电器（电子继电器或电子控制器）、电动机、限位开关和车顶窗开关等组成。

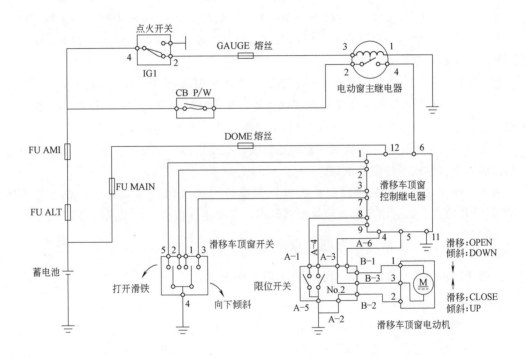

图 5-55　丰田雷克萨斯 LS400 轿车滑移车顶窗系统控制电路

该系统电源采用了继电器供电的方式，接通点火开关后，电动窗主继电器工作，通过继电器触点将点火供电送给滑移车顶窗控制继电器的端子 6，滑移车顶窗控制继电器的端子 11 直接搭铁，为系统工作提供工作电源。滑移车顶窗控制继电器的端子 12 作为系统储存、记忆的永久电源。

1）当控制开关拨到 OPEN 位置时，搭铁→滑移车顶窗开关端子 4→滑移车顶窗开关端子 5→车顶窗控制继电器的端子 1 得到搭铁信号，车顶窗控制继电器内部继电器工作。点火

供电→车顶窗控制继电器端子6→端子5→车顶窗电动机端子1→电动机端子3→车顶窗控制继电器的端子4→端子11→搭铁点→蓄电池负极，电动机端子1为正，端子3为负，电动机开始运转，打开车顶窗。

2）当控制开关拨到 CLOSE 位置时，搭铁→滑移车顶窗开关端子4→滑移车顶窗开关端子2→车顶窗控制继电器的端子2得到搭铁信号，车顶窗控制继电器内部继电器工作。点火供电→车顶窗控制继电器端子6→端子4→车顶窗电动机端子3→电动机端子1→车顶窗控制继电器的端子5→端子11→搭铁点→蓄电池负极，电动机端子3为正，端子1为负，电动机开始运转，关闭车顶窗。

当滑移车顶窗到达 200mm 左右（不到全关位置）时，限位开关由开转为关，使车顶窗控制继电器的端子8与搭铁断开，滑移式车顶窗停在这个位置。

3）当控制开关拨到 UP 位置时，搭铁→滑移车顶窗开关端子4→滑移车顶窗开关端子1→车顶窗控制继电器的端子3得到搭铁信号，车顶窗控制继电器内部继电器工作。点火供电→车顶窗控制继电器端子6→端子4→车顶窗电动机端子3→电动机端子1→车顶窗控制继电器的端子5→端子11→搭铁点→蓄电池负极，电动机端子3为正，端子1为负，电动机开始运转，使滑移车顶窗上倾。

4）当控制开关拨到 DOWN 位置时，搭铁→滑移车顶窗开关端子4→滑移车顶窗开关端子3→车顶窗控制继电器的端子7得到搭铁信号，车顶窗控制继电器内部继电器工作。点火供电→车顶窗控制继电器端子6→端子5→车顶窗电动机端子1→电动机端子3→车顶窗控制继电器的端子4→端子11→搭铁点→蓄电池负极，电动机端子1为正，端子3为负，电动机开始运转，使滑移式车顶窗向下倾。

当滑移车顶窗仍处于某一倾斜位置（两只限位开关关闭）时，如果将点火开关转到 ACC 或 OPP 位置，就会出现蜂鸣声提醒驾驶人，滑动车顶窗仍在向上倾斜位置。

三、广州本田雅阁轿车电动天窗电路

广州本田雅阁轿车电动天窗控制电路如图 5-56 所示。

1. 天窗开启电路

（1）控制电路　蓄电池正极→No.15 熔丝→No.18 熔丝→点火开关（IG1 档）→No.5 熔丝→天窗开启继电器的电磁线圈→天窗开关（开启档）→二极管→搭铁点 G401→蓄电池负极。

（2）工作电路　蓄电池正极→No.15 熔丝→No.31 熔丝→天窗开启继电器的触点→开窗电动机→天窗关闭继电器的触点→搭铁点 G401→蓄电池负极。

2. 天窗关闭电路

（1）控制电路　蓄电池正极→No.15 熔丝→No.18 熔丝→点火开关（IGl 档）→No.5 熔丝→天窗关闭继电器的电磁线圈→开窗开关（关闭档）→二极管→搭铁点 G401→蓄电池负极。

（2）工作电路　蓄电池正极→No.15 熔丝→No.31 熔丝→天窗关闭继电器触点→天窗电动机→天窗开启继电器触点→搭铁点 G401→蓄电池负极。

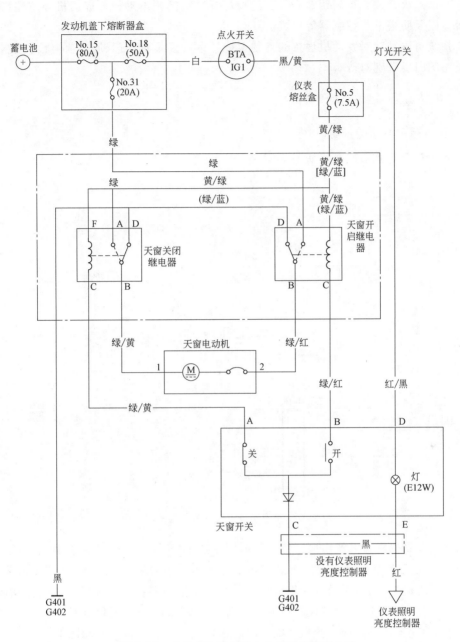

图 5-56 广州本田雅阁轿车电动天窗控制电路

第十九节 汽车防盗系统电路图的识读

一、防盗系统电路的基本组成

防盗系统主要作用是防止窃贼非法进入车内，盗取财物或将车辆移动，所以防盗系统可对车门锁、行李箱、发动机室盖、油箱盖、发动机或变速器等装置进行监测与保护。汽车防

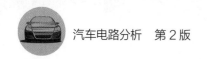

盗系统主要由点火开关、车门钥匙开关、门控灯开关、门锁电动机、起动机、防盗指示灯、防盗报警器以及防盗电子控制器等组成。

防盗系统可以是针对发动机设置的禁制系统，也可以是包括门锁在内的综合控制系统，在阅读电路图时要区别对待。

二、典型防盗系统控制电路

1. 美国通用车系防盗系统

美国通用车系防盗系统电路如图 5-57 所示。

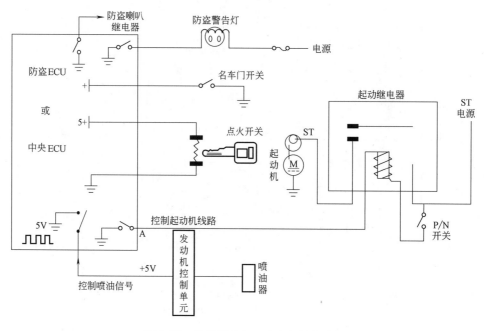

图 5-57 美国通用车系防盗系统电路

美国通用车系的防盗系统由原厂钥匙与遥控控制两套系统组成。使用这两套系统都能够实现车门、发动机室盖、行李箱门、油箱盖的正常开启与闭锁。若非法操作（钥匙不符、遥控器信号不正确），防盗系统处于警戒状态，将起动继电器控制电路的搭铁电路切断，使起动机无法工作。同时，发动机控制单元不工作，报警系统开始报警（灯光闪烁、电喇叭鸣响），除非使用原厂钥匙或遥控器才能解除防盗警戒，使起动机、发动机工作。

将自动变速器变速杆置于 P 位或 N 位时，插入点火钥匙并转到起动档位（START），防盗电脑即进行检测，将检测结果传递给中央控制电脑，中央控制电脑将电阻阻值与设定的特定电阻阻值进行比较，若二者为同一值，则为正常，中央控制电脑就向 "A" 点提供一个低电位，即控制起动继电器的搭铁电路接通。

起动机继电器控制电路：ST 电源→P/N 开关→起动继电器线圈→中央控制电脑板→内部搭铁，此时，起动继电器线圈磁化吸合触点，接通起动机主电路。

起动机工作电路：蓄电池→起动机电磁开关内部动合触点→起动电动机→蓄电池负极，起动机工作。

起动机工作的同时，中央控制电脑向发动机控制单元输出允许工作的信号，发动机控制单元开始工作，触发燃油泵电路和点火电路等，发动机工作。

　　若电阻阻值与中央电脑板内部设定的特定电阻阻值非同一档，则中央控制电脑向"A"点提供一个高电位，将起动机控制电路切断，起动机、发动机不工作，防盗系统会发出警报，使汽车无法依靠自己的动力移开。

2. 丰田雷克萨斯 LS400 轿车防盗系统

　　图 5-58 所示为丰田雷克萨斯 LS400 轿车防盗系统电路图，系统主要由电控单元、点火

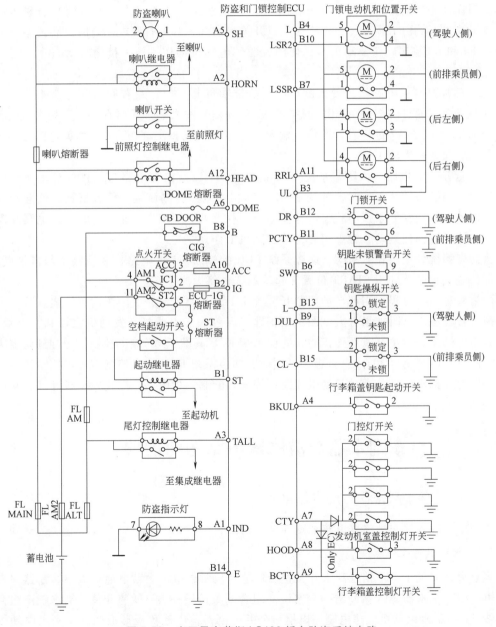

图 5-58　丰田雷克萨斯 LS400 轿车防盗系统电路

开关、车门钥匙控制开关、钥匙开启警告开关、门控灯开关、门锁开关、门锁位置开关、门锁电动机、起动机切断系统、防盗指示灯和防盗喇叭等组成。

（1）防盗系统 ECU 电源电路　根据防盗系统电路要求均需具备蓄电池电源，本电路由防盗 ECU 的端子 A6 和 B8 提供；还需要有点火开关提供点火供电以解除防盗警戒，本电路由端子 B2 提供；防盗 ECU 搭铁由端子 E 提供。

（2）防盗指示灯电路　在警戒状态下，防盗系统 ECU 的端子 A1 输出高电平（+12V），经限流电阻使发光二极管导通发光，以示防盗系统处于工作状态。

（3）门锁驱动电路　驾驶人侧车门门锁开关连接防盗系统 ECU 的端子 B12，前排乘员侧车门门锁开关连接防盗系统 ECU 的端子 B11，钥匙操纵开关（左、右前门）分别连接防盗系统 ECU 的端子 B13、B9、B15。这几只开关中的任一开关打开或闭合时，防盗系统 ECU 均会由 B4 和 B3 输出门锁驱动信号，使门锁驱动电动机动作，开关机构将所有车门打开或锁止。

（4）门控灯开关电路　驾驶人侧车门、前排乘员侧车门、左右后门和行李箱盖门控灯开关并联连接，通过防盗系统 ECU 的端子 A7 作为信号输入端，只要有一个开关未关闭，防盗系统 ECU 的端子 A7 都将有检测信号输入，使防盗系统 ECU 的端子 B1 相关电路处于断开状态，而使起动机无法工作。

（5）起动控制电路　由防盗系统 ECU 的端子 B1 以及内部电路与外接的起动机继电器共同组成。当防盗系统工作时，其端子 B1 内的相关电路控制该端子等效搭铁，使起动机继电器线圈的电流通路处于接通状态，只要点火开关置于 START 位置，起动机继电器线圈中就将有电流通过而使其动合触点闭合，使起动机工作。

当防盗系统处于防盗状态时，防盗系统 ECU 的端子 B1 内电路控制该端子与搭铁断开，此时即使是点火开关处于 START 位置，起动系统也将无法工作。

防盗系统工作过程：当把自动门锁开关置于 LOCK 位置时，关闭车门，防盗系统进入防盗警戒准备状态。这时如果有人试图不用钥匙强行进入车内或打开发动机室盖和行李箱盖，或当蓄电池端子被拆下又重新连接时，防盗系统 ECU 其端子 A5 输出控制信号加到防盗喇叭上，使防盗喇叭鸣响（30s）进行报警。同时，防盗系统 ECU 输出控制信号至控制执行部件以自动锁死全部车门，并通过起动机切断系统来切断起动机电路，阻止发动机起动，从而实现防盗的目的。

第二十节　汽车刮水器与洗涤器电路图的识读

一、丰田轿车刮水器与洗涤器电路

丰田轿车刮水器与洗涤器电路如图 5-59 所示。

1. 刮水器低速工作

当点火开关置于 IG1 档且刮水开关置于低速档位时，电流由蓄电池正极→熔断器→点火开关 IG1 档→刮水器 20A 熔断器→刮水洗涤组合开关接线柱 B→低速开关→刮水洗涤组合开关接线柱 7→刮水电动机低速电刷→电枢→公共电刷→蓄电池负极形成回路，刮水电动机低速运转。

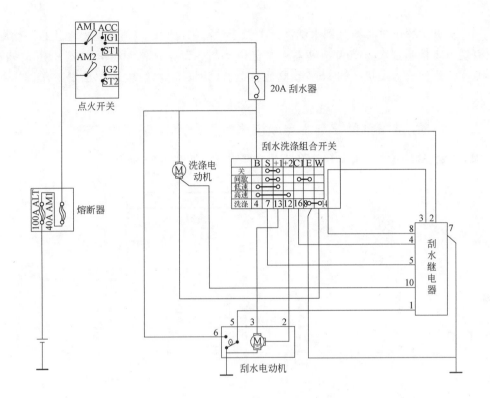

图 5-59　丰田轿车电动刮水器与洗涤器电路

2. 刮水器高速工作

当点火开关置于 IG1 档且刮水开关置于高速档位时，电流由蓄电池正极→熔断器→点火开关 IG1 档→刮水器 20A 熔断器→刮水洗涤组合开关接线柱 B→高速开关→刮水洗涤组合开关接线柱 13→刮水电动机高速电刷→电枢→公共电刷→蓄电池负极形成回路，刮水电动机高速运转。

3. 刮水器间歇工作

当点火开关置于 IG1 档且刮水开关置于间歇档位时，电流由蓄电池正极→熔断器→点火开关 IG1 档→刮水器 20A 熔断器→刮水继电器脚 2→刮水继电器脚 5→刮水洗涤组合开关接线柱 4→间歇开关→刮水洗涤组合开关接线柱 7→刮水电动机低速电刷→电枢→公共电刷→蓄电池负极形成回路，刮水电动机间歇运转。刮水继电器决定间歇时间。

4. 刮水器停机复位

当刮水器开关置于"关"档位置时，若刮水片没有停在规定位置，则刮水电动机内复位装置将端子 5 与 6 接通，电流由蓄电池正极→熔断器→点火开关 IG1 档→刮水器 20 A 熔断器→刮水电动机端子 6→刮水电动机端子 5→刮水继电器脚 1→刮水继电器脚 5→刮水洗涤组合开关接线柱 4→"关"开关→刮水洗涤组合开关接线柱 7→刮水电动机低速电刷→电枢→公共电刷→蓄电池负极形成回路，刮水片处在规定的停止位置上。

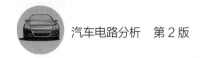

汽车电路分析 第2版

5. 洗涤器工作

当点火开关置于 IG1 档且刮水洗涤开关置于洗涤档位时，电流由蓄电池正极→熔断器→点火开关 IG1 档→刮水器 20A 熔断器→洗涤电动机→刮水洗涤组合开关接线柱 8→洗涤开关→刮水洗涤组合开关接线柱 16→蓄电池负极。同时，刮水继电器被触发工作，使刮水器配合洗涤器工作一段时间。

二、别克凯越车系风窗刮水器和洗涤器系统控制电路

别克凯越车系风窗刮水器和洗涤器系统控制电路如图 5-60 所示。

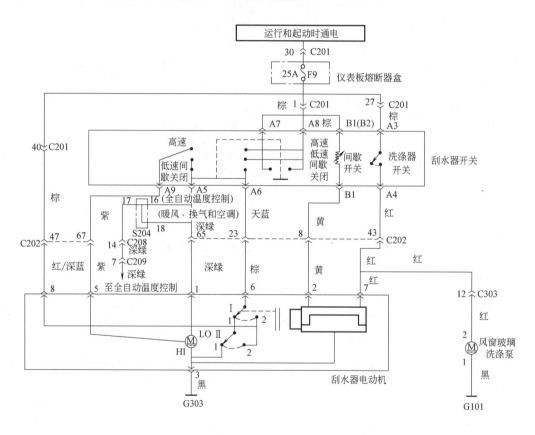

图 5-60　别克凯越车系风窗刮水器和洗涤器系统控制电路

电动刮水器主要由直流电动机、涡轮箱、曲柄连杆、摆杆和刮水片等组成。洗涤器主要由储液箱、洗涤泵、输液管和喷嘴等组成，与刮水器装置配合使用。

凯越轿车根据配置不同可分为两种刮水系统：一种是带传感器的刮水器和洗涤器系统；另一种是不带传感器的刮水器和洗涤器系统。现以后者为例进行电路分析说明。此系统包括关闭、低速、高速、间歇、洗涤器控制、自动温度控制几个档位。

1. 刮水器低速档控制电路

当刮水器开关位于低速档时，电路为蓄电池正极→运行和起动时通电→插接器 C201 的端子 30→仪表板熔断器盒 25A 熔丝 F9→插接器 C201 的端子 1→刮水器开关端子 A8→刮水

244

器开关"低速"触点→刮水器开关端子 A5→插接器 C202 的端子 65→刮水电动机端子 1→电刷"LO"→电枢绕组→刮水电动机端子 3→G303→蓄电池负极，刮水电动机低速转动。

2. 刮水器高速档控制电路

当刮水器开关位于高速档时，电路为蓄电池正极→运行和起动时通电→插接器 C201 的端子 30→仪表板熔断器盒 25A 熔丝 F9→插接器 C201 的端子 1→刮水器开关端子 A8→刮水器开关"高速"触点→刮水器开关端子 A9→插接器 C202 的端子 67→刮水电动机端子 5→电刷"HI"→电枢绕组→刮水电动机端子 3→G303→蓄电池负极，刮水电动机高速转动。

3. 刮水器间歇档控制电路

当刮水器开关位于间歇档时，电路为蓄电池正极→运行和起动时通电→插接器 C201 的端子 30→仪表板熔断器盒 25A 熔丝 F9→插接器 C201 的端子 1→刮水器开关端子 A8→刮水器开关"间歇"触点→刮水器开关端子 A7→刮水器开关端子 B1（B2）→间歇开关→刮水器开关端子 B1→插接器 C202 的端子 8→刮水电动机端子 2→刮水电动机内部继电器→刮水电动机端子 3→G303→蓄电池负极，刮水电动机内部"Ⅰ"开关端子 1 断开，端子 2 闭合。

当刮水器开关内部"Ⅰ"开关端子 2 闭合时，电路为蓄电池正极→运行和起动时通电→插接器 C201 的端子 30→仪表板熔断器盒 25A 熔丝 F9→插接器 C201 的端子 40→插接器 C202 的端子 47→刮水电动机端子 8→刮水电动机内部"Ⅰ"开关端子 2→刮水电动机端子 6→插接器 C202 的端子 23→刮水器开关端子 A6→刮水器开关"间歇"触点→刮水器开关端子 A5→插接器 C202 的端子 65→刮水电动机端子 1→电刷"LO"→电枢绕组→刮水电动机端子 3→G303→蓄电池负极，对刮水电动机进行间歇控制，通过对间歇开关的电阻的改变来控制间歇时间。

4. 刮水器自动回位控制电路

当刮水器开关关闭时，若刮水器联动装置未停在初始位置，则刮水电动机内"Ⅰ"开关端子 2 闭合，电路为蓄电池正极→运行和起动时通电→插接器 C201 的端子 30→仪表板熔断器盒 25A 熔丝 F9→插接器 C201 的端子 40→插接器 C202 的端子 47→刮水电动机端子 8→刮水电动机内部"Ⅰ"开关端子 2→刮水电动机端子 6→插接器 C202 的端子 23→刮水器开关端子 A6→刮水器开关"关闭"触点→刮水器开关端子 A5→插接器 C202 的端子 65→刮水电动机端子 1→电刷"LO"→电枢绕组→刮水电动机端子 3→G303→蓄电池负极，刮水电动机低速转动，直至联动装置回到初始位置停止。

5. 刮水器自动温度控制电路

当自动空调处于打开位置时，全自动温度控制系统根据接收到的信号对刮水器进行控制，其主要控制刮水电动机内部Ⅱ开关的两个触点的断开和闭合，进行规律变化。

6. 洗涤器控制电路

当洗涤器开关闭合时，电路为蓄电池正极→运行和起动时通电→插接器 C201 的端子 30→仪表板熔断器盒 25A 熔丝 F9→插接器 C201 的端子 27→刮水器开关端子 A3→洗涤器开关→刮水器开关端子 A4→插接器 C202 的端子 43→插接器 C303 的端子 12→风窗玻璃洗涤

泵→G101→蓄电池负极，洗涤器泵动作喷水。

三、桑塔纳轿车的刮水器与洗涤器电路

桑塔纳轿车的刮水器与洗涤器电路如图5-61所示。

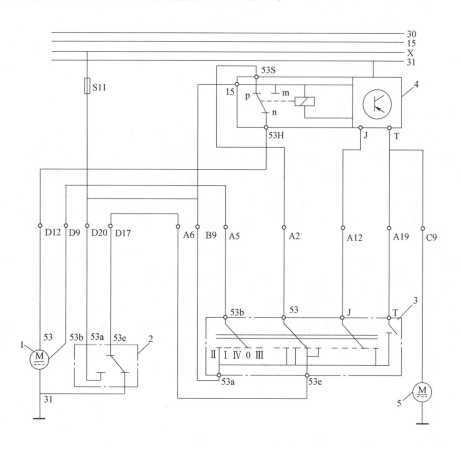

图5-61　桑塔纳轿车的刮水器与洗涤器电路

1—刮水电动机　2—复位开关　3—刮水器与洗涤器开关　4—刮水继电器　5—洗涤电动机

1. 刮水电动机总成

刮水电动机总成主要由刮水电动机和复位开关组成。其上共有5个接线端子，它们分别是53（低速）、53b（高速）、53a（电源）、53e（复位）及搭铁端子31（刮水电动机的搭铁线与复位开关的搭铁线合二为一）。

2. 刮水器与洗涤器开关

刮水器与洗涤器开关由刮水器开关与洗涤器开关组合而成。刮水器开关具有0（停止）、Ⅰ（低速）、Ⅱ（高速）、Ⅲ（间歇）、Ⅳ（点动）档位。洗涤器开关是一个点动开关，当向上抬组合开关手柄时，洗涤电动机的电路即接通，松开手柄，电路便断开。刮水器与洗涤器开关上共有6个接线端子，分别是53a（电源）、53（低速）、53b（高速）、53e（复位）、J（间歇）和T（洗涤）端子。

3. 电路分析

（1）低速档电路　当刮水器开关置于Ⅰ档时，开关的端子 53 与 53a 接通，刮水电动机电路为中央配电盒 X 电路→熔断器 S11→刮水器开关的端子 53a→刮水器开关Ⅰ档→刮水器开关的端子 53→刮水继电器的端子 53S→刮水继电器的触点 p→刮水继电器的触点 n→刮水继电器的端子 53H→刮水电动机的端子 53→刮水电动机→刮水电动机的端子 31→搭铁。此时刮水电动机低速运转，刮水片低速摆动。

（2）高速档电路　当刮水器开关置于Ⅱ档时，开关的端子 53b 与端子 53a 接通，刮水电动机电路为中央配电盒 X 电路→熔断器 S11→刮水器开关的端子 53a→刮水器开关Ⅱ档→刮水器开关的端子 53b→刮水电动机的端子 53b→刮水电动机→刮水电动机的端子 31→搭铁。此时刮水电动机高速运转，刮水片高速摆动。

（3）点动档电路　当刮水器开关置于Ⅳ档（点动档）位置不松手时，开关的端子 53 与 53a 接通，电路同低速档。此时刮水电动机低速运转，刮水片低速摆动。倘若一松手，刮水器开关会自动回到停止档，刮水片回到最低位置后停止摆动。

（4）停机复位电路　将刮水器开关从任一个档回到停止档时，开关的端子 53 与 53e 接通，倘若此时刮水片未回到最低位置，复位开关的端子 53a 与 53e 导通。刮水电动机电路为中央配电盒 X 电路→熔断器 S11→刮水电动机总成上的复位开关端子 53a→复位开关端子 53e→刮水器开关的端子 53e→刮水器开关 0 档→刮水器开关的端子 53→刮水继电器的端子 53S→刮水继电器的触点 p→刮水继电器的触点 n→刮水继电器的 53H 端子→刮水电动机端子 53→刮水电动机→刮水电动机的端子 31→搭铁。刮水电动机继续运转，刮水片继续摆动，直至到达最低位置。当刮水片到达最低位置时，复位开关的 53e 与搭铁端子 31 导通，电动机断电而停止运转，同时刮水片停止摆动。

（5）间歇档电路　当刮水器开关置于Ⅲ档时，开关的端子 J 与 53a 接通，刮水继电器内部电路开始工作。刮水器在刮水继电器的控制下处于间歇工作状态。刮水继电器每隔 6s 左右使继电器的触点 m 与 n 接通一次，刮水电动机每 6s 工作一次。刮水电动机电路为中央配电盒 X 电路→熔断器 S11→刮水继电器的端子 15→刮水继电器的触点 m→刮水继电器的触点 n→刮水继电器的端子 53H→刮水电动机端子 53→刮水电动机→刮水电动机的端子 31→搭铁。

注：当刮水器开关置于间歇档时，每次刮水片均能回到最低位置停住，原因是当刮水器开关处于间歇档时，开关上的端子 53 与 53e 一直是接通状态（与 0 档位导通情况相同）。

（6）洗涤器电路　当刮水器与洗涤器开关向上抬起时，洗涤器开关的端子 53a 与 T 接通，此时一方面洗涤电动机的电路接通，4 个喷头向风窗玻璃喷洒清洗液；另一方面刮水继电器的电路也接通工作，刮水电动机运转，刮水片摆动，刷洗风窗玻璃上的灰尘。

洗涤电动机电路为中央配电盒 X 电路→熔断器 S11→刮水器与洗涤器开关的端子 53a→洗涤器开关→刮水器与洗涤器开关的端子 T→洗涤电动机→搭铁。

刮水电动机电路为中央配电盒 X 电路→熔断器 S11→刮水继电器的端子 15→刮水继电器的触点 m→刮水继电器的触点 n→刮水继电器的端子 53H→刮水电动机端子 53→刮水电动机→刮水电动机的端子 31→搭铁。

当松开刮水器与洗涤器组合开关的手柄时，洗涤器开关断开，洗涤电动机停止工作，同时刮水继电器、刮水电动机停止工作。

习题与思考题

1. 大众车系电源电路表达方法有何特点？

2. 配电系统电路图的识读对读懂全车电路有何帮助？

3. 分析雪佛兰科鲁兹轿车起动系统电路。

4. 本田飞度轿车双火花塞直接点火系统有何优点？其控制策略是怎样的？

5. 分析大众汽油发动机电子控制系统电路中的各传感器和执行器电路。

6. 分析大众车系柴油发动机电子控制系统电路中的各传感器和执行器电路。

7. 分析大众车系01M自动变速器电子控制系统电路。

8. 分析丰田雷克萨斯轿车自动变速器电子控制系统电路。

9. 分析上海大众帕萨特轿车ABS电路。

10. 分析奔驰车系SRS电路。

11. 分析奥迪A6轿车、丰田雷克萨斯LS400轿车电控悬架系统电路。

12. 分析本田奥德赛轿车巡航控制系统电路。

13. 简述丰田雷克萨斯LS400 CUF10轿车巡航控制系统的工作过程。

14. 分析一汽丰田花冠车系组合仪表系统供电电路和信号电路。

15. 分析广州本田雅阁（ACCORD）轿车照明系统电路。

16. 分析宝马汽车前照灯远光和近光控制电路和工作电路。

17. 分析广州本田雅阁（ACCORD）轿车转向信号与危险报警信号电路。

18. 分析大众车系转向灯/危险警告灯控制电路。

19. 分析一汽大众捷达轿车空调系统电路。

20. 分析广州本田雅阁（ACCORD）轿车全自动空调系统电路。

21. 分析广州本田雅阁（ACCORD）轿车电动后视镜电路。

22. 分析马自达929轿车门锁电路。

23. 分析广州本田雅阁（ACCORD）轿车座椅加热控制电路。

24. 分析广州本田雅阁（ACCORD）轿车电动天窗电路。

25. 分析丰田雷克萨斯LS400轿车防盗系统电路。

26. 分析别克凯越轿车、桑塔纳轿车风窗刮水器和洗涤器系统电路。

第六章 »

汽车电路故障诊断与检修

学习目标：

　　通过本章的学习，应能掌握汽车电路常用诊断工具及仪器的性能特点和使用方法；掌握汽车电路各系统故障类型的诊断方法及诊断注意事项；了解汽车导线、线束及插接器的检修方法；掌握汽车继电器的选用、安装及检修方法。

第一节　常用工具及仪器 ‹‹‹

　　在检修汽车电路故障时，常需要使用一些工具和检测仪器，使用前必须了解其性能及使用注意事项，掌握其正确的使用方法。发动机管理系统对于高温、高压、高湿度是十分敏感的，因此在诊断与维修过程中不可随意地进行修理和试验，必须保证工具、仪器、设备不被损坏。检修中常用到以下几种工具和测试仪器。

　　一、跨接线

　　如图 6-1 所示，它是一段多股导线，两端分别接有鳄鱼夹或不同形式的插头。一般备有多种形式的跨接线，以备特定位置测量使用。

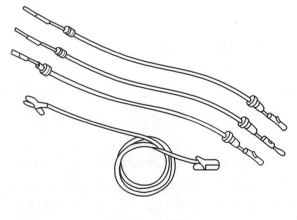

图 6-1　跨接线

　　跨接线起到了旁通电路的作用，主要用于电路故障（断路、短路）的检查。例如，当控制开关接通而电器不工作时，可将跨接线跨接在被测部件的"搭铁"端子与车身搭铁之间，若电器恢复工作，则说明其搭铁电路开路；若将跨接线跨接在蓄电池"＋"极与被测部件的"电源"端子上后部件工作转为正常，则说明电源电路有故障；若电源电路和搭铁电路都跨接而电器仍不工作，说明电器本身有故障。此外，在发动机管理系统的自诊断中常用跨接线完成"激活"故障码的过程（跨接在专用检测接口内规定的插座或插头上）。

　　注意事项：

　　1）用跨接线将电源电压加至实验部件之前，必须确认被测部件的工作电压与电源电压一致。否则，可能造成设备损坏。

　　2）不可用跨接线将被测部件"＋"端子与发动机搭铁直接跨接，以免造成电源短路。

二、测试灯

　　测试灯也称测电笔，它在跨接线的基础上增加了用于显示电路导通状态的灯，根据灯的明暗程度还可以判断被测电路的电压高低。测试灯分为有源测试灯（可用欧姆表代替）和无源测试灯（可用电压表代替）两种类型，如图6-2所示。

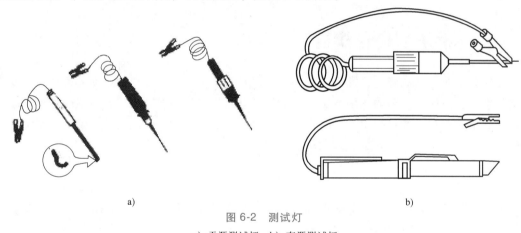

a)　　　　　　　　　　　　　　　　　b)

图 6-2　测试灯

a）无源测试灯　b）有源测试灯

1. 无源测试灯

　　无源测试灯的额定电压与汽车电源电压一致。当电器有故障时，先将测试灯的搭铁线夹搭铁，再用探针接触电子器件的"电源"端子处，如果灯不亮，说明被测电路有断路，应沿电流的流向逐次短接在第二测试点、第三测试点、……直到灯亮为止。此时，可断定故障点在最后两个测试点之间的电路或电子器件上。

2. 有源测试灯

　　有源测试灯的结构和原理与无源测试灯的基本相同，但由于自身带有电源，所以检测方法略有不同。另外，采用断路法可对电路的断路故障进行快速检查。将其跨接在所测线路的两端，如果灯不亮，则可初步断定在被测电路中有故障，再依次逐步缩小测试范围，直至灯亮，断路点在最后两个被测点之间的电路中。

三、车用数字万用表

万用表分为模拟式（指针式）和数字式两大类，可用来检测电阻、电流和电压等。目前数字式万用表常用于电控发动机的检测。

车用数字万用表除了具有一般万用表的功能外，还具有一些汽车专用测试功能。车用数字万用表一般能测量电压、电流、电阻、转速、频率、温度、电容、闭合角、占空比和二极管等项目，并具有自动断电、自动量程变换、图形显示、峰值保留和数据锁定等功能。

目前常用的车用数字万用表有 EDA 系列、OTC 系列、VC400 型和 KM300 型等。图 6-3 所示为 KM300 型车用数字万用表。

1. 测量直流电压

1）将车用数字万用表选择开关旋转到直流电压（DCV）位置，万用表进入自动选择量程方式，能自动选择最佳测量量程。也可以按下"量程（RANGE）"按钮，进入手动选择量程方式，每按动"量程"按钮 1 次，即可选择更高 1 级的量程。

2）红表笔的导线插头插入面板"V/Ω"插孔中，黑表笔的导线插头插入面板 COM 插孔中。红、黑表笔接到被测电路上，如图 6-4 所示。

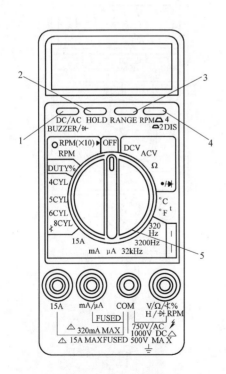

图 6-3　KM300 型车用数字万用表

1—直流/交流按钮　2—保持按钮　3—量程按钮　4—车速按钮　5—选择开关

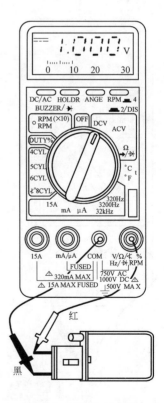

图 6-4　测量直流电压

注意万用表的"+""−"表笔应与电路测点的"+""−"极性一致。

3）读取被测直流电压值。

2. 测量直流电流

1）按下"直流/交流（DC/AC）"按钮，选择直流档。

2）根据被测电流的大小将"选择开关"旋转到15A、mA或μA位置，如果不能确定所需电流量程，应先从15A开始往下降。

3）将红表笔的导线插头插入选定的15A或mA/μA插孔内，黑表笔的导线插头插入面板的COM插孔内。红、黑表笔接到被测电路上，与电路串联，如图6-5所示。

4）接通被测电路的电源。

5）读取被测直流电流值。

3. 测量电阻

1）将"选择开关"旋转到"Ω"位置，万用表进入自动选择量程方式，能自动选择最佳测量量程。也可以按下"量程（RANGE）"按钮，进入手动选择量程方式，按动"量程"按钮选择适当的量程。

2）将红表笔的导线插头插入面板"V/Ω"插孔中，黑表笔的导线插头插入面板COM插孔中。红、黑表笔接到被测电路上，如图6-6所示。

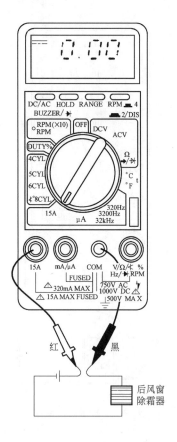

图6-5　测量直流电流

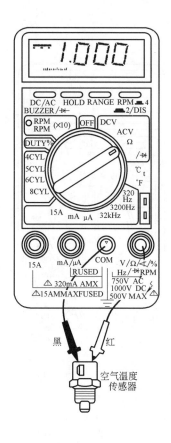

图6-6　测量电阻

3）读取被测电阻值。

测量电阻时不可带电操作，否则易烧毁万用表。

4. 测量温度

1）将"选择开关"旋转到温度（t）位置。

2）将万用表配备的带温度探头引线的特殊插头插接到面板黄色插孔内，温度探头与被测温度的部位接触，如图6-7所示。

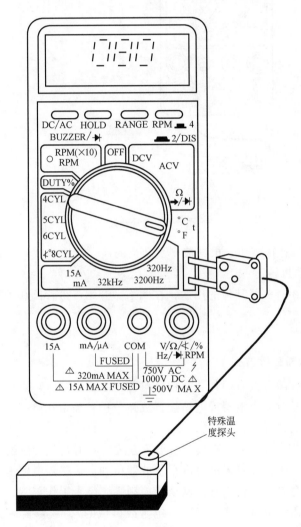

图 6-7　测量温度

3）温度稳定后，读取测量值。

5. 测量转速

1）将"选择开关"旋转到转速（RPM 或 RPM×10）位置。

2）将感应夹的红色导线插头插入面板"V/Ω"插孔内，黑色导线插头插入 COM 插孔内，感应夹夹在通往火花塞的高压线上，其上方的箭头应指向火花塞，如图6-8所示。

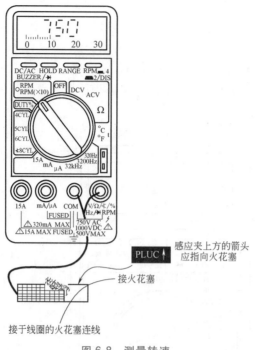

图 6-8　测量转速

3）按下"RPM"选择按钮，根据被测发动机的冲程数选择"4"或"2"。

4）读取被测发动机转速。

车用数字万用表还有一些其他的用途，在此不做介绍，可参阅相关使用手册。

四、车用示波器

1. 汽车示波器诊断故障方式

汽车示波器诊断故障方式有两种：一种是对整个系统运行状态进行分析，确定整个系统的运行情况；第二种是对某个电器或电路进行故障分析，确定在整个系统运行正常的情况下某个电器或某段电路的情况。

（1）系统运行情况分析（O_2FB-氧反馈平衡方法）　通过氧传感器波形测试可以诊断故障和验证修理的结果。维修技术人员将汽车示波器接到氧传感器电路上，通过氧传感器波形分析确定氧传感器本身是否工作正常、发动机控制系统是否工作正常、发动机机械系统是否工作正常，进而确定需要进行怎样的修理（电子或机械的），或修复后交车前验证燃料反馈控制系统故障是否已经排除或还需要重新测试。

用氧反馈平衡诊断汽车故障的方法是分析电控喷射发动机故障的一种新方法，波形分析是很复杂的学科，维修技术人员不仅要有扎实的理论基础，还要通过长期训练获得维修实践经验。

（2）电器电路故障分析　示波器可以帮助分析某个电器电路是否有故障，以及验证维修的结果。虽然数字万用表可以顺利地做出同样的诊断结果，但用示波器来检查某一特定电路元件可以得到更直观的结果，例如通过测试波形可以发现断点故障及电路断路故障等

（图 6-9）。

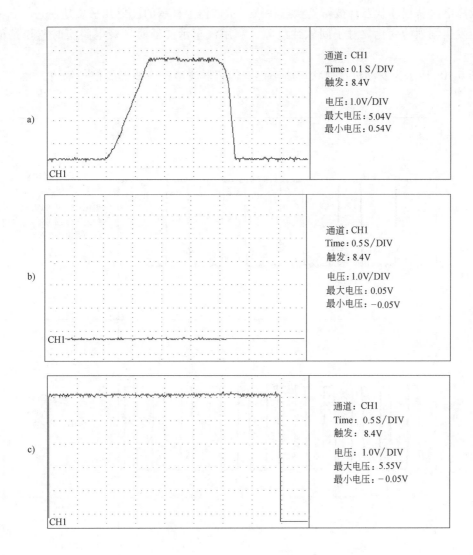

图 6-9　节气门位置传感器波形

a）节气门位置传感器正常波形　b）节气门位置传感器标准 5V 供电电路断路故障波形
c）节气门位置传感器搭铁电路断路故障波形

2. 汽车示波器显示波形的参数

用汽车示波器观察传感器或执行器的运行波形，汽车电子信号都可以用 5 种测量尺度来加以判断，即任何一个汽车电子信号都应具有以下可度量的 5 个参数指标：幅值——信号最高电压；频率——信号的循环时间；形状——信号的外形模样；脉宽——信号的占空比或所占时间；阵列——信号的重复特性（例如同步脉冲或串行数据）。

汽车示波器可以显示出所有电子信号的这 5 种判定尺度，如果知道如何分析电子信号的这 5 种参数，就能够判定这个电子信号的波形是否正常，通过波形分析可进一步检查出电路中传感器、执行器以及电路和 ECU 等各部分的故障，也可以进行修理后的结果分析。为维修方便，大多数示波器给出了标准波形，维修人员可参考标准波形进行诊断。

　　故障电路从损坏状态到被修复状态在汽车示波器上显示的波形几乎总是在它的5种测量尺度上发生剧烈的变化。对于间歇性故障，利用汽车示波器对怀疑电路实时监控是很好的方法。

　　图6-10a所示为发动机怠速状态曲轴位置传感器波形；该波形的信号幅值、频率、形状

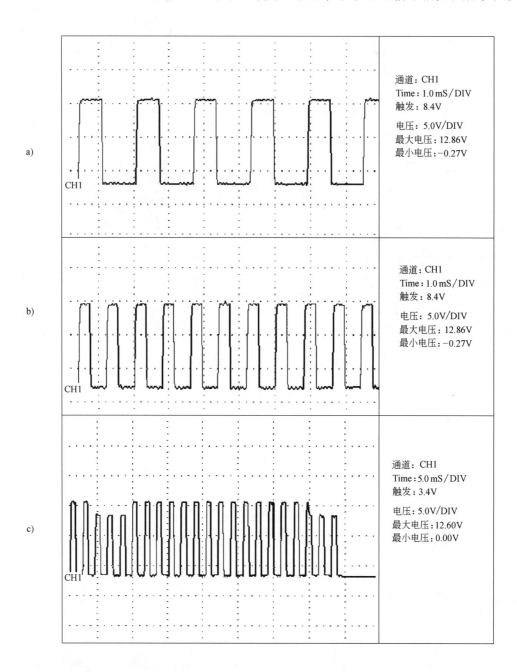

图6-10　曲轴位置传感器波形

a）曲轴位置传感器怠速波形　b）曲轴位置传感器加速波形　c）有故障的别克发动机曲轴位置传感器波形

等判定性尺度均匀一致，说明该曲轴位置传感器性能良好。

图 6-10b 所示为发动机加速状态曲轴位置传感器的波形，该波形的信号幅值、频率、形状等判定性尺度均匀一致，且频率能随发动机加速状态改变，说明该曲轴位置传感器性能良好。

图 6-10c 所示为某别克君威发动机曲轴位置传感器怠速状态的波形，该波形的信号幅值随发动机转数变化，说明该发动机出现怠速发抖、易熄火、起动困难等现象。经波形分析确认曲轴位置传感器故障，更换后故障解除。

3. 多通道汽车示波器介绍

汽车专用示波器从开始的单通道发展为多通道。图 6-11 所示为广泛使用的双通道和四通道汽车示波器。汽车维修行业对汽车示波器的要求在不断提高，比如具有更广的带宽、更快的采样率和更大的存储容量，向小型化、便携式、数字化、多功能发展等。

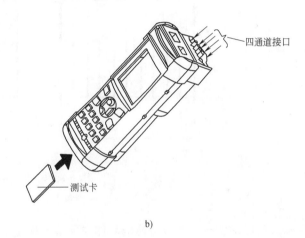

a) b)

图 6-11 汽车专用示波器
a）MT3500 b）KES200

（1）MT3500 示波器的基本功能设置

1）调整电压比例。电压比例值决定了信号波形的高度，即幅度，V/格指屏幕垂直方向上显示的每个格子所对应的实际电压值。对于同一信号，当选择不同的电压比例时，波形显示不同。在所测电压值不变的情况下，设定电压比例值越低，则显示的波形越高，如图 6-12 所示。

2）调整时基。时基的选择决定了重复性信号在屏幕上显示的频数，s/格指屏幕水平方向上显示的每个格子所对应的实际时间值。对于同一信号，当选择不同的时基时，波形显示不同。设定时基值越高，则显示的频数越多，如图 6-13 所示。

3）调整触发。触发电平用于调节波形的起始显示电压值，即设定显示屏上显示的信号以大于或小于设定的触发电压为起始显示点。当设定的触发电平超出了信号的电平范围，示波器无法确定显示的起始位置，因此显示的波形呈左右晃动，而无法锁定，如图 6-14a 所示。当设定的触发电平在正常信号的电平范围时，示波器可以准确地锁定波形，如图 6-14b

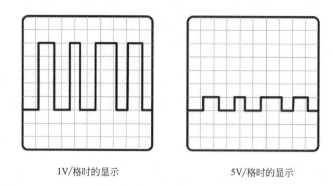

1V/格时的显示　　　　　　　　　　5V/格时的显示

图 6-12　电压比例调整

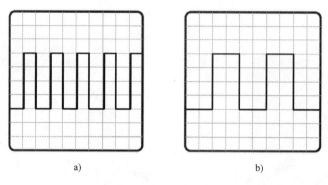

a)　　　　　　　　　　　　　　　　b)

图 6-13　时基调整

a）时基 2ms　b）时基 1ms

所示。所以调整触发参数可使信号能在屏幕上稳定显示。

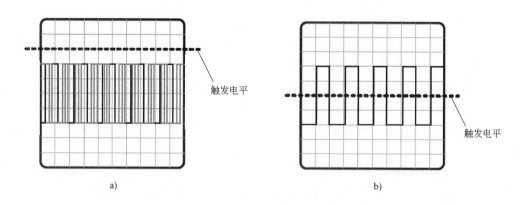

触发电平

触发电平

a)　　　　　　　　　　　　　　　　b)

图 6-14　触发参数调整

a）触发参数设定超出范围　b）触发参数设定合适

设定触发沿用于确定显示的波形是以高于触发电平（正触发）的电压作为显示起始点，还是以低于触发电平（负触发）的电压作为显示起始点。当触发选择不同时，得到的波形也不同，只有正确地选择触发，才有完整的波形显示。

4）自动触发及峰值捕捉。在 MT3500 中设置了自动触发功能的选项。在测量过程中，如果无法确定如何适当地设定触发参数，可以启用这一功能，系统将会自动分析信号的特性，自动设置触发电平、触发沿等参数。

MT3500 中还设置了峰值捕捉功能。在测量中，如果出现一些间歇性的故障信号，峰值捕捉功能会根据用户设定的触发条件，等待故障信号的再次出现。一旦捕捉到符合设定条件的故障信号，MT3500 就会发出蜂鸣声进行提示，并自动冻结画面的显示。

5）屏幕冻结功能。使用"HOLD"按钮可冻结显示的波形。波形被冻结后，屏幕右上角将显示"屏幕显示冻结图标"。再次按下"HOLD"将取消显示冻结。

6）保存波形。需要保存屏幕上显示的波形可通过在菜单中选择"保存波形"，或直接按下"保存"按钮。此时屏幕上将会显示如图 6-15 所示的画面。

系统会自动为即将存储的文件起一个文件名，如果需要自定义文件名可按下"YES"按钮更改文件名。确定文件的名称后可按下"保存"所对应的"F1"按钮保存文件，或是按下"取消"所对应的"F2"按钮取消文件的保存操作。

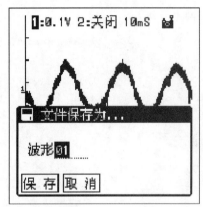

图 6-15 波形保存

7）对照标准波形分析测试波形。起动仪器，根据要测试的内容选择适当的量程和时基。连接测试导线到被测元件，红表笔接信号线，黑表笔搭铁。此时屏幕上显示的波形即为被测元件的波形，将其与标准波形相对照，来分析波形是否正常。

（2）使用注意事项

1）仪器及测试连线要远离汽车发动机的运动件，例如传动带、风扇及齿轮等。

2）禁止用导电物体将电池的正、负电极短路。

3）防止仪器被冷却液、水、油或其他液体弄湿。

4）进行各种测试前，应首先连接好搭铁。

5）禁止在没有安装防滑护套的情况下使用仪器。

6）禁止在仪器信号输入端输入超过 500V 的电压。

7）使用完毕后，应将所有的接头、测试导线及测试夹卸下，并完整保存于 MT3500 的包装箱中。

五、故障诊断分析仪

利用发动机专用测试仪协助查找发动机管理系统的故障源是一种非常有效的检测手段。目前汽车修理行业的专用测试仪分为台式和便携式两种，由于便携式专用测试仪具有携带方便、操作简单等优点，且能大大提高检修的速度和效率，故应用广泛。这类仪器一般都具有如下功能：

1）从发动机计算机的存储器中读取存储的故障码。

2）在发动机运转或汽车行驶时，对发动机管理系统的参数进行动态测试。

3）发动机检修后，根据操作者的指令清除发动机计算机中存储的故障码。

4）汽车检修人员可在汽车运转或停车状态下通过检测仪发出工作指令，以检测各执行器的工作情况。

1. 通用型的故障诊断分析仪

故障诊断分析仪俗称解码器。图 6-16 所示为 WU-2000 型故障诊断分析仪，它集成了读计算机版本、读取故障码、清除故障码、动态数据显示、执行元件测试、系统设定、计算机编程、匹配自适应、故障专家分析、电路图库、音响解码等诸多功能，并且可以进行光盘升级和网上升级。

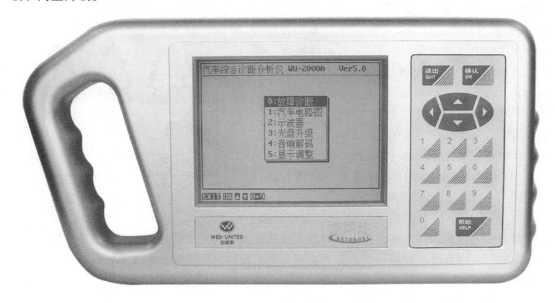

图 6-16　WU-2000 型故障诊断分析仪

WU-2000 型故障诊断分析仪可检测包括欧洲车系、亚洲车系、美洲车系以及国产车系的数千种车型。

当前被广泛使用的发动机控制系统专用检测设备见表 6-1，它们的性能及使用方法基本相同。修理人员可根据车型选取相应的专用诊断仪。

表 6-1　常用发动机控制系统检测仪一览表

型号	厂商	使用车型	界面文字
Scanner（MT2500）	［美］Snap-on 公司	美、亚、欧	英、中
OTC 检测器	［美］IAE 公司	美、亚	英
KTS500 解码器	［德］BOSCH 公司	欧	英
DRB-Ⅱ测试仪	［美］CHRYSLER 公司	克莱斯勒	英
STAR-Ⅱ测试仪	［美］FORD 公司	福特	英
MODIC-Ⅱ测试仪	［德］BMW 公司	宝马	英
OGM 检测仪	［日］HONDA 公司	本田	英

（续）

型号	厂商	使用车型	界面文字
日产专用检测仪	［日］NISSAN 公司	日产	英
431ME 电眼睛	［中］深圳、广州	美、欧、亚、中	中
金奔腾-Ⅰ型	［中］北京、广州	美、欧、亚、中	中、英
金奔腾-Ⅲ型掌上型	［中］北京、广州	美、欧、亚、中	中、英
金奔腾-1552 型	［中］北京、广州	美、欧、亚、中	中、英
威宁达仪表王	［中］深圳	美、欧、亚、中	中
三原修车王	［中］深圳、广西	美、欧、亚	中
创威联车博士	［中］深圳	美、欧、亚、中	中
电子鼠	［中］昆明、北京	丰田	中
中大检测王	［中］江苏	美、欧、亚、中	中
OB91	［中］笛威公司	欧	英
利友	［中］武汉	美、欧、亚	中

2. 专用型的故障诊断分析仪

在实际修理作业时，如果某修理厂的修理对象为某单一车系，可选用相应的专用诊断仪。这类测试仪器有测试克莱斯勒车系的 DRB-Ⅲ（Diagnostic Readout Box）、测试福特车系的 STAR-Ⅱ（Self Test Automatic Readout）、测试通用车系的 TECH 系列、测试本田车系的 PGM 系列、测试大众车系的 VAS5051 等。

六、多功能信号模拟检测仪

该仪器的典型特征是可以模拟发动机控制系统的全部传感器的输出信号，对其电路故障进行诊断。它也是发动机管理系统检测诊断中重要的设备之一。

例如：某故障码显示是冷却液温度传感器信号不良，但究竟是传感器本身的故障，还是传感器至计算机的电路故障，或是 ECU 本身的故障，需进一步检查诊断。此时可通过该仪器模拟冷却液温度传感器的信号，来代替冷却液温度传感器且对计算机进行输入。如果发动机工作正常，即可断定为冷却液温度传感器故障；如果故障症状无改善，则可直接由 ECU 相应端子将信号输入，若故障消失，即可判定是冷却液温度传感器至 EUC 电路故障，反之，可判定是 EUC 本身的故障。

第二节　汽车电路常见故障与诊断方法

一、汽车电气系统故障种类

1. 断路

断路就是电路中断，是电源与负载之间断开，电路之中无电流。产生断路的原因主要是导线断线、触点严重烧蚀、熔断器熔断、负载烧断、接点或插接器脱落、搭铁不良等。断路时该电路的负载不工作。

2. 短路

短路是电流没经过负载而直接搭铁。产生短路的原因多为绝缘破损或连接不良造成接头与接线柱脱离。短路是造成电路烧毁的主要原因之一。

3. 误搭铁

误搭铁是电流经过负载在不合适的地方搭铁。误搭铁使负载不受控制，产生错误的动作。

4. 负载工作不良

负载工作不良指负载没处于良好的工作状态，或有时工作有时不工作。其产生的原因多数是连接处松动或氧化腐蚀。

二、检修故障的基本原则

在进行汽车电路检修前，应查明电路原理图，了解相关电器件的结构和工作原理，并使用合适的检测仪器和工具，才能收到事半功倍的效果。

电路故障产生的原因是多种多样的，如元器件老化、自然磨损、调整不当、环境腐蚀、机械摩擦、导线短路或断路等。汽车电路出现故障时，一般先要确定故障的现象以及伴随出现的现象，判断故障所在的局部电路，然后对该局部电路进行检验，查明故障部位并予以排除。

检修故障时，一般遵循如下程序：询问用户→核实故障→分析判断→检查测量→确定故障点→排除故障→检验性能→记录总结。

（1）询问用户 为了迅速查找到故障源，首先要了解故障出现时的情形、条件、如何发生以及是否已检修过等与故障有关的情况和信息。为此，必须认真询问用户，倾听用户对故障的描述，认真填写"用户意见调查表"。由此可以减少误判、错判，使检修效率大大提高。询问的内容一般包括以下几个方面。

1）汽车已经使用的年限。了解所修汽车已使用的年限可以帮助维修者判断故障的性质。对于新车，故障原因多是线束折断或接触不良，个别元器件或零部件焊接不好或安装不良、接插件松动造成接触不良；个别元器件或零部件可靠性太差；用户使用汽车上某些功能不当而造成的"假故障"等。对于使用多年的汽车，应该较多地考虑损耗性故障，如：电器件老化、特性变坏；电子控制电路中晶体管特性下降；电容器漏电、电容器介质损耗太大、电容变值或电容器击穿；电阻变值；变压器内线圈霉断；传感器灵敏度下降；集成电路老化等。

2）产生故障的过程。应了解故障是突然发生的还是逐步恶化的，是静止性的故障还是时有时无的故障。详细了解以上情况，可以进一步判断故障的性质和采用较为合理的修理方法。

3）是否检修过。应该了解该车发生故障以后是否修理过。如果已修理过，应了解修理过程，是否调节过某些可调器件，是否更换过电器件等。这可以帮助较快地排除一些误判、误修、误换元器件等造成的故障。

（2）核实故障 就车核实故障，查看用户描述故障现象是否准确。有的用户由于对汽车的使用常识不了解，无意中使开关或按钮处于不正常的位置，便误认为有故障，因而应及时对故障现象予以检查核实，排除"假故障"的可能。

（3）分析判断 进行故障分析，在清楚可能的故障原因后选择合适的程序和方法进行故障诊断操作。

（4）检查测量 对电气系统进行检查测量时，可遵循以下原则：

1）先简后繁。先解决容易解决的问题，后解决困难较大的问题。

2）先外后内。优先对暴露在外面、易接触、易拆卸的部件进行检测，然后对不易接触和拆卸的部件进行检测。

3）先熟后生。先对常见的故障部位进行检查，往往可迅速确定故障部位，省时省力。

4）先静后动。"静"指不起动的静止状态；"动"指起动发动机后的工作状态。不要盲目起动汽车，应先做必要的安全检查和电气性能测试（看有无漏电或短路处），再起动汽车。

5）先电源后负载。电源故障是最常见的故障之一，因此电气部分出现故障后，一般应首先检查电源部分。

6）先一般后特殊。应先检查一般故障，再查特殊故障。

7）先公用后专用。要先解决公共性的问题和各部分共有的问题，后解决个别性和专用电路的问题。

8）分段检查。分段检查指在故障诊断中，对怀疑有故障的系统逐段进行检测分析，直至查找到故障点。

（5）确定故障点和排除故障 依据故障诊断程序和检查测量的结果确定故障点，然后采用适当方法将故障排除。

（6）检验性能 检修好的汽车应重新进行测试，检验其性能是否良好，故障因素是否被排除。

（7）记录总结 汽车检修工作完成后，对故障现象、故障原因、故障点和故障排除方法做好记录。将检修结果与原来的分析推测进行比较。如果原分析检测是正确的，应总结思维分析过程，以确立正确的思维方法。如果原分析推测是错误的，就应该找出错误的原因。

三、故障诊断的基本方法

汽车电器系统的故障诊断通常采用的方法有直观诊断法、利用车上仪表法、断路法、短路法、试火法、试灯法、万用表法和元器件替换比较法等。

（1）直观诊断法 汽车电路发生故障时，有时会出现冒烟、火花、异响、焦臭、发热等异常现象。这些现象可以通过眼睛、鼻子、耳朵等直观感觉到故障所在部位。

（2）检查熔断器法 当汽车电路系统出现故障时，首先应查看熔断器是否完好。有些故障非常简单，通过检查熔断器，即能判断故障部位。例如汽车在行驶中，若某个电器突然停止工作，同时该支路的熔断器熔断，说明该支路可能有搭铁故障存在。某个系统的熔断器反复烧断，则表明该系统一定有类似搭铁的故障存在，不应该只更换熔断器。

（3）利用车上仪表法 通过观察汽车仪表盘上的电流表、电压表、冷却液温度表、燃油表和机油压力表等的指针走动情况，判断电路有无故障和故障产生部位。例如，发动机冷态接通点火开关时，冷却液温度表指示满刻度位置不动，说明冷却液温度表传感器有故障或该电路有误搭铁。

（4）断路法　汽车电路发生搭铁（短路）故障时，可用断路法进行判断，即将怀疑有误搭铁故障的电路段断开后，根据电器设备中误搭铁故障是否还存在，判断电路搭铁的部位和原因。

例如汽车行驶时，听到电喇叭长鸣，则可以将喇叭继电器"按钮"接线柱的导线拆下。此时如果喇叭停鸣，则说明喇叭按钮至继电器这段电路中有误搭铁现象。

再如，若电路中有误搭铁故障而使该电路中的熔断器熔断，可先用一只汽车灯泡作试灯，试灯两端引线跨接于断开的熔断器两端的接线柱上，如图6-17所示，此时试灯应亮。然后将插接器逐个断开，若断开插接器4时试灯亮，而断开插接器3时试灯不亮，表明插接器3与插接器4这段电路中有误搭铁。

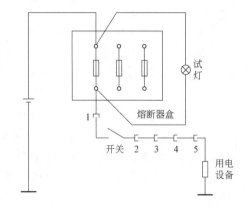

图6-17　断路试验法

（5）短路法　汽车电路中出现断路故障时，可以用短路法进行判断，即用螺钉旋具或导线将被怀疑有断路故障的电路跨接，观察仪表指针变化或电器设备的工作状况，从而判断该电路中是否存在断路故障。

（6）试灯法　试灯法就是用一只汽车用灯泡作为试灯，检查电路中有无断路故障。例如，用试灯的一端和交流发电机的"电枢"接线柱连接，另一端搭铁。如果试灯不亮，说明蓄电池至交流发电机"输出"接线柱之间有断路现象；若灯亮，说明该段电路良好。

（7）高压试火法　对高压电路进行试火，观察电火花状况，判断点火系统的工作情况。具体方法：取下点火线圈或火花塞的高压导线，将其对准火花塞或缸盖等搭铁部位，距离5~7mm，然后接通点火开关至起动档，起动发动机，看其跳火情况。如果火花强烈呈现蓝白色，且跳火声较大，则说明点火系统工作正常；反之，则说明点火系统工作不正常。

（8）万用表法　用万用表测量电路各点的直流电压，若有电压，说明该测试点至电源间的电路畅通；若无电压，说明该测试点与上一个测试点之间的电路断路。另外，通过万用表对电路或元器件的各项参数进行测试，并与正常技术状态的参数进行对比，来判断故障部位所在。例如就车测量蓄电池的充电电流与端电压，判断充电电路是否充电；测量电气部件中绕组的电阻值，判断绕组有无断路或短路；测量引线两端间的电阻，判断电路有无断路等。万用表检测法是检测电路或元件较为准确迅速的一种方法。

（9）示波器法　示波器是唯一能即时显示波形的测试仪器。利用示波器检测部件的动态波形（数据），与标准波形相比较，以判断部件或电路是否有故障。

（10）元器件替换比较法　元器件替换比较法指在检修电路时，选用性能良好的元器件对怀疑有故障的元器件进行替换来判断故障部位。例如火花塞火花弱，发动机不能发动，可用一个良好的火花塞将原用火花塞替换，若发动机恢复正常工作，表明原火花塞有故障，应予以修理或更换。

（11）专用仪器法　随着汽车电气设备的日趋复杂，在维修中，特别是维修装有电子设备较多的车辆时，使用一些专用的仪器是十分必要的。例如检测大众轿车电控系统时，经常使用 VAG1552 诊断仪读取故障码和进行基本设定。

（12）模拟法　有时当车辆送去维修时，故障并不显现，需要模拟故障发生时的条件，使故障显现后诊断故障。

四、检修汽车电路的注意事项

检修汽车电路时一定要仔细认真，严格按操作规程进行，否则会造成新的人为故障，严重时会引起火灾等重大事故。具体要求如下：

1）更换熔断器要用与原车相同规格的熔断器。

2）不要轻易拆卸蓄电池，必须要拆卸时应预先读出故障码，并关闭所有的用电设备，尤其不能在发电机运行时拆卸蓄电池。

3）拆卸蓄电池时应先拆负极和后装负极，并且安装时应关闭所有的用电设备。

4）对电器元件应轻拿轻放，不要放置在磁场很强的地方。

5）正确拆卸导线插接器。要拆开插接器，首先要解除闭锁，不允许在未解除闭锁的情况下硬拉插接器，更不允许拉导线。

6）需焊接时，应先拆下对温度敏感的元件，且焊接的温度不能超过80℃。

第三节　汽车导线、线束与插接器的检修 ◀◀◀

一、基本电量的测量

（1）电压的测量　电压实际测量方法如图 6-18 所示，其电路连接关系如图 6-19a 所示。测量时，将两个测试表笔以并联方式与被测元器件（或电路）相接，同时观察表针的摆动方向。

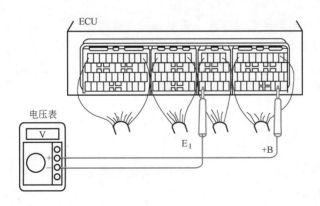

图 6-18　电压实际测量方法

正向摆动（接法正确），即可读出测量数值；若反向摆动（接法不对），立即交换两个表笔再测。用一些数字万用表测电压时，显示正值，红表笔接的是正极，黑表笔接的是负极；显示负值时则相反。

（2）电流的测量　如图 6-19b 所示，将万用表置于直流电流档合适的量程，并将表以串联的方式与被测电路相接。选择量程时应从大到小试选，避免损坏表头。

（3）电阻的测量 如图 6-19c 所示，将万用表置于电阻（Ω）档，此时表头与表内的电池串联，如图中的点画线框内所示。注意：由于测量时表内电池的电压有所变化，所以每一次都需将两个表笔短接进行清零。

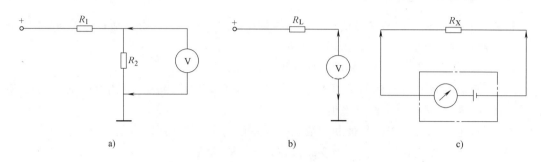

图 6-19 基本电量的测量

二、利用电路图检测线路的故障

当电气系统出现故障时，首先应确定故障的现象和发生故障的条件，这样可以大致确定故障的范围。检查时，应首先对电源、故障系统的供电情况及故障部件本身进行检查。如果通过上述检查工作还不能确定故障原因，就需借助电路图进行故障诊断。电路图可以提供电气设备的基本电路、电器部件的安装位置、线束及插接器的基本情况。在使用电路图进行故障诊断时，可按下述步骤进行：

1）在电路图中找出故障系统的电路，并仔细阅读。

2）通过阅读电路图，找出故障系统电路包含的电器部件、线束和插接器等。

3）通过电路图找出上述电器部件、线束和插接器在车上的安装位置及电器部件与插接器上各端子的作用或编码。

4）对怀疑有故障的部件按前述方法进行检测。

5）根据电路图检查线束的短路和断路情况，直至查出故障的部位。

三、电路断路和接触不良故障的检测方法

当电路发生断路故障时，可利用万用表检测电阻或电压的方法来确定断路的部位。

（1）检测电阻法 检测电路电阻的方法如图 6-20 所示，其具体步骤如下：

1）脱开插接器 A 和 C，测量 A 和 C 相应端子之间的电阻值。若插接器 A 端子 1 与插接器 C 端子 1 之间的电阻值为∞，则它们之间发生断路故障；若插接器 A 端子 2 与插接器 C 端子 2 之间的电阻值为 0，则它们之间导通（无

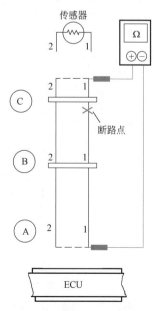

图 6-20 断路的电阻检查法

断路），表明电路连接正常。

2）脱开插接器 B，测量插接器 A 与 B、B 与 C 之间的电阻值。若插接器 A 的端子 1 与插接器 B 的端子 1 之间的电阻值为 0，而插接器 B 的端子 1 与插接器 C 的端子 1 之间的电阻值为∞，则插接器 A 的端子 1 与插接器 B 的端子 1 之间导通，而插接器 B 的端子 1 与插接器 C 的端子 1 之间有断路故障。

当插接器 A 与插接器 C 距离较远时，可采用如图 6-21 所示方法进行检测，即用一根导线跨接插接器 C 的端子 1 与端子 2，用万用表检测插接器 A 的端子 1 与端子 2 之间的电阻值。

（2）检测电压法　利用万用表检测电路各接点的电压大小可确定断路的部位，如图6-22所示。在各插接器接通的情况下，依次测量插接器 A 的端子 1、插接器 B 的端子 1 和插接器 C 的端子 1 与车身（搭铁）之间的电压，测得的电压值分别为 5V、5V 和 0V，则可以判定：在 B 的端子 1 与 C 的端子 1 之间的导线有断路故障。

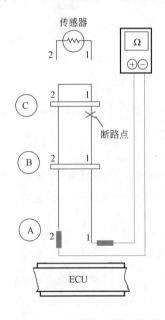

图 6-21　距离较远时检测断路

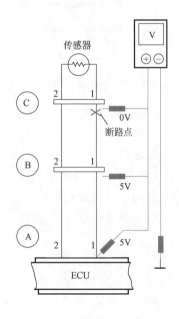

图 6-22　断路的电压检查法

电路接触不良故障的检测方法与断路故障的检测方法基本相同，主要是测量电路的连接点两端之间的电阻值或电压是否在允许范围内，若超出标准范围，说明线路连接点接触不良。

四、电路短路和搭铁故障的检测方法

（1）短路故障的检测　如图 6-23 所示，脱开插接器 A 和 C，测量插接器 A 的端子 1 与 2 之间的电阻。若测量的电阻值为 0，则 1 号导线与 2 号导线间发生短路故障；若测量的电阻值为∞，则 1 号导线与 2 号导线之间不导通（无短路），表明电路连接正常。

（2）搭铁故障的检测　如图 6-24 所示，如果导线搭铁，可通过检查导线与车身是否导通来判断短路的部位。

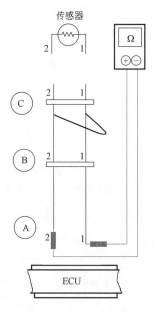

图 6-23　短路故障的检测

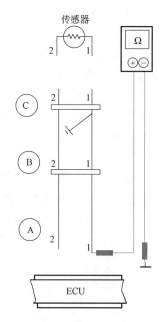

图 6-24　搭铁故障的检测

1）脱开插接器 A 和 C，测量插接器 A 的端子 1 和 2 与车身之间的电阻值。若插接器 A 的端子 1 与车身之间的电阻值为 0，而插接器 A 的端子 2 与车身之间的电阻为 ∞，则插接器 A 的端子 1 与插接器 C 的端子 1 之间的导线与车身之间有搭铁故障。

2）脱开插接器 B，分别测量插接器 A 的端子 1 和插接器 B 的端子 1 与车身之间的电阻值。如果测得的电阻值分别为 ∞ 和 0，则可以判定：插接器 B 的端子 1 与插接器 C 的端子 1 之间的导线与车身之间有搭铁故障。

五、导线的检修

当导线损坏需要检修时，必须按照线路图的要求使用正确量具测量损坏导线的线径，所用替代导线的截面积不得小于原导线的规格。如图 6-25 所示，连接断开导线的具体步骤如下：

1）拆下蓄电池的负极电缆。

2）将一个热缩管套在导线一端。热缩管的长度应足以密封维修线段。

3）将导线端头的绝缘层剥去 2cm。

4）将导线的芯线分开，然后把两根导线扭在一起。

5）如有需要，可用电烙铁按图 6-26 所示方法焊接维修线段。

6）将热缩管移至维修段，加以热封。

导线检修完毕后必须固定到位，以免损坏导线的绝缘层。

六、CAN 总线的维修

如果 CAN 的导线有破损或断路，需要维修 CAN 总线。在维修 CAN 总线时，要求导线断开点距离插接器至少 100mm，两个维修点之间至少间隔 100mm，维修点的非绞长度不得

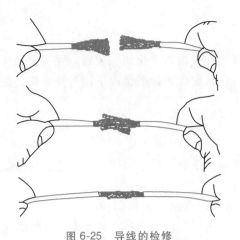

图 6-25　导线的检修

图 6-26　焊接导线

超过 50mm，否则导线所传输的信号会失真。

七、维修线束时应注意的问题

汽车线束在长期的使用过程中，由于水、油的浸蚀以及磨损，容易使其外面的包皮损坏或导线折断，这就需要重新更换导线、包扎线束。

（1）有图自制导线束方法　重新自制导线束时，如有线束图，自制线束就很方便。按原线束的规格（导线直径、长度、颜色等）备齐导线后，将应扎在一起的导线集中，并按线束原来的形式布置成形。将各分支处的交点以及线束端用胶布缠好，以免包扎时松散零乱。然后用白纱带或塑料绝缘胶带进行包扎，再将各线头上套以不同颜色的塑料管，焊上接线端子或各种插件接头。用白纱带包扎的线束，最后还应在纱布层上涂一层青漆，经晾干后即可使用。

（2）无图自制导线束方法　进口汽车线束和国产汽车线束的结构基本相同，但往往缺少这类线束图。修理时需重新自制线束，如果没有尺寸根据，可将旧线束拆下，实测出各部分的长度，也可在汽车上直接测量尺寸（通常从车前端往后测量）。

在包扎导线时，应按照线束原来的型式分支，露出部分应符合规定长度，接头不能有裸露部分，焊接的地方应加绝缘套管并进行包扎。

各导线的接头处如果不是原颜色，应加套原色塑料管，以便于识别。线束和电器设备接头处的插接器应匹配，如果原件仍可利用，则可用原件；如果原件已不能用或有锈蚀现象，均应换新件，无新件可用时，也应对原件进行彻底清洗后再用。

八、汽车线束的安装

安装汽车线束时，应注意如下事项：

1）线束应用卡簧和绊钉固定，以免松动磨坏。

2）线束在拐弯处或有发生相对移动的部件不应拉得太紧。

3）在穿过洞口和绕过锐角处，应用橡胶、毛毡类垫子或套管进行保护，使其不被磨损而造成搭铁、短路甚至酿成火灾等危险。

4）各个接线端子必须连接可靠、接触良好。

九、插接器的拆卸方法

为了防止汽车在行驶过程中插接器脱开，所有的插接器均采用闭锁装置。要拆开插接器时，首先要解除闭锁，然后把插接器拉开，不允许在未解除闭锁的情况下用力拉导线，这样会损坏闭锁装置或连接导线。

十、插接器的检修

在检查电路的电压或导通情况时，一般不必脱开插接器，只用万用表两表笔插入插接器尾部的线孔内进行检查即可。

（1）普通插接器的检修　修理中如果需要更换导线或取下插接器接线端子，应先把插头、插座分开。如图6-27所示，用专用工具（或小螺钉旋具）插入插头或插座尾部的线孔内，撬起接线端子的锁紧凸缘，并将导线从后端拉出。

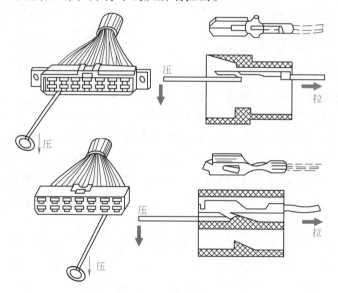

图 6-27　取出插接器接线端子

安装前新接线端子，首先检查接线端子的锁紧凸缘是否正常，如果不正常，可按图6-28方法进行调整；安装时，将带接线端子的导线推入，直至接线端子被锁住为止，然后向后拉动导线，以确认是否锁紧，如图6-29所示。

图 6-28　检查和调整接线端子的锁紧凸缘

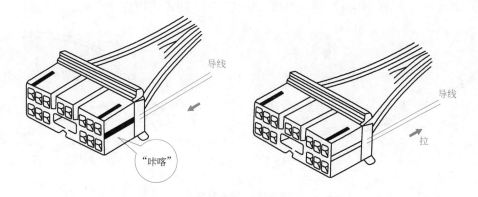

图 6-29　安装接线端子

（2）带锁定楔插接器的检修

1）如图 6-30 所示，用尖嘴钳直接拔出锁定楔。

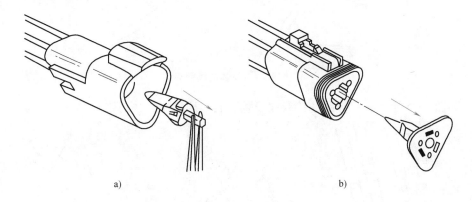

a)　　　　　　　　　　　　　　　　b)

图 6-30　拆卸锁定楔

2）如图 6-31 所示，用专用工具将锁片从触针上移开，松开锁片，拉出导线。

3）如图 6-32 所示，截取约 120mm 的导线及接线端子，剥去 6mm 绝缘层。

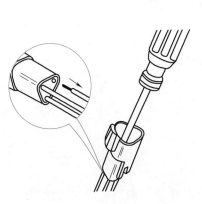

图 6-31　拆下导线

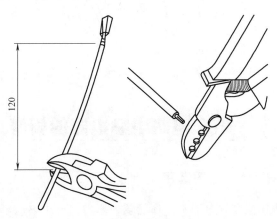

图 6-32　截取导线和触针

4）如图 6-33 所示，把裸线伸入对接式插接器中，用压线钳将导线压紧。

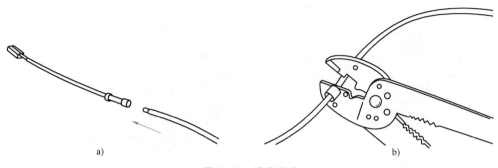

a)

b)

图 6-33　维修导线

5）如图 6-34 所示，将热缩管套入导线的维修处，用热风枪加热收缩热缩管。

图 6-34　加装热缩管

6）如图 6-35 所示，将导线和接线端子重新装入插接器，并把锁定楔安装到位。

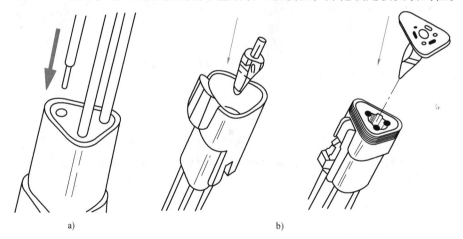

a)

b)

图 6-35　导线和锁定楔重新装入插接器

第四节　汽车电路中继电器的检修

一、继电器的选用

由于汽车继电器工作环境较为恶劣，要求继电器必须具有使用寿命长、可靠、体积小、低能耗、电磁兼容性好、阻燃性好、响应速度快等特点。在设计汽车电路时，汽车继电器选

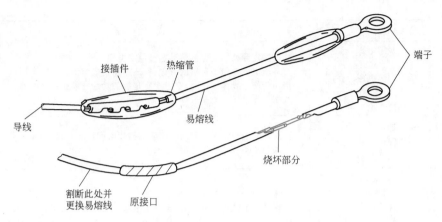

图 6-36　易熔线的更换

择要点见表 6-2。

汽车继电器具体选择步骤如下：

1）根据额定工作电压确定产品规格是 DC 12V 继电器还是 DC 24V 继电器。

2）根据控制要求确定触点形式，如选择动合还是动断触点或切换触点。

3）根据被控回路数量确定触点的对数和组数。

4）根据负载性质和大小确定触点的负载电流的大小。

5）根据环境温度选用继电器。目前继电器的环境工作温度主要有-40~85℃和-40~125℃两种情况，可根据实际使用情况进行选用。通常在驾驶舱使用，选择-40~85℃的继电器；在发动机舱使用，则选用-40~125℃的继电器。

6）根据环境情况选用继电器。现代汽车一般采用配电盒，内部集成了汽车中使用的大部分继电器。配电盒本身具有一定的防潮、防尘能力，其继电器一般是采用普通的防尘外壳继电器。当有特殊要求时，可选用密封性继电器。

7）继电器可分为短时工作继电器（如预热继电器、起动继电器等）和连续工作继电器（如主继电器和油泵继电器），选择的时候应注意区分使用。

8）根据负载工作时间的先后，发电机发电前工作的继电器，其动作电压（吸合电压）要低一些，12V 车型一般为 6.5~7.5V，如油泵继电器，甚至要求动作电压低于 5.5V。发电机发电后工作的继电器，其动作电压要略高一些，12V 车型一般为 7.0~8.5V，可根据实际需要进行选用。

表 6-2　汽车继电器选择要点

性能及项目		选　择　要　点
触点	组合方式 触点额定负载值 触点材料 电气寿命 接触电阻	应使用等于或多数所需触点数的产品 最好使继电器的使用寿命与所用设备的使用寿命平衡 触点材料应符合使用的负载类型，对于低电压或中等电流应提出特殊要求

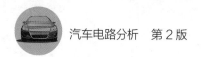

性能及项目		选 择 要 点
线圈	额定电压 吸合电压 释放电压 最大连续工作电压 线圈直流电阻	应根据实际使用电源的波动选择额定电压 对环境温度要给予足够的考虑，保证不超过规定值 当用于与半导体连接时，应考虑有足够的功率能够驱动继电器 线圈工作电压不能超过规定的范围
动作时间	动作时间 释放时间 开断频率	间跳时间应短于响应时间及相应的操作时间 开断频率不应超过规定值
力学性能	耐振动 耐冲击 环境温度 机械寿命	应考虑使用现场的冲击、振动条件 当在高温下使用继电器时，应要求绝缘耐热等级
其他项目	安装方式 外壳 外形尺寸	选择标准的连接方式 在有害气体或其他易污染的环境中使用继电器时，应优先选择密封继电器 提出其他的特殊要求

二、继电器的安装

（1）安装方向　安装时，使继电器的触点轴向与地面平行，可以避免触点飞溅物、炭化物落在触点表面，提高接触可靠性。多组继电器应避免小负载触点位于大负载触点下方。建议使冲击方向垂直于触点和衔铁的运动方向，可有效改善非励磁状态下动断触点的耐振耐冲击性能。

（2）安装距离　近距离安装多个继电器时，其间距一般为2mm。

（3）继电器的固定

1）单独安装的继电器不能取下外壳先安装，为防止松动、破损、变形，应使用弹簧垫圈。拧紧力矩应为0.5~70N·m。

2）插入式继电器的插入强度建议为40~70N。

三、继电器的连接

继电器的连接方式有接柱式和插入式两种。接柱式继电器触点容量可做得较大，在大中型货车的起动电路、进气预热电路中很常见；插入式继电器因安装方便、体积较小，在汽车上得到广泛的应用。几种插入式继电器的内部结构和安装示意图如图6-37所示。

当电子控制器件和继电器组装成一体时，要注意区分继电器的各接线端：哪些是属于电子控制器件的，哪些是属于继电器电磁线圈的，哪些是属于继电器触点的。图6-38所示为桑塔纳轿车刮水器继电器，图中1、T、53S都与电子控制器件有关。其中，1、T由刮水器开关分别控制供电，1或T根据使用要求提供信号给电子控制器件；由电子控制器件对53S进行控制，从而实现间隙摆动或清洗摆动的功能。

四、继电器常见故障

继电器的常见故障现象有线圈烧断、线圈匝间短路（绝缘老化）、触点烧蚀、触点接触不良等。

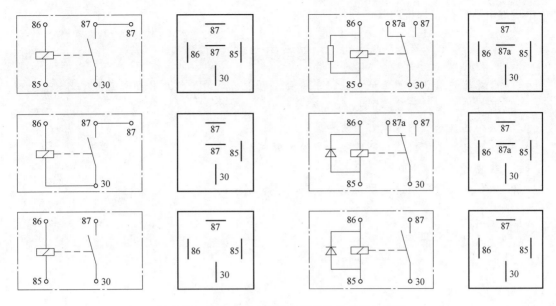

图 6-37 插入式继电器的内部结构和安装示意图

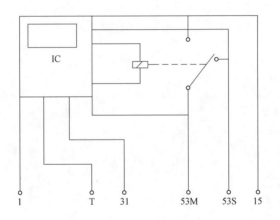

图 6-38 桑塔纳轿车刮水器继电器

五、继电器的检修

（1）继电器简便判断方法 接通控制开关，用耳朵或听诊器倾听控制继电器内有无吸合声，或者用手感受一下继电器有没有振动感。如果有，说明继电器工作基本正常，用电器不工作是由于其他原因引起的；否则，说明该继电器工作失常。

（2）继电器的检测

1）检测电阻。可用万用表电阻档判断继电器的好坏。以图 6-37 左下角继电器为例，用万用表 $R \times 100$ 档检查接线端子 85 与 86 脚应导通，而接线端子 30 与 87 脚间电阻应为 ∞ 。如果检测结果与上述情况不符，说明继电器有故障。

2）通电检测。如果上述检查无问题，可在接线端子 85 与 86 间加 12V 电压（24V 电系汽车施加 24V 电压），用万用表检查 30 与 87 脚应导通。如果检测结果与上述情况不符，或

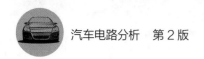

通电后继电器发热，均说明其已损坏。

习题与思考题

1. 有源测试灯和无源测试灯在使用场合上有什么不同？与万用表功能作对比分析。
2. 怎样设置车用示波器的基本功能？
3. 汽车电气系统的故障种类有哪些？
4. 汽车电气系统故障诊断的基本方法有哪些？
5. 安装汽车线束时应注意哪些事项？
6. 怎样选用汽车用继电器？在安装时应注意哪些问题？

参 考 文 献

[1] 董宏国. 汽车电路故障分析手册 [M]. 北京：化学工业出版社，2015.

[2] 张大鹏，张宪. 学看汽车电路图. [M]. 2版. 北京：化学工业出版社，2015.

[3] 刘建民，刘华. 汽车电路识读与电器故障排除 [M]. 北京：金盾出版社，2014.

[4] 刘春晖. 这样读懂汽车电路图 [M]. 2版. 北京：机械工业出版社，2014.

[5] 李春明. 汽车电路读图 [M]. 3版. 北京：北京理工大学出版社，2013.

[6] 董宏国. 汽车电路分析 [M]. 北京：北京理工大学出版社，2013.

[7] 郭建樑. 轻松识读与绘制汽车电路图 [M]. 北京：机械工业出版社，2012.

[8] 毛彩菊. 汽车电路分析 [M]. 南京：江苏科学技术出版社，2010.

[9] 刘甫勇. 汽车电路分析及检测 [M]. 北京：电子工业出版社，2008.

[10] 吴文琳. 怎样读新型汽车电路图 [M]. 北京：中国电力出版社，2008.

[11] 周泳敏，等. 汽车电路图识读指南 [M]. 北京：机械工业出版社，2004.

[12] 李东江，等. 国产轿车电气元件位置与线路图手册 [M]. 北京：机械工业出版社，2004.

[13] 李春明. 汽车电器与电路 [M]. 北京：高等教育出版社，2003.

[14] 滕刚. 上海别克轿车维修手册 [M]. 北京：国防工业出版社，2003.

[15] 汪立亮，等. 别克轿车使用与维修 [M]. 北京：电子工业出版社，2002.

[16] 周小明. 广州本田雅阁轿车维修手册 [M]. 北京：国防工业出版社，2003.

[17] 林晨. 桑塔纳2000轿车维修手册 [M]. 北京：机械工业出版社，2003.

[18] 李东江，等. 夏利2000轿车维修手册 [M]. 北京：北京理工大学出版社，2002.

[19] 王勇. 汽车电器设备构造与维修 [M]. 北京：机械工业出版社，2002.

[20] 吴荣辉. 电喷发动机控制系统 [M]. 福州：福建科学技术出版社，2002.

[21] 张宪，等. 怎样看轿车电路图 [M]. 北京：国防工业出版社，2003.